U0504988

患者权利论

PATIENT RIGHTS THEORY

王晓波 著

社会科学文献出版社
SOCIAL SCIENCES ACADEMIC PRESS (CHINA)

教育部人文社会科学研究规划基金项目（14YJA720007）

"患者道德权利与和谐医患关系的建构"阶段性研究成果

目　录

前　言

近些年来，我国的医疗卫生事业获得长足的发展，医疗服务水平与服务质量得到明显的提高，具体表现为已经建立起世界上覆盖面最广的医疗保障体系、各级各类医疗机构与各医院的床位数大幅度增加、先进医疗设备与高水平医学专业人才数量快速增长，等等。我国医疗卫生体制改革依然在路上，未来医疗卫生事业发展取得更大成绩值得期待，《"健康中国2030"规划纲要》为全国人民描绘出更加美好的健康图景更是令人欢欣鼓舞。然而，正如阳光底下存在阴影，我国医疗卫生事业的发展依然存在不容忽视的问题。其中最突出的是医患关系失和、医疗纠纷不断，严重困扰着众多医疗卫生部门，甚至影响了整个社会的稳定与和谐。导致医患关系紧张的最主要原因是患者权利得不到应有的保障。作为医患关系中处于弱势地位的一方，患者的人格尊严权经常受到侵犯——部分医务人员漠不关心、态度冷淡；患者的平等医疗权难以保障——政府官员、财大气粗的富人得到较好的救治，经济困难的患者很难享受优质的服务；患者的个人财产权容易受到侵害——过度医疗、小病大治现象普遍地存在；患者的知情同意权常常被忽视——特别是常规性的检查收费，患者很少被告知；等等。因而，全面、科学地认识患者应该享有的权利，探讨加强患者权利保护的措施，具有十分重要的现实意义。

20世纪末以来，我国学界展开对患者权利的研究，最早的成果是1996年邱仁宗等人撰写，北京医科大学、中国协和医科大学联合出版社出版的《病人的权利》一书。之后，医学界、伦理学界、法学界纷纷关注患者权利，研究患者权利问题成为"显学"。从已有的著述来看，学界探讨的主要是患者权利的定义、内涵、相关法律的规定、权利保护的制度与措施等内容，唤起了全社会对患者权利的关注，对于患者权利保护具有重要的思想启蒙意义，也为进一步开展相关研究奠定了基础。随着我国经济社会的不断进步与发展，人们的权利意识不断增强，作为当代人权重要组成部分的患者权利更加引起人们的重视，如何破解医患关系的囚徒式困局成为我国面临的一个迫切而重要的任务。为此，需要从更加宽泛与广阔的视野审视患者权利问题，需要更加科学而深刻地认识患者权利概念。本书在界定患者权利概念的基本内涵，并探讨这一概念提出过程与历史发展的基础上，深刻剖析患者权利的内容与类型，厘清患者权利与人权、患者权利与医患关系之间的关联性，探讨特殊患者应该享有的权利。此外，本书多维度地对这一概念的属性与特征进行探索与阐述：患者权利是一种道德权利、法律权利、经济权利、文化权利。本书着力探讨我国患者权利的实现与保护问题；借鉴西方国家比较完善的医疗保障制度、健全的法律制度体系、先进的道德保障体系；进一步深化改革，完善我国的医疗卫生体制；积极推进对患者道德权利的保护，切实保障患者的法律权利。

早在19世纪，法国思想家托克维尔就说过："没有一个伟大的民族（几乎可以进一步说，没有一个社会）不尊重权利。"当今我们这个时代文明与进步的最大表现，就是每一个人的正当权利得到应有的尊重与保护。患者权利是一个人的生命健康遭受威胁、深受疾病折磨之苦时，作为弱者应当享有的权利，更应该得到尊重与保护。而且，患者权利是一种普遍性权利，每一个人都可能成为患者。正如周国平所说："现代人是越来越离不开医院了。生老病死，每一个环节都与医院难分难解。我们在医院里诞生，从此常常出入其中，年老时去得更勤，最后还往往是在医院告别人世。"所以，保护患者权利就是保护每一个人应有的权利。这是每一位医疗工作者日常工作的基本职责，是促进医疗卫生事业发展的必然要求，是我们这个权利至上时代保障人权的重要内容。

第一编　患者权利概说

第一章
患者权利的概念与提出

当今社会，权利一词俨然成为最时髦的词语，以至于经常被滥用，就像法国哲学家福柯所言："你以为你在说权利，其实是权利在说你。"但是，对个人权利的尊重与保护，的确反映了人类社会进步与发展的趋势与要求，准确地把握现代背景下凸显权利与正义的结构性特征，与我们所处的"走向权利的时代"相契合。医患关系是现代社会中一种不可忽视的重要的社会关系，医患双方的权利无可置疑地理应受到关注。尤其是在诊疗活动中居于主体地位，同时又往往是弱势群体的患者一方，应该享有什么样的权利，这些权利如何得到实现与保护，厘清诸如此类的问题，对于维护患者正当利益、建构和谐医患关系、促进医疗卫生工作的健康发展，具有十分重要的意义。

一 患者权利概念的解读

（一）权利

什么是权利？在权利几乎像空气一样无处不在的今天，要回答这一问题却并非那么简单。近代德国思想家康德曾经说过，问一个法学家"什么是权利"，就像问逻辑学家一个众所周知的问题"什么是真理"那样，令其感到为难。[①] 美国学者庞德也曾经指出，作为一个名词的权利，比别

---

① 〔德〕康德：《法的形而上学原理——权利的科学》，沈叔平译，商务印书馆，1991，第39页。

的任何一个名词的含义都丰富。① 多年来，我国学界在外来权利理论的影响与启迪下，对权利一词做出的诠释更是仁者见仁，智者见智，未能达成普遍一致的共识。科学地界定权利一词的深刻内涵，仍然是当今学界面临的一个重要任务。

作为字面意义上的"权利"，在古代汉语里很早就已经存在，例如，《荀子·君道》提出："所谓'接之于声色、权利、愤怒、患险而观其能无离守也'，'或尚仁义，或务权利'。"《后汉书·董卓传》也曾经提到："稍争权利，更相杀害。"当时，权利主要指人们拥有的权势和财货，其含义大体上带有消极的或贬义的色彩，这与今天我们所经常提及的"权利"概念的内涵简直有着天壤之别。这一点早已成为当今学界的共识。需要指出的是，尽管古代中国既没有现代意义的权利概念，也没有古代罗马式的"权利"话语，但是绝不意味着关于权利的观念、体系和保护机制的缺失。在当时的社会生活中，人们都知道什么是自己应得的，什么是别人不该侵犯的；同时也知道什么是别人应得的，什么是自己不能侵犯的。或者说，即便在君主专制的中国古代社会，权利意识也不可避免地成为社会意识的重要组成部分，并同时形成相应的保护机制与体系。19 世纪中期，美国传教士丁韪良（W. A. P. Martin）和他的助手们把维顿（Wheaton）的《万国律例》（又译为《万国公法》）（*Elements of International Law*）翻译成中文时，选择了"权利"这个古词来对译英文"rights"，赋予了"权利"一词新的含义。从此以后，"权利"在中国逐渐成了一个褒义的至少是中性的词，并且被广泛使用。可见，在中国，现代意义上的权利实际上是源自西方的舶来品，是近代"西学东渐""旧邦新造"的产物。

现代意义的权利理论源自西方，这是毫无疑问的。12 世纪教会法学家和注释法学家对"ius"的理解是权利概念的萌芽，16 世纪的胡果·格劳秀斯（Hugo Grotius）是现代权利理论的创始人，不但在宏观的层面上区分了"ius"的不同意义，而且还对权利进行了明确的界定，后来的霍

---

① 〔美〕庞德：《通过法律的社会控制》，沈宗灵、董世忠译，商务印书馆，1984，第 44 页。

布斯、康德对权利理论进一步丰富与发展。格劳秀斯作为近代自然法理论的主要代表人物，提出了天赋的自然权利和社会契约等观点，并把权利看作是"道德资格"，人们应该享有而不能被剥夺。霍布斯认为权利即自由，自然赋予了每个人在所有东西和事务上的权利，"自然权利（The right of natural），也就是著作家们一般称之为自然法的（Ius naturale），就是每一个人按照自己所愿意的方式运用自己的力量保全自己的天性——也就是保全自己的生命——的自由"。① 康德在《法的形而上学原理》一书中指出：只有一种天赋的权利，即与生俱来的自由。自由是独立于别人的强制意志，是每个人由于他的人性而具有的独一无二的、原生的、与生俱来的权利，它不依赖于经验中的一切法律条例。② 近代以来的不少学者还从实证角度探讨权利问题，把权利置于现实的利益关系中来理解，侧重从实在法的角度来诠释权利的概念。例如，英国功利主义思想家边沁只承认法律权利的存在，认为"权利这个概念应该限定在法律的范围内，因为道德上对权利提出的需求和主张本身并不是权利，正如饥饿者的需求不是面包一样"③。德国著名法学家耶林也提出，只有为法律承认和保障的利益才是权利。

那么，权利的内涵是什么？阿奎那把权利理解为正当要求；格劳秀斯认为权利有"公正"、在直接和人相关的意义上的道德品质和与法律的"最广意义"相同的强令我们去做正当行为的"道德行为规则"三种含义；霍布斯和斯宾诺莎认为权利就是自由；洛克说，权利意味着"我享有使用某物的自由"。此外，黑格尔也用"自由"来解说权利，但偏重于"意志"，萨维尼主张权利的本质是意思自由。庞德比较全面而详细地对权利做出解读，认为通常在六种含义上使用这一概念：（1）权利指利益，它可以被解释为某一特定作者认为或感到基于伦理的理由应当加以承认或保障的东西，也可以被解释为被承认的、被划定界限的和被保障的利益；

---

① Thomas Hobbes, Leviathan, Edited by Richard Tuck, Cambridge University Press, 1991, 91.

② 〔德〕康德：《法的形而上学原理——权利的科学》，沈叔平译，商务印书馆，1991，第137~138 页。

③ 张文显：《二十世纪西方法哲学思潮研究》，法律出版社，1996，第491 页。

（2）权利指法律上得到承认和被划定界限的利益，加上用来保障它的法律工具，这可以称为广义上的法律权利；（3）权利指一种通过政治组织社会的强力（保障各种被承认的利益的工具的一部分）来强制某一个人或所有其他人去从事某一行为或不从事某一行为的能力；（4）权利指一种设立、改变或剥夺各种狭义法律权利从而设立或改变各种义务的能力，最好称这为法律权力；（5）权利指某些可以说是法律上不过问的情况，也就是某些对自然能力法律上不加限制的情况；（6）权利还在纯伦理意义上指什么是正义的。[①]《布莱克法律词典》也从五个方面对权利做出解释：第一，作为一个抽象的名词，权利指"正义或伦理上的正当"；第二，作为一个具体意义上的名词，权利指一个人固有的、对他人发生影响的权力、特权、制度或要求；第三，权利可以被解释成一个人所拥有的在国家的同意或协议下控制他人的能力；第四，作为一个长期使用的结果，权利可以指由宪法或其他法律保障的权利、特权或豁免；第五，权利在狭义上，可以指作为财产客体的利益或资格以及任意拥有、使用或享有它或让渡、否定它的正当的、合法的要求。[②]

20世纪80年代以来，我国学界对权利的概念展开了广泛而深入的探讨，既达成了一些共识，也存在不少认识上的差异。例如，1980年上海辞书出版社出版的《法学词典》中将权利一词解释为：法律赋予人们享有的某种权益，表现为享有权利的人有权做出一定的行为和要求他人做出相应的行为（义务）；1981年北京大学出版社出版的由陈守一、张宏生主编的《法学基础理论》对权利的解释是：法律关系的主体具有自己这样行为（或不这样行为），或要求他人这样行为或不这样行为的能力或资格；1982年法律出版社出版的《法律基础理论》对权利的释义是：法律规范所规定的、法律关系主体所享有的做出某种行为的可能性；1988年北京大学出版社出版的《法学基础理论》对权利的释义是：法律关系主体依法享有的某种权能或利益。还有部分学者从构成要素的维度来揭示权

---

① 〔美〕庞德：《通过法律的社会控制》，沈宗灵、董世忠译，商务印书馆，1984，第46页。

② 周蓉：《论道德权利》，中南大学，2003。

利的内涵，例如夏勇认为，权利是为法律、道德或习俗认定为正当的利益、主张、资格、力量或自由；舒国滢提出"权利是由国家法律认可并予以保障的，体现自我利益、集体利益或国家利益的自主行为"（其中涵盖了行为、利益、国家法律认可与保障三要素）。① 各种各样甚至有时歧义纷呈的关于权利含义的解读，从不同角度对权利一词予以展示和把握，反映出我国学界对权利概念及相关理论问题由浅入深、由表及里的认识过程。

总的来说，尽管人们对权利概念无法形成完全一致的观点与主张，但是却存在大致相同的看法与态度。归纳学界的主流观点，我们可以将权利界定为：权利是指由道德、法律或习俗所认定为正当的利益、主张、资格、权能或自由，是对权利主体某种作为或不作为的许可、认定及保障。根据是否已经实现，可分为应然性权利与实然性权利。"自然法理论将法分为了自然法和实在法两类，也因此将权利分为应然和实然两面"②，前者是指基于社会发展以及个人的生存与发展需要，权利主体应该享有但是目前尚未实现的权利；后者是指目前已经实现、权利主体实际享有的权利。根据权利产生的依据，可以分为道德权利与法定权利，即权利主体依据一定的道德原则、规范应该享有并依靠道德力量予以保障的权利，与通过法律明确规定权利主体享有并以国家强制力作为后盾的权利。根据权利发生的因果联系，可以划分为原权利和派生权利，前者是指由道德或法律规范的直接确认的权利，例如人格尊严权、个人财产权；后者由于原权利遭受侵犯而产生，例如个人财产权遭受侵害而产生的请求赔偿权。依据权利之间固有的关系，可以划分为主权利和从权利，前者指不依附其他权利而独立存在，例如患者获得平等诊疗的权利；后者以主权利的存在作为前提，从属于主权利的存在，例如患者的个人隐私权、获得优质服务权等。此外，根据权利的具体内容，还可以分为人身权、财产权、劳动权、文化教育权、社会保障权等。

① 舒国滢：《权利的法哲学思考》，《政法论坛》1995 年第 3 期。
② 傅克谦等：《权利的应然与实然》，《河北学刊》2012 年第 3 期。

（二）"医"与"患"的界定

西方著名医学史家西格里斯说："每个医学行动始终涉及两类人：医生和病人，或者更广泛地说，是医学团体和社会，医学无非是这两群人之间多方面的关系。"毫无疑问，"医"与"患"是医疗活动中最主要的相关方，是医患关系的主体。探讨患者权利，需要从准确把握"医"与"患"的内涵开始。

"医"在医患关系中居于主导地位，是患者权利得以实现的主要保障，首先是指医生。自从有了人类，疾病与伤痛相伴而生，随之有了最早的医生与患者。《帝王世纪》中记载：伏羲氏"乃尝味百药而制九针，以拯夭枉焉"；《淮南子·修务训》中记载：神农氏"尝百草之滋味，水泉之甘苦，令民知所避就"，都是关于人类社会早期医生活动的描述。在近代工业社会到来之前十分漫长的岁月里，由于生产力与医学技术的落后，医疗活动表现为从医者的个体行为，医生以"个体户"形式存在。在这一时期，诊疗手段比较原始，医患关系比较简单，医生与患者之间熟悉而融洽，患者权利很少遭受侵犯。18 世纪工业革命以来，医学科学与医疗技术得到突飞猛进的发展，医疗活动由单个人行医的个体诊疗模式转变为医疗人才、设备、资源高度集中的医院集体模式，开启了医患关系的新时代。近代社会以来，"医"所涵盖的范围大大拓展，既包括医疗机构（医院、卫生院、医疗中心、诊所等），也包括医务人员。医务人员在具体范围上，除了传统的医生，还包括护理人员、药剂管理者、医技科室人员，甚至包括医院行政管理与后勤服务人员。总之，现代医院模式时代的"医"是以医疗服务人员（医生、护士等）为主体的众多部门与人员参与的庞大群体，在与患者发生关系时以医疗机构作为医方的代表，对患者承担责任。在现代医患关系日益复杂化的背景下，对于医方而言，无论是单位还是个人，都是实现患者权利责无旁贷的践行者、责任人与维护患者权利的根本保障。

"患"是医患关系的另一方主体，通常是指患者，在最基本意义上是对病人的另一种称谓。2002 年国务院颁布的《医疗事故处理条例》采用了"患者"这一称谓，由此"患者"代替了"病人"，成为探讨医患关系时最常见的用语。早在远古时期，人类在集体出猎和从事生产劳动的过程中，身体不可避免地会受到损伤；在采集野果、野菜时也可能误食一些有毒植物，常常引发中毒甚至死亡现象。即便只是在日常生活中食用五谷杂粮，也难免疾病的发生。此时，亲属或同伴会对伤病人员进行一些简单的基本的抢救或治疗，这些备受病痛折磨的人就成为最初的患者。他们与后来患者的主要不同，在于无法得到专门医疗机构与专业技术人员的治疗，难以享受比较充分的权利。奴隶社会时期（我国夏商周、古代埃及、古代印度、古代希腊等），随着生产力的发展以及社会分工的出现，产生了专门从事医疗工作的从业人员——巫医。目前发现的我国殷商时期甲骨文中，就有巫医医疗活动的记载，说明当时专业医务人员已经产生。到了西周时期，医生还进一步被分成食医、疾医、疡医、兽医四种，表明医学技术已经发展到相对较高的水平。相应的，那些求医问药、接受治疗的人作为患者的身份也进一步得到彰显，他们与医务人员之间发生一系列关系，形成人类社会生活中一种重要的人际关系——医患关系，患者的权利与义务随之成为医疗实践与医患关系中的重要内容。

患者，或者称之为"病人"，并不能简单地仅仅视为"生病的人"。世界卫生组织提出：无论是否患有疾病，只要接受了保健机构的服务，都为病人。[①] 耶鲁大学教授弗莱（Leith）和雷塞尔（Reiser）博士在合著的《病人》一书中指出："过去病人一词指一个人患有病痛，其词源与语义与忍耐有关。现在病人这个词指一个求医的人或正被施予医疗的人。虽然有某种病患通常导致一个人寻求医疗帮助，但并非所有生病的人都成为病人，也并非所有的病人都必定是生病的。"[②] 根据当前学界的观点，关于患者的范围，依照从广义到狭义的顺序，可以分为四个层次：第一层，最广义的，包括潜在患者，指所有人，即全体社会成员都被囊括其中；第二层，包括患者及其家属、利益相关人（代理律师、亲朋好友）以及所在

---

① 刘姿言：《患者权利构建研究》，四川师范大学，2015。
② 病人的权利课题组：《病人的权利研究报告（上）》，《中国卫生法制》2001 年第 4 期。

单位，即与伤病人员关系密切、可以在一定程度上代表其利益的个人与组织；第三层，包括到医疗机构就诊的人员，其中既有普通意义上的伤病人员，也有数量众多的没有患病的人（例如，来医院体检的人员、求助堕胎的孕妇等）；第四层，最狭义的范围，仅指因为伤病而来医疗机构寻求获得诊断治疗服务的人员。以上四个层次界定法具有较大的周延性，几乎涵盖了患者可能存在的所有情形，对于认识与把握患者的丰富内涵具有较大助益。然而，人们在界定医患关系的内涵时，最常见的是坚持两分法，认为狭义的医患关系是特指担负诊疗责任的医生与接受医疗服务的患者之间，在医疗工作中发生的各种关系，这是医患关系最基本的内涵，也是自古以来传统的医患关系；广义的医患关系是指以医务人员为主体的群体与以患者为中心的群体之间所建立起来的人际关系，这里的"医"不仅指医生，还包括护士、药剂人员、医技人员、医院管理人员和后勤服务人员等群体，"患"不仅指患者，还包括与患者相关联的家属或监护人、单位代表人等群体，这也是近现代以来所指的医患关系。可见，在更为一般的意义上，人们将患者分为狭义的患者与广义的患者，前者仅限于身患疾病到医疗机构就诊的人员，后者主要包括患者本人及其亲属、患者单位等。

本书认为，将患者分为狭义与广义两个方面的两分法最具有现实意义，同时主张对两种划分进行开放性、扩展性的解释。狭义的患者既包括深受病痛之苦到医疗机构求医问药的病人，也包括并未患病而仅仅是寻求生理上、心理上帮助的人（体检人员、孕产妇等），还包括医学社会化背景下到医疗机构接受各种新式服务（美容、整形、隆胸、文身等）的群体。因为随着人们医疗保健意识的日益增强、对生活目标的追求日趋多元化，医疗服务范围也越来越广阔，患者内涵也越来越丰富。每个社会成员，不论患病与否，只要他来到医疗机构挂号预约，就与医院建立起合同关系，获得了要求医务人员为其诊治的权利，被列入病人行列之中，成为患者群体的一员。广义的患者，实际上是一个以狭义患者为中心形成的患方群体。对于疾病缠身的社会成员而言，由于自身行动的不便，在诊疗期间其近亲属提出的一些与患者诊疗相关的正当要求应该视为患者权益的延伸，代表了患者的意志。对于某些特殊的病人，或者处在某些特殊情形下的患者，例如当患者是不完全民事行为能力人或者在发生医患纠纷的状况下，监护人、近亲属、所在单位、代理人等都可以成为患者利益的代表，而被纳入广义的患者行列。

（三）患者权利

简单地说，患者权利是指患者作为一个特殊群体享有的各种权利的总称。根据李步云教授的观点，任何一种权利都包括利益（interest）、主张（claim）、资格（entitlement）、力量（权威 power 和能力 capacity）、自由（freedom）等五个要素。[①] 相应的，可以认定患者权利在具体内容上至少涵盖五个方面：（1）患者的利益，主要包括患者的健康利益与经济利益，前者主要表现为患者生物有机体的完整性、心理状态的完好性等方面，后者主要表现为患者个人财产不能被医疗机构及其工作人员以不正当手段攫取与获得。此外，还包括人格利益，表现为患者的人格尊严、公平对待、隐私保护等方面。（2）患者的主张，指在医疗服务中患者提出的正当要求，或者在个人利益可能受到侵犯时患者保护其利益不受侵害的意思表达或行为。（3）患者的资格，指患者提出利益主张或要求的依据，即为伦理上赋予患者一定资格去提出利益主张和法律规定患者拥有某种资格为其利益提出主张的一种力量和自由。（4）患者的力量，指患者的能力，是患者利益能够被主张和实现的一种保障。（5）患者的自由，是指患者在知情同意的前提下，可以在医疗服务中主动提出要求或拒绝医疗，体现为医疗自决权和选择权。

此外，还应该看到，患者权利来源于人之为人应该享有的权利，而患者既是一个特殊群体，又具有一切个体自然人的共性，而不能犯"白马非马"的错误。一方面，患者作为普通人的一员，理所当然地应该像所有社会成员一样，享有人之为人应该享有的各种一般性权利。这些权利不因种族、肤色、性别、财产、宗教、政治见解、出身、身份、年龄不同而不同，是基本人权在医疗领域的具体化，例如生命权、健康权、平等权、

---

① 李步云等：《法理学》，经济科学出版社，2000，第 154～156 页。

人格尊严权、个人财产权等；另一方面，毫无疑问，患者又具有区别于其他社会成员的地方，基于"接受诊疗的人"的特殊身份，应该享有基本医疗权、获得优质服务权、疾病认知权、选择权以及在医疗服务背景下的个人隐私权、身体权、知情同意权等权利。这也是通常意义上所说的患者的权利。有的研究人员，特别是部分医疗工作者，只看到患者的特殊身份而忽略了其作为一名社会成员所拥有的利益与诉求，或者忽视了其作为"病人"而拥有的身份特殊性，缺乏对其应有的特别关照，对患者权利做出不科学的解读，都是片面而有害的。

究竟应该如何认识患者权利？患者权利的具体内涵怎样？

概言之，患者权利是指患者在接受诊疗过程中依据道德、法律以及医疗规章等享有的正当利益、资格、主张与自由，其中既包括权利主体作为一个普通社会成员享有的一般性权利，也包括其基于病人的特殊身份应该享有的各种特殊性权利。由于如前所述，患者通常分为狭义的患者与广义的患者，在广泛意义上患者权利还可能包括患者家属及其他相关人员的权利，主要是在他们代表患者利益或者以患者名义行使某种权利时，理应享有的尊重与利益。

如同任何一种权利形式，根据存在的状态与实现情况，患者权利相应地可以分为"患者的应然权利"、"患者的法定权利"和"患者的实然权利"。

第一，患者的应然权利，是指依据一般的道德准则与规范，患者应该享有的或应该获得的预备性权利，是一种理想化的权利。与法定权利和实然权利相比较，应然权利具有原始性和伦理性特征，由于其未通过法律规定予以确认和保障，所以一般表现为道德上的主张与要求，得到社会公众舆论的支持。在实践中，患者的应然权利常常通过各种社会组织的规章，借助于社会的伦理、道德、政治观念的认可而在医患关系和社会关系中表现出来。

第二，患者的法定权利，指依据规范性法律文件中的明确规定，患者应该享有或者获得的各种权利，以及根据法律的原则、精神、逻辑推定出来的患者权利。患者的法定权利因为得到法律的确认与保障，所以具有派生性和实证性特征。派生性是指患者法定权利作为患者的应然权利的转化形式，实际上由应然权利派生而来；实证性是指患者法定权利依靠国家法律作为后盾，因而具有国家意志性、行为规范性、普遍有效性和强制执行性等特征。我国关于患者法定权利的相关内容散见于宪法、民法通则、执业医师法、药品管理法、侵权责任法、母婴保健法、传染病防治法、产品质量法、消费者权益保护法、医疗机构管理条例、医疗事故处理条例等有关法律法规及司法解释中，具有鲜明的派生性与实证性。

第三，患者的实然权利。患者的实然权利是指患者实际上真正能够享有或获得的权利，是法定权利实现的结果或形成的一种实有状态。对于一个国家或社会而言，患者实然权利的拥有状况反映了患者的实际地位以及正当权益受保障的情况。医疗卫生体制改革与医院工作的一个中心环节应该是努力实现患者的应然权利、法定权利向实然权利的转变，最大限度地体现出维护患者利益。此外，还应当看到，患者实然权利还具有实践性和主观性的特征，在客观条件制约下，患者可以通过自身的主观努力去实现。

患者权利的三种形态之间既相互联系又相互区别，并不是患者所有的应然权利都会转化成法定权利，也并不是所有的法定权利都会转化成实然权利。三者在矛盾中不断演化，有助于最终推动患者权利的实现。

二 患者权利概念的提出与发展

近代社会以前，医生被视为医患关系的主体，占据主导地位，人们往往突出强调的是医生的权利，认为这是由医生职业的严肃性和医术的科学性决定的。但是，这并不意味着对患者权利的无视与否定。只不过，那时候的患者对于自身权利似乎处于无知无觉的状态，对于患者权益的保障主要依靠医生的个人道德水平与职业素质来实现，致使患者权利作为一种自发性权利而存在。直到 18 世纪末以来，患者权利才引起社会公众以及患者本人的关注，成为一种自觉自为的权利，并随着世界各国人权运动的兴起而不断得到丰富与发展。

（一）近代以前处于自发状态的患者权利保障

近代以前的传统社会，人们对于患者权利没有明确的认识，但是优秀的医生凭借个人职业素养对患者正当权益予以较大的尊重与维护。以个体从业者身份出现的医生，基于实现"治病救人"的职业目标，以个人医德品质、医德素养为基础，有意无意地尊重与保护患者的正当权益。根据中外医学资料，在漫长的传统社会里，尤其是古代社会条件下，至少患者的以下权利得到医生的重视与保障。

平等医疗权。被称为"西医之父"的希波克拉底的《誓言》指出，"无论至于何处，遇男或遇女，贵人及奴婢，我之唯一目的，为病家谋幸福"。12世纪著名的《迈蒙尼提斯祷文》提出"无分爱与憎，不问富与贫，凡诸疾病者，一视如同仁"。我国东汉著名医学家张仲景提出"上以疗君亲之疾，下以救贫贱之厄，中以保身长全，以养其生"。据说他在任长沙太守期间，每逢初一、十五，放下公务，接待患病的平民百姓，为他们诊病治疗。后来，他为帮助广大民众治疗伤寒杂病，勤求古训、博采众方，撰写了不朽的医学名著《伤寒杂病论》。唐代名医孙思邈在其名著《备急千金要方》"大医精诚"篇中提出"普同一等""一心赴救"的思想，要求医生关爱与救助所有来求医的人，"若有疾厄来求救者，不得问其贵贱贫富，长幼妍媸，怨亲善友，华夷愚智，普同一等，皆如至亲之想"。[①] 宋代医生张柄，遇到求医者，"无问贵贱，有谒必往视之"。明代陈实功提出的针对医生的"五戒十要"，要求"凡病家大小贫富人等，请视者便可往之，勿得迟延厌弃"，即便对于患病的娼妓等人，"亦当正己视如良家子女"。后来，以悬壶济世为己任的广大医务人员继承了这种以人为本的平等医疗观念，并将其发扬光大。在时时处处讲等级、人与人地位不平等的古代社会，对患者平等医疗权的维护需要医生具有较大的道德勇气，也是一种难能可贵的医德医风，为现代医学伦理思想的形成奠定了基础。

---

① 曹志平：《中国医学伦理思想史》，人民卫生出版社，2012，第243页。

生命健康权。希波克拉底《誓言》提出："我愿尽余之能力及判断力所及，遵守为病家谋利益之信条"，"我不得将危害药品给予他人，并不作该项之指导"。18世纪德国柏林大学教授胡弗兰德（Hufeland）的"医学十二篇"提出"救死扶伤、治病救人"作为医务人员的基本宗旨，要求医生"即使病入膏肓无药救治时，你还应该维持他的生命"。我国传统医学伦理思想最重要的思想基础和最突出的人文特征是以人为本，重视人的生命价值。作为传统医学伦理思想的开山之作，《黄帝内经》的"素问"篇指出"天覆地载，万物悉备，莫贵于人"。孙思邈在《备急千金要方》中强调"人命至重，有贵千金，一方济之，德逾于此"。明代杰出的医学家张景岳在《类经图翼·自序》中提出"夫生者，天地之大德也。医者，赞天地之圣者也"。历代名医大家反复强调，人命关天，生命为大，医者一定要高度重视、倍加珍惜人的生命，不可草率从事和等闲视之，充分表明生命与健康权无可置疑的基本人权地位，以及受到尊重与呵护的极端重要性与必要性。

人格尊严权。希波克拉底在《誓言》中强调，医生应该在为病人谋幸福的同时，"并检点吾身，不作各种害人及恶劣行为，尤不作奸诱之事"。胡弗兰德"医学十二篇"要求：医生在医疗实践中应当时刻牢记，病人是服务的靶子，而不是摆弄的弓和箭，绝不能去玩弄他们。我国传统医学伦理要求医生在诊疗过程中要温雅端庄、作风正派。《黄帝内经》的"灵枢"篇指出，医者要"入国问俗，入家问讳，上堂问礼，临病人问所便"。孙思邈提出："夫大医之体，欲得澄神内视，望之俨然；宽裕汪汪，不皎不昧。"宋代医学名著《小儿卫生总微论方·医工论》指出，"凡为医者，性存温雅，志必谦恭，动须礼节，举乃和柔，无自衿尊，不可矫饰"，即要求医生品行端正、作风正派、彬彬有礼。历代医家还强调，医生诊病时应该遵守一定的规章制度，要尊重病人的人格尊严，尤其是诊查女病人时不可造次，绝不能趁机调戏、奸污妇女。

个人隐私权。希波克拉底《誓言》明确指出，医生应该"凡我所见所闻，无论有无业务关系，我认为应守秘密者，我愿保守秘密"，他提出了保守医密的要求。我国古代医学伦理同样要求保护患者个人隐私，陈实功在《外科正宗》的"五戒十要"篇中明确提出，患者"假有不便之患，更宜真诚窥睹，虽对内人不可谈，此因闺困故也"。此外，我国古代由于受"男女有别""男女授受不亲"等封建伦理思想的影响，对于女性患者个人隐私的保护甚至令人不可思议地走向极端。明代《习医规格》规定，男医生不能接触女病人肌，"隔帷诊之亦必以薄纱罩手"。最常见的情况是，女性患者的家人会在病床前设纱帐，也有的在闺房外挂帷，医生透过纱帐观察患者的气色、舌象等，完成"望诊"程序。明代名医李梴在《医学入门·习医规格》中提到，"如诊妇女，须托其至亲，先问证色与舌及所饮食，然后随其所便，或证重而就床隔帐诊之，或证轻而就门隔帷诊之，亦必以薄纱罩手；寡妇室女，愈加敬谨，此非小节"。他还特别指出，遇到女病人家庭困难，医生要"自袖薄纱"。但是，无论如何，相关历史文献显示，保护患者个人隐私已经成为每一位从医者自觉自为的事情，患者的隐私权在很大程度上得到了尊重与保护。

个人财产权。自从医学诞生、医道开创始，就以治病救人为基本宗旨，以医乃仁术、以人为本、生命至上、重义轻利、心系病家等作为行医立世的基本行为准则。这就将医疗行业排除在一般的牟利取财的职业之外，将医疗工作者与唯利是图的生意人作了切割，使患者财产权可以较好地得到保障。《迈蒙尼提斯祷文》要求医生"愿绝名利心，服务一念诚"。胡弗兰德"医学十二篇"提出，"在病人面前，该考虑的仅仅是他的病情，而不是病人的地位和钱财"，"应尽可能减少病人的医疗费用"。我国古代医学伦理更是强调仁善立业，坚决反对肆意攫取患者的财物，禁止将牟利置于救人之上。孙思邈在《大医精诚》里指出："医人不得恃己所长，专心经略财物，但作救苦之心"，"不得以彼富贵，处以珍贵之药，令彼难求，自炫功能"。明代龚信在《明医箴》中提出"今之名医，心存仁义。不计其功，不谋其利，不论贫富，药施一例"。清代名医费伯雄指出"为救人而学医则可，为牟利而学医则不可"。可见，在传统医学伦理思想背景下，医者不以谋利为最大目标，患者个人财产权能够得到较好的保护。

此外，无论古代中国还是外国，医生均着力于对精湛医术、高尚医德的追求。例如，《黄帝内经》提出医者应该"上知天文，下知地理，中知人事"，即要求医生具有广博的知识，力争无不通晓，才能更好地服务患者；西晋的杨泉在《物理论·论医》中指出，"夫医者，非仁爱之士不可托也；非聪明理达，不可任也；非廉洁淳良，不可信也"；孙思邈提出"大医精诚"的理念，即要求医生医术要精湛、医德要高尚。在生产力比较落后、医学技术不发达的年代，医生尽其所能为患者提供高质量、高水平的医疗服务，使患者能够享受到优质的医疗服务，很大程度上确保了患者获得优质服务权的实现。

（二）近代以来患者权利概念的提出与发展

与古代社会依靠医生的职业道德与良心保障患者权利相比较，近代社会以来随着西方国家文艺复兴运动确立了以人为本的思想理念，人权运动不断走向高涨，作为社会成员基本人权之一的患者权利开始得到重视。患者权利保障由此逐渐进入自觉自为的阶段。只不过，在很长的时期里，人们对患者权利的认识不够系统与全面，患者权利保障制度严重缺失，部分国家仅仅对患者的少数权利予以确认和维护，更多的权利则依靠道德力量来维系，或者依靠一些行业自律组织（包括国际机构或组织）来倡导与保护。

一般认为，现代意义的最早关于患者权利问题的提出，肇始于法国资产阶级大革命时期。早在文艺复兴时期，早期的欧洲启蒙思想家们就提出重视人权、反对神权的理论，尊重自由、平等、人权的思想理念逐渐蔚成风气。18世纪，随着资产阶级革命运动风起云涌，人们的权利意识进一步觉醒，作为基本人权重要组成部分的患者权利被提了出来，引发社会的重视与关注。当时，在法国的医疗机构中，每一张病床上要睡二到八名患者，不仅有违人道主义，是对人的尊严的践踏，也严重不利于对患者的治疗和患者康复，致使患者的生命健康权难以得到根本保障。特别是广大贫困群众就医时，医疗条件更为恶劣，他们作为患者的医疗保障权受到极大侵害。因此，大革命爆发后，1798年法国国民大会做出规定，在一张病床上只能睡一位患者，两张病床之间的距离必须不少于 90 厘米。新成立的代表广大下层群众利益的穷人委员会为争取穷人的健康权利做了大量的具体工作，喊出了"给穷人以健康权"的口号，并通过立法明确规定穷人享有基本健康权和获得治疗权。由此，人们对患者权利的保护由自发变为自觉而大大增强了。不久，这些做法很快在欧洲各国得到回应，掀起了一场声势浩大的"患者权利运动"。英、法等国还先后制定法律，提出"医疗要郑重、凡事要患者同意、保守患者秘密"，比较早地通过立法确认了患者的知情同意权、个人隐私权。① 自此，患者权利开始成为法律权利。1893 年，法国政府还制定了有关医药和婴儿接生条例，从此患者可以对医务界的违法行医行为和部分医生横行霸道现象提起诉讼，使患者权利进一步得到保障。

之后，患者权利在世界各国逐渐得到重视，越来越获得行之有效的保护。在美国，患者权利问题也很早就引起了医疗界的关注。早在 18 世纪末与 19 世纪初，基于医疗工作的特点与尊重人权原则，以及为了实现医患和谐的需要，医生在对患者进行手术治疗时，开始实行事先取得患者知情同意的制度，后来这种做法一直得以继承下来。20 世纪初，Mohr v. Williams 案的发生，被视为美国确认患者享有知情同意权的里程碑事件，尽管当时人们还没有明确使用"知情同意权"这一概念。在该案中，医生获准了患者 Mohr 同意，对她的右耳实施了手术，但在实施手术过程中，却未征得 Mohr 同意自作主张地对其左耳也实施了手术。法院认为，医生在患者不知情的情况下实施手术，构成美国侵权法规定的加害行为，应当承担相应的法律责任。1914 年，大法官卡多佐在就另一个医生侵犯患者权益的案件 Schloendorff 案进行评价时指出，"每个成年且神智健全的人有权决定如何处置自己的身体；外科医师如果没有患者的同意就实施手术构成暴行"，医生应当承担起未征得患者同意而实施手术的加害行为而导致的损害赔偿责任。② Schloendorff 案的判决创造性地第一次使用了"自

----

① 王晓波、王云岭：《患者道德权利的保护现状及对策》，《医学与社会》2015 年第 5 期。

② 刘昂：《美国医疗知情同意权的历史嬗变及法律启示》，《湖湘论坛》2015 年第 2 期。

决权"这一概念，实际上确认了患者知情同意权的正当性与必要性。在此前后，世界上其他国家也规定了患者知情同意的权利。例如，在我国，1929 年 4 月 16 日中华民国卫生部发布的《管理医院规则》规定："医院于治疗上需要大手术时，须取得病人及其关系人之同意，签立字据后始得施用。"这是我国近代以来关于患者医疗知情同意权较早的法律规定。

关于人体实验活动中受试人享有知情同意权的问题，二战结束以后受到世界各国的普遍重视，是对患者知情同意权理论的重要补充，也是对患者权利体系的一大发展。二战期间，德国和日本法西斯为实现其侵略作战目标，不择手段地开展了大量惨无人道的人体实验活动，例如德国的医学研究人员将犹太人放进抽去空气的装置，观察他们的缺氧反应，死后再进行尸体解剖；用隐蔽的放射装置对平民进行绝育实验；用战俘做人体活解实验；用双胞胎进行器官移植及性别转换实验。日本法西斯臭名昭著的731 细菌部队用来自中国、朝鲜或苏联战俘、平民共计 3000 人做了如下实验：把人倒吊起来，看经过几小时会死亡；把人放进巨大的远心分离器中快速旋转，直到死亡为止；将猴血、马血与人血交换；把大量毒气输进人肺等。令人发指的法西斯罪行震惊了世人，显而易见这些所谓的人体实验严重违背了受试人的个人意愿，也违背了基本的医学伦理与人道主义原则。为防止类似的惨剧再次发生，1946 年美欧等战胜国政府在德国的纽伦堡颁布了人类历史上第一个规范人体实验活动的国际伦理学文献《纽伦堡法典》，其中第一条也是最基本、最主要的一个原则是"受试者的自愿同意绝对必要"（The voluntary consent of the human subject is absolutely essential）。该《法典》明确指出，"这意味着接受实验的合法权利，应该处于有选择自由的地位，不受任何势力的干涉、欺瞒、蒙蔽、挟持、哄骗或者其他某种隐蔽形式的压制或强迫；对于实验的项目有充分的知识和理解，在足以做出肯定决定之前，必须让他知道实验的性质、期限和目的；实验方法及采取的手段；可以预料到的不便和危险；对其健康或可能参与实验的人的影响"。1964 年，第十八届世界医学大会在芬兰首都赫尔辛基召开，以宣言的方式再次确认人体实验中受试者享有知情同意权。《赫尔辛基宣言》明确规定：包括以人作为受试验者的每个实验程序的设计和行动，应该在有实验根据的备忘录中明白地和系统地做出说明……除非受试验者已被说服同意参加，对在实验工作进行过程中所遇风险或出现偶然性事故等可能出现的情况有所了解，否则，参加这项研究计划的医药卫生工作者就应弃权。国际范围内关于人体实验中受试人知情同意权的规定，进一步强化了人们对患者享有医疗知情同意权的认识，引起社会公众对该权利的高度重视与关注，有助于将患者权利保障提升到一个全新的水平。

（三）现代患者权利概念认识的深化与完善

近代以来对患者权利的保护逐渐成为全社会的共识，成为一种社会公众在权利意识上的自觉，但是对患者权利的这种认识与保护仍然处于较低水平。20 世纪六七十年代开始，随着全世界范围内人权运动风起云涌——这一运动最初是作为反对种族差别、女性解放、消费者权益保护等各种社会运动的一环而开展起来，推动了患者权利运动不断发展，促使关于患者权利的认识逐渐深入。此后，对于患者权利的确认与保障主要依靠法律实现，人们对于患者权利概念的界定更加科学，对于权利谱系成员的把握更加全面。

影响最大的本次患者权利运动发生在美国，这是由于它成为当时世界人权运动的中心。当时，患者权利被视为一项基本人权。于是，1970 年 6 月美国全国福利权益组织起草了一份文件，要求美国医院审定联合委员会将患者权益问题纳入重新修改的医院标准中。在经过数月的协商后，制定的新医院标准规定："任何时候提供公平和人道的治疗""保护隐私和保密权，强调病人自愿参与教学和研究计划""知情同意的必要性"，以及"在供应者与病人之间要进行有效的交流"等条款。由此，直接推动了关于患者权利问题的研究与患者权利保护的深入。在对患者权利的重要性及其内涵认识日益深入的基础上，1972 年，美国医院协会制定了著名的《患者权利宣言》（*American Hospital Association Statement on A Patient's Bill Right*），第一次系统、全面地规定了患者在就医过程中享有的 12 种权利：获得合理的医疗与护理权；获得相关信息的权利；对医疗措施的知情同意权；在法律范围内拒绝治疗的权利；要求医疗机构及工作人员对体检、诊断、治疗保密的权利；要求医疗机构及工作人员对护理一切信息保密的权利；获得合理服务与自愿转院的权利；了解医院与医务人员职业情况的权利；拒绝参加实验或研究的权利；要求提供持续治疗权；要求医疗机构对医疗费做出解释权；了解医院相关规定的权利。

从 20 世纪 80 年代末起，在日本也兴起了大规模的患者权利运动。作为患者权利运动的一个重要成果，日本医疗生活协同组织于 1991 年 5 月率先采纳了一些医院和医疗团体在以"患者为中心"宗旨下颁布的《患者的权利章程》。章程明确规定了患者享有的基本权利：知情权，即患者有权利知道疾病的名称、包括检查结果在内的病情、疾病的预后、治疗计划、包括手术在内的医疗措施以及选择某一医疗措施的理由、用药的名称及其作用与副作用、所需费用等；自我决定权，即患者有权在充分听取说明之后，对医务人员所建议的治疗方案做出决定；保护隐私权，即患者拥有保守个人秘密的权利和个人隐私不受干涉的权利；学习的权利，即患者拥有学习关于疾病及其治疗、养护方法以及保健、预防等知识的权利；接受医疗的权利，即患者任何时候都拥有接受必要且充分的医疗服务的权利，这种服务必须以符合病人的方式来提供，患者有权要求国家与地方政府改善其医疗保障。①

另一个具有代表性的国家是新西兰，政府先是在 1987～1988 年开展了"对国家妇女医院宫颈癌治疗之指控的调查"（即通常所称的卡特莱特调查），实证地掌握了患者权利保障的重要性。之后，又出台了一系列的立法文件、报告、法典和声明。其中，具有重大意义和影响的是 1994 年颁布的《健康信息隐私法》（*Health Information Privacy Code*）和 1996 年颁布的《健康与残疾服务消费者权益法》（*Code of Health and Disability Service Consumers' Rights*）。《健康信息隐私法》建立了有关采集、使用、储存、修改和公开患者个人健康信息的统一规则与要求，有力地促进了对患者个人隐私权的保护。《健康与残疾服务消费者权益法》，正如其名称

---

① 黄春春：《日本的患者权利运动》，《国际医药卫生导报》2002 年第 11 期。

所展示的那样，把患者定义为"消费者"，并且以保护消费者正当权益的形式，赋予了所有患者的各项具体权利，包括 10 种权利：受尊重权；免受歧视、胁迫、骚扰与剥削的权利；尊严和独立自主的权利；得到适当水准服务的权利；有效交流的权利；完全知情的权利；知情选择和知情同意的权利；获得支持的权利；医学教育和研究方面的权利；投诉的权利。[①]至此，世界各国对患者权利谱系内容的认识日益清晰，并且不再满足于医院协会、医师协会制定的行业自律性质的患者权利法案，而开始国家层面上的立法，成为全球化的趋势。

此外，还有芬兰 1983 年颁布的《患者权利条例》中规定，患者享有医疗保健权、入院治疗与终止治疗权、知情权、自决权、受优待权、个人隐私权、提出异议权、组织与参加患者委员会权、参加人体实验权、参加道德委员会权。英国的《国民保健服务法》《保健记录接触法》《数据保护法》等法律规定患者享有获得医疗权、选择权、获得信息权、同意权、保健记录接触权、隐私权和数据修正权，1991 年制定的英国患者权利宪章还规定了患者的 10 项权利和 9 个基准构成。德国在 2003 年通过的患者权利宪章，确认患者对医师和医院的选择和变更权、获得优良医疗权、同意和自我决定权、末期治疗权、获得医师说明权、记录获取权、数据秘密保护权、意见处理权、损害赔偿请求权等患者权利。1981 年第 34 届世界医学大会通过的《病人权利宣言》（*Declaration of Lisbon on the Rights of the Patient*），进一步强调患者应有以下权利：获得良好质量之医疗照护的权利（Right to medical care of good quality）；自由选择医疗方式的权利（Right to freedom of choice）；自主决定的权利（Right to self – determination）；获得个人病情信息的权利（Right to information）；诊疗秘密被保守的权利（Right to confidentiality）；获得卫生教育的权利（Right to Health Education）；保有个人医疗尊严的权利（Right to dignity）；获得宗教协助的权利（Right to religious assistance）。

现代社会依靠法律确认与保障患者权利已经成为世界各国的一种普遍

---

① 李霁、张怀承：《患者权利运动的伦理审视》，《中国医学伦理学》2007 年第 6 期。

做法，表明人们对患者权利的概念越来越形成全面、深入的认识，并日益建构起科学的患者权利保障制度。

（四）改革开放以来我国关于患者权利的研究与保障

与西方国家相比较，我国对于现代意义上患者权利的认识与保护要晚得多。这是因为，1949 年以前的漫长岁月，我国的医疗模式、医患关系几乎一直停留在古代社会，除了城市里为数不多的现代医院里形成近代以来的医患关系，绝大多数患者到遍布城乡的诊所求医问药，行医人作为个体从业者形式而存在，医患之间依然是传统社会的简单、直接、原始的关系，因此现代患者权利理念与制度也很难形成。中华人民共和国成立以后，一直到 20 世纪 80 年代以前，我国实行高度集中的计划经济体制，采用高福利医保政策，医疗机构属于政府直接投资并管理的纯粹非营利性事业单位，患者生病时医疗花费十分低廉，处于受惠者的地位。在这样的条件下，患者通常对医生言听计从，甚至感恩戴德，广大医护人员被称为"白衣天使"，全社会都没有意识到患者权利的问题。

但是，随着改革开放政策的实施，我国医患关系开始发生巨大变化。1985 年，卫生部发布《关于卫生工作改革若干政策问题的报告》，基本复制国企改革的模式，核心思想是放权让利，扩大医院自主权。90 年代末期，我国医疗体制改革加快了市场化步伐，公立医疗机构逐渐变成一个自主经营、自负盈亏，既重视社会效益又重视经济效益的市场主体。同时，随着国家医疗卫生投入的大大减少，财政划拨经费越来越不能满足医院自身发展的需要，营利随之成为医疗机构与医务人员的重要目标，医疗服务体系全面趋利化。这种以市场化为导向的医疗卫生体制改革，把医疗机构与患者在经济利益方面分成两大对立阵营，强化了患者的权利观念与维权意识。患者越来越把自己视为与医务人员地位平等的一方，把接受优质的医疗服务视为自己应有的权利，开始从保障自身权益的维度审视医疗工作中的各种问题。他们不再单纯地把医务人员看作担负"治病救人"职责的白衣天使，不再无条件服从他们的安排。另外，对外开放后受西方民主、法治、人权思想的影响，激发和强化了社会公众的个人权利意识，也成为推动患者权利观念形成的重要因素。患者作为独立的权利主体，应该享有哪些权利，越来越引起社会的关注与思考，学术界与国家有关部门对患者权利问题的研究也逐渐深入。

1988 年，在全国医学伦理学会学术会议上通过的《中华医学会医学伦理学会宣言》，提出要继承和发挥传统医学道德精神，提高医疗服务质量，尊重病人人格和尊严，一切以病人利益为中心，为维护公民的权利、提高医疗服务水平而努力。1996 年，由医学伦理学家邱仁宗和著名律师卓小勤等合著，北京医科大学、中国协和医科大学联合出版社出版的《病人的权利》一书，在我国首次提出了病人权利的概念，并系统地介绍了病人权利的含义和内容——医疗权、自主权、知情同意权、保密权、隐私权等，以及患者权利受到侵害时如何进行救济等问题。该书的出版，在很大意义上对于患者权利的研究具有启蒙作用，从此我国关于患者权利的研究如火如荼地开展起来。一大批有影响的论著，例如李本富教授撰写的《病人的权利和义务》、张敏智和朱凤春编著的《病人权利概论》、饶向东的论文《病人权利之研究》、段宏伟的硕士学位论文《论患者的权利》等涌现出来。理论研究还推动了医学方面社会团体的参与，在 1997 年召开的第九次全国医学伦理学年会上，与会者讨论并形成了正式文件《病人的权利和义务》。此后不久，卫生部卫生法制与监督司在调研基础上编写了《卫生法立法研究》一书，其中关于"病人的权利研究报告"部分总结归纳了 18 项病人权利，包括获得医疗服务保健权、得到社会救济权、知情权、同意权、保密权、隐私权、不受错误医疗行为损害权、技术鉴定申请权、受尊重权、获得赔偿权等。进入 21 世纪以来，关于患者权利的研究更加广泛、深入，李霁与张怀承撰写的《患者权利运动的伦理审视》、谢晓的《患者权利的类型》、钱丽荣与王伟杰的《论患者权利及其法律保护》等文章，以及侯雪梅的《患者的权利》等著作，使人们对于患者权利的认识更加深刻与全面。时至今日，在我国，关于患者权利及相关问题的研究已经成为一门"显学"。笔者撰写本书、搜集资料的过程中，在百度搜索引擎随便输入"患者权利"，找到相关结果 3520000 余个，充分表明这一问题已经成为全社会高度关注的焦点。

三 提出与建构患者权利的意义

从自发到自觉，从医务人员的重视到成为全社会的共识，当今时代患者权利已经被视为所有社会成员享有的一项基本权利。毋庸置疑，患者权利问题的提出无论在理论上还是实践上都具有重要意义。

（一）提出与建构患者权利是人权运动发展的必然要求

众所周知，近代患者权利问题最初是作为人权运动发展的一个重要组成部分提出来的。

"纵观人类社会发展的历史，人类为了生存和种族延续，仅仅获得生活资料是远远不够的，还必须解决疾病与健康的问题。如果患者得不到很好的治疗，人类难以获得充满活力的肌体，这不仅使正常的生产活动难以进行，甚至连基本的生存都难以维持。"[1] 可见，包括医疗权在内的诸多患者权利与人类的生存权、健康权等基本权利存在十分直接、密切的关系，患者权利成为人权的重要组成部分。当 18、19 世纪，随着西方资产阶级革命的脚步不断向前，各国的人权运动蓬勃发展，进入一个崭新的阶段，患者权利保护也开始进入人们的视野，并且在此后伴随着世界各国人权运动的汹涌澎湃而得到加强与提升。20 世纪六七十年代，以美国为中心、蔓延全世界的人权运动风起云涌，各国的患者权利运动也随之走向高潮。以美国医院协会制定《患者权利典章》为标志，几乎所有国家先后对患者权利问题开展深入、细致的研究，并在此基础上对本国的患者权利保护制度重新进行审视，逐渐建立起空前完善的患者权利保障体系。

世界卫生组织明确指出："获得充分而完善的医疗保障是每个人的基本权利。目前，无论是发达国家还是发展中国家，都在遭遇劳动力健康的

---

[1] 万宗瓒：《医院交易优势地位的法律规制研究——以新一轮医疗体制改革为背景》，《河北法学》2009 年第 12 期。

危机，非常需要世界各国来共同应对这一全球性的危机，实现社会的可持续性发展。"除此之外，患者在接受诊疗过程中享有的各项权利，例如：生命健康权、人格尊严权、个人隐私权、知情同意权等，都是作为一个人基于生存与发展的需要、必须拥有的不可剥夺的基本权利，是一个人维系自身较高生命与生活质量的必然要求，毫无疑问地属于基本人权的范畴。另外，由于大部分患者对医学专业知识了解不多。医患双方对于医疗信息占有处于严重不对称状态，而且诊疗权、处方权、收费权等权利完全由医院掌控，致使患者在医患关系中处于弱势地位。所以，关注与保障患者权利对于患者的生存与发展显得尤为重要，患者权利作为基本人权的特征更加突出。保障与实现患者权利就是对人权的尊重与保护，这理应成为全社会以及医学界的共识，化为人们维护患者正当权益的自觉行动。而且，所有的人都可能会成为患者，患者权利关系到全体社会成员的权益，因此建构患者权利是尊重人权的重要体现，是社会文明进步与发展的必然要求。

（二）提出与建构患者权利是医学科学健康发展的需要

医学是研究人体疾病发生发展的规律，探讨治疗疾病、实现康复、维护患者身体健康方法的科学。通常人们往往把医学视为纯粹的自然科学，将其看作生物科学的一个分支，是存在探讨余地的。因为，医学的使命是治病救人，作为医学研究对象的应该是完整意义上的人，而不仅仅是发生病变的器官与组织。对于任何人来说，他都具有自然属性与社会属性，而后者则是根本意义上的。正如马克思所指出的，人的本质，"在其现实性上，是一切社会关系的总和"。① 在此意义上，19 世纪的德国著名病理学家魏尔啸（R. Virchow）在《科学方法和治疗观点》一文中说过："医学，本质上是社会科学。"医学史家西格里斯也提出："医学与其说是一门自然科学，不如说是一门社会

---

① 《马克思恩格斯选集》第 1 卷，人民出版社，1995，第 60 页。

科学。"① 因而，尊重与维护患者的权利，不仅直接体现了医学的基本宗旨（维护患者的生命与健康），而且能够使患者感受到做人的尊严，保持心情的愉悦，使患者在知情同意的前提下积极配合治疗过程，甚至参与医疗决策②，从而达到更好的治疗效果，有利于患者的治疗与康复。特别是随着人类社会的进步与发展，传统的生物医学模式转变为现代"生物—心理—社会"医学模式，充分表明社会与心理因素越来越成为影响患者身体健康、促进身体康复的主要因素，探讨如何为患者提供全方位、最优质的服务，保障与实现患者人格权、隐私权、知情同意权等各项权利，使患者在获得救治的同时得到精神的安慰、心灵的呵护，以最大限度地维护患者的身体健康，成为医疗工作的重要内容和要求，也是当代医学发展的必然要求。③

同时，当前我们处在一个"走向权利的时代"，让更多的人更好地获得与实现自己的权利，已经成为人类社会的共同理想。因此，新的时代对医疗工作者提出的新的要求与希望，充分保障患者权利成为广大医疗工作者的重要任务，作为救死扶伤之术的医学科学，维护患者权利也理应成为其所承担工作任务与崇高使命的应有之义。试想，一个医生只掌握着医学专业知识与技能，把患者仅仅视为疾病的载体，只会一心一意地杀死病菌、消除炎症、切除病灶与坏死的器官，却不懂得给患者以人性的关怀，不能够给患者以应有的尊重，绝对不是称职的医生。同样，如果当代医学还停留在生物医学模式阶段，不去研究患者的心理需要与社会属性，丝毫不了解与回应患者的权利要求，科学性就会大打折扣，必然与其"守住健康，防止疾病，提高生存质量，延长寿命"等基本宗旨相去甚远，与现代社会的发展背道而驰。

---

① 郭航远等：《医学的哲学思考》，人民卫生出版社，2011，第20页。
② 现代医学认为，患者在接受治疗过程中，不仅应该积极配合医务人员，也享有知情同意权、参与决策权等权利。
③ 王晓波：《患者道德权利保护与和谐医患关系建构》，人民出版社，2015，第12页。

（三）提出与建构患者权利是强化医院管理的重要内容

什么是医院管理？根据互联网百度搜索引擎提供的资料，医院管理是指"按照医院工作的客观规律，运用现代的管理理论和方法，对人、财、物、信息、时间等资源进行计划、组织、协调、控制，充分发挥整体运行功能，以取得最佳综合效益的管理活动过程"。这一解读大致揭示了医院管理的具体内涵，但是并没有说明医院管理的核心与关键所在——现代医院管理必须以全心全意服务于广大患者为宗旨，以尽最大努力满足患者的需求为基本准则。缺乏以患者权利为核心的理念，医院管理不可能取得成功。事实上，无论古今中外，每一家走向成功的医院无不以坚持"患者权利至上"作为自己经营管理的根本指导思想，并以此作为自己在日益激烈的市场竞争中不断战胜对手、赢得胜利的法宝。美国作家利奥纳多·L. 贝在《向最好的医院学管理》一书中介绍了声名显赫、历史悠久的梅奥（Mayo）医院的成功之道。这家已经诞生 100 多年、由私人诊所发展而来的现代化医院，始终坚持服务和非营利思想；始终坚持患者需求至上，对每一位患者的健康和幸福给予诚挚和独特的关注；医院的顾客上至总统王室，下至黎民百姓，都能得到及时、准确、快速的治疗，享受到同样的优质服务。可见，视患者为上帝，最大限度地尊重与保护每一位患者的权利，应该成为医院管理的核心与灵魂。当前，我国医疗机构也在不断探索深化医院管理体制、机制改革，以应对空前激烈的医疗服务市场的竞争。为此，许多医院提出"顾客是上帝""急患者之所急，想患者之所想"等服务理念，采取多种措施维护患者的权益，得到患者及社会的认可。由此进一步表明，重视患者权利对于强化医院管理具有重要意义，是改进医院管理、提升服务质量的关键所在。

（四）提出与建构患者权利是建构和谐医患关系的根本保障

大凡两个主体之间能够和谐相处，离不开双方力量的均衡、所处地位的平等。医患之间在很大意义上是一种博弈的关系，但是由于医患双方信息占有的极其不对称以及双方在医疗过程中所扮演角色、所处地位存在显著差异，导致患者在医患关系中天然地成为一个弱者，处于十分不利的地位。如果仅仅依靠医务人员的较高的道德素养、思想觉悟而顾及患者的正当权益、使患者得到应有的尊重与呵护，其效果显然令人怀疑，特别是当患者利益与医院及其工作人员的利益相冲突时，患者将不可避免地遭受伤害。只有改变医患双方的力量对比，或者对比较强势的医院一方加以约束，才能真正维护患者的利益。患者权利的提出，使医患双方以及社会公众从道义上、法律上明确患者的利益所在，对医院与医务人员的行为形成制约，从而有利于实现医患之间力量的平衡、地位的平等。权利如盾牌，它用以保护个人免遭那些意图推进集体目标的措施的损害，特别是对于社会弱势群体来说更是如此。① 因此，提出患者权利对于建构和谐医患关系具有重要的保障意义。

从实证角度看，20 世纪末期以来，在我国医疗卫生体制改革不断深化的同时，医患关系日趋恶化，医患矛盾趋于激化，甚至酿成大量患者伤害医务人员的极端恶性事件，已经成为阻碍医疗行业正常发展、影响社会和谐稳定的重要因素。造成医患关系恶化困局的原因多种多样，其中最根本、最主要的是由于患者权利未能得到较好的保护以及未能得以充分的实现。具体而言，20 世纪 80 年代开始的以市场化为导向的医疗卫生体制改革，使许多医疗机构转变为自负盈亏的市场主体，对经济利益的追逐成为它们发展的重要目标，少数医务人员也在一定程度上变得唯利是图起来，药价虚高、费用高昂，以及大检查、大处方现象大大侵害了患者的经济利益与财产权利，使他们背上沉重的负担。在日常医疗工作中，少数医务人员专业技术不过硬、责任心缺失等情况仍然存在，手术时疏忽大意致使纱布落在患者体内甚至阴差阳错地切除掉其他器官、误诊漏诊贻误患者病情等现象时有发生，对患者的身心健康造成严重伤害。还有一些医务人员对待患者态度冷漠，脸色难看，语气生硬，侵犯了患者的人格尊严。尤其是由于传统医疗习惯与医疗观念的影响，相当一部分医务人员只重视专业医疗技术，重视对患者疾病的治

---

① 张新杰：《德国社会保障制度及启示》，《党政论坛》2004 年第 4 期。

疗，却忽略了对患者权利的充分尊重，常常侵犯患者的人格尊严、个人隐私、知情同意等权利，成为导致医患关系紧张的重要原因。因此，高度重视患者权利，充分保障与实现患者权利，是建构和谐医患关系、破解医患关系困局的根本方面。

第二章
患者权利的类型与内容

患者权利的具体内容，或者说患者有哪些具体的权利？如果对患者权利进行总结归纳，可以分为哪些权利类型，一直以来是学界热衷于研究探讨却莫衷一是的问题。从科学认识与建构患者权利的角度来看，这又是一个实实在在的绕不开的重要问题，有待于进一步的思考与探索。

本章所探讨的患者权利是应然意义上的，即患者基于人的生存、发展需要，根据社会公众普遍认可的道德标准，应该享有的各种权利。因而，这些权利很大一部分尚未得到法律的确认，甚至有的尚未得到社会公众的一致认可，更谈不上在患者就医过程中得到实现与保障。而且，应然性的患者权利是一个开放的体系，可以列举却很难做出严格的限定。任何试图穷尽罗列或者囊括患者应该享有的全部具体权利的努力都是徒劳的。

一 患者权利的类型

患者权利是个笼统的概念，由于不同的患者权利特点各不相同，所受关注与保护效果也存在差异，因而依据不同标准可以将其划分为不同的种类。

（一）根据权利产生的原因，分为基础权利与派生权利。基础权利也称原权利，是指患者获得及时、有效救治的权利，以及与之直接相关的生命权、健康权。这些权利主要基于患者最基本的角色定位——需要得到救治的自然人所形成，是最传统、本初意义的患者权利。派生权利是患者基于医疗权基础上产生的人格尊严、隐私保护、知情同意、医疗服务选择、病历资料查阅与复制、提起诉讼等各项权利。保障患者的基础性权利，是以"治病救人"为天职的医务人员起码的职责要求，比较容易引起重视，

但是，随着社会发展与人们权利意识的觉醒，患者权利绝非仅仅意味着获得治疗与实现身体的康复，而是涵盖得到充分尊重、享受优良服务等全方位要求。一些观念陈旧、权利意识缺乏的医务人员将工作目标局限于"治病救人"，忽视了患者其他方面的权利诉求，对患者人格权、隐私权、知情同意权等派生权利造成不同程度的侵害，是导致医患冲突频发的重要原因。

（二）根据权利实现手段的不同，分为法律权利与道德权利。法律权利是指由法律确认并由国家强制力保障实施的患者权利，道德权利是指患者作为一个人在医疗过程中应该享有的由道德原则和规范所认可并依靠道德力量维系的各种权利，常常表现为一种应然性权利。对于法律权利的内容与边界、权利保护、侵权防范与处罚、权利救济及寻求救济机构的规定都明确而具体，因而比较容易得到保护。相反，道德权利的调整标准或准则比较模糊，虽然也具有规范性，但这种规范性很弱，它甚至不是文本，而是存在于人们的意识和生活经验之中。在医疗实践中，没有也不可能对患者道德权利保护做出明确规定，因而它们容易被忽视与遭受侵犯。基于以下原因——道德权利调整对象与范围涉及社会生活的一切方面，活动空间远比法律权利广阔，有些患者权利无法通过法律形式予以确认，在一定意义上道德权利是法律权利的体现和促进，是补充或超越。当前，患者道德权利被忽视已成为医疗侵权与医患纠纷发生的主要原因，加强患者道德权利保护甚至比法律权利更加重要而迫切。

（三）根据所涉及内容的不同，分为经济权利与人格权利。经济权利主要指患者在医疗过程中享有合理支出医疗费用以及经济困难时获得物质帮助的权利。人格权利是指患者享有生命健康、人格尊严、隐私保护以及平等医疗等权利。我国宪法规定，公民在年老、疾病或者丧失劳动能力的情况下有权从国家和社会获得物质帮助，即获得物质帮助权是患者的一项基本权利。对于绝大多数患者而言，经济权利主要表现为避免不必要的医疗开支，特别是避免过度医疗、医药费用过高等权利。由于"公共投入不足背景下医疗服务市场的产业化，使医疗机构以逐利为目的，从业人员也把谋求更大经济利益作为行医行为的准则，把医疗服务行为等同于市场上的一般商品和服务"①，患者经济权利遭受侵害现象大量发生，已成为社会普遍关注的焦点问题。至于患者人格权，相对于经济权利更容易遭受忽视（特别是平等医疗、人格尊严、隐私等），导致医患纠纷频繁发生。事实上，患者对医疗服务是否满意，常常不以医务人员技术水平高低来衡量，而是看他们对患者是否耐心、认真以及发自肺腑的同情与关爱，是否真正对患者人格权给予充分尊重。②

（四）根据权利主体人数的不同，分为个人权利与群体权利。个人权利是指患者作为单个人在接受医疗服务过程中享有接受治疗、获得尊重等权利，群体权利是患者作为一个特殊群体共同拥有的各项权利，后者的目标是促进前者的实现与发展。患者作为孤立、分散的社会成员，所面对的医疗机构则是具有强大经济实力、复杂组织机构和拥有医学专业人员的团体，个体病患很难与之抗衡，因此患者有必要团结起来，成立"患者协会""联合会"等自治性组织维护自身弱势群体的权益，借此更好地实现个人权利。这些组织作为患者利益的代表，一方面对遇到困难的患者提供必要的支持和帮助，另一方面有权反映患者群体的呼声，参与政府医疗卫生政策及法规的制定，对医疗服务体系进行监督，以促进医疗服务体系环境的改善和质量的提升。目前，我国患者群体权利问题备受关注，但是由于自治性患者权利组织的缺位，仅仅依靠政府和社会等外力的作用不足以替代内部保护机制的效用，影响了对患者权利的保护。

（五）根据患者所患疾病的情况，分为一般患者的权利与特殊患者的权利。随着社会发展与人们权利意识的增强，以及法律法规的完善，一般患者的权利逐渐受到高度重视并得到有效保障。但是，一些特殊患者（主要从疾病种类、患病程度以及治疗方法等方面考虑）究竟应该享有什么样的不同于普通患者的权利，则较少引起关注，相关法律规定更是尚付阙如。例如，处于临终状态——身患不治之症且濒临死亡的患者，在备受病痛残酷折磨时应该享有哪些权利？一般认为，临终患者有权接受医疗、

---

① 王延中：《化解医患矛盾医方须先行》，《环球时报》2012 年 6 月 6 日第 6 版。
② 王晓波：《医患冲突视阈下的患者权利谱系管窥》，《中国卫生事业管理》2013 年第 4 期。

护理、心理关怀相结合及全社会共同参与的全方位特殊服务，享受到胎儿在生理子宫中那种温暖的爱（即社会沃姆原则），同时也拥有拒绝通过进一步治疗来维持其质量低下的生命的权利。但是，对此尚须进一步研究，特别是有待得到法律的认定。又如，精神病患者应该拥有哪些权利，如何保障他们的正当权益不受侵犯，至今未能达成较一致的认识，以至于《精神卫生法》迟迟未能出台。

（六）根据权利实现的方式，分为支配权、请求权、形成权、抗辩权。支配权是权利人排除他人干涉而仅凭自己的意志对标的物进行处分的权利，患者的财产权仅凭患者个人的意志就可实施，患者可以对抗医疗机构过度检查等侵犯财产权行为，因此是支配权。请求权是要求他人作为或不作为的权利，患者权利大部分是要求医疗机构作为或不作为的权利，例如要求医疗机构保守患者隐私、查阅病历的权利。形成权是仅仅凭当事人一方的意志就能够使法律关系形成、变更或者消灭的权利。患者权利中的同意权、自主决定权以及强制缔约权，仅凭患者单方意志即可形成与医疗机构的医患关系，因此这三项权利是形成权。抗辩权是阻止请求权的权利，即义务人对权利人提出的权利请求予以有理由的拒绝，以阻止权利人实现权利的权利。当患者发生危急情况，医疗机构以同时履行抗辩权要求患者先缴纳医疗费再实施救治时，患者有权以强制缔约权和获得紧急抢救的权利为由对抗医疗机构的抗辩，此时患者享有的对抗医疗机构同时履行抗辩权的抗辩也是一种抗辩权。[1]

二　患者权利的内容

（一）基于患者身份享有的特殊性权利

1. 医疗平等权

医疗平等权是"人生而平等"原则在医疗工作领域的运用，是一个

---

[1]　王丹峰：《论医患纠纷中患者权利及其保护》，中国政法大学，2011。

人在道德与法律上所享有平等权的具体体现，指每一个自然人在身心健康出现问题时，应该享有的获得平等医疗救治的权利，不因性别、年龄、民族、财产收入、社会地位等而有所不同。

1946 年，刚刚成立的联合国颁布的《世界卫生组织法》提出："享受可能获得的最高健康标准是每个人的基本权利之一。"1978 年，国际初级卫生保健大会通过的《阿拉木图宣言》重申：健康是一项基本的人权，就人民群众而言，人人都有权享受初级卫生保健服务，人人都有义务参与初级卫生保健工作并为之做贡献。1965 年联合国通过《消除一切形式种族歧视国际公约》规定，人人平等享有医疗权。1966 年，由第二十一届联合国大会通过的《经济、社会及文化权利国际公约》规定："人人平等地享有健康的权利，政府有义务改善卫生条件，保证人人在患病时能够得到医疗、预防、治疗和控制传染病、风土病、职业病以及其他的疾病，降低死胎率和婴儿死亡率，使儿童得到健康的发育。"我国作为联合国成员国，积极遵守《联合国宪章》及其他文件精神，贯彻执行相关规定。而且，我国在 1988 年实行的《医务人员医德规范及实施办法》明确规定，医疗机构"对待病人，不分民族、性别、职业、地位、财产状况，都应一视同仁"[①]。

具体而言，患者的医疗平等权应该主要包括实质与形式两个方面。实质意义上的医疗平等权在宏观上是指基础性社会医疗卫生资源配置合理，能够保证不同地区、不同阶层的患者都能享受到基本的医疗服务，在医疗资源的分配与使用上达到人人平等。确保这一患者权利实现的主要义务主体是政府与社会。当前，我国 80% 的医疗资源集中在大城市，占全国人口一半以上的广大农村地区仅仅占有不到 20% 的医疗资源，造成农村卫生机构高素质医疗人才缺乏、基础医疗设施落后，农民群众看病困难重重，难以享受到较高水平的医疗服务，严重影响了医疗平等权的实现。近年来，从中央到地方进一步深化医疗体制改革，通过落实分级诊疗制度、建立医疗联合体等措施，努力改变这一局面，取得了一定的成效。在微观

---

①　丘祥兴：《医学伦理学》，人民卫生出版社，1999，第 176 页。

上，医疗平等权是指任何一个患者得到及时、有效的医疗救治，在根本上避免因为患者个人经济困难等因素而无法得到治疗。曾几何时，部分医院因为患者无力缴纳医疗费用而将其拒之门外，造成不该发生的人间悲剧。① 解决此类问题的关键仍然是深化医疗体制改革，扩大医疗保障的覆盖面，提高报销比例。形式意义上的平等医疗权，主要表现在就医秩序上，所有患者都要严格遵守"先来先接受服务原则"。一切患者应该按照排队秩序办理，依先后顺序就诊，既不允许有特殊社会身份的人或者医务人员的亲属、朋友进入医患关系后作为特权阶层存在，插队看病、领药，或者优先占用病房、床位、医疗器械及药品，也不允许患者因社会地位、财富占有以及疾病状况等方面面临不利局面受到医疗机构的歧视。

2. 生命健康权

生命健康权包括人的生命权与健康权两种权利，是人之为人最根本的人身权利、首要权利，是一个人享受其他权利的基础。其中，生命权是指以自然人的生命维持和安全利益为内容的人格权，任何人不得非法侵害与剥夺；健康权是指一个人维护和保持身心健康利益的权利，最常见的是有权保护自己身体各器官、机能的安全。基于患者的特殊身份，他们的生命健康权具有不同于一般人的特殊内涵。

患者的生命权是指患者在身体健康遭受严重破坏的状态下，拥有要求医务人员及亲属等人全力抢救以维持生命的权利，任何人无权结束患者的生命存活状态。患者的生命权核心内容是尽最大努力抢救、挽留患者生命，同时防止任何人为终止患者生命的行为发生。具体而言，患者的生命权在内容上包括：（1）坚持患者生命至上、生命神圣的指导思想，敬畏生命，爱护生命。毕达哥拉斯说过，"生命是神圣的，因此我们不能结束自己和他人的生命"。② 正是因为人的生命高于一切，治病救人、救死扶

---

① 2003年11月2日，河南省新郑市中医院收治一名因车祸受重伤的男子，因其无力支付医药费用，被抛到医院外，致使其被冻死。2005年12月11日，在北京一家医院，一名来自齐齐哈尔的农民工突发重病，因为没钱就医，死在医院走廊上。2015年9月17日，江苏常州市某医院因为一位患者欠2000元医疗费，将其送出医院，不予治疗……
② 袁俊平、景汇泉：《医学伦理学》，科学出版社，2012，第23页。

伤因此成为医疗行业最基本的工作宗旨与目标。（2）坚持"普通一等，全力抢救"的医疗观，不得因为患者欠费等原因拒绝救治，或者表现出不应有怠慢与冷漠。医疗实践中，极少数医疗机构及医务人员将欠费的患者弃之门外，任凭生命的凋零，与医学人道主义精神相背离，是对生命的漠视。（3）在患者发生心跳、呼吸、心脑电波停止等情况时，仍然给予及时、有效、积极、充分的救治，不得轻易放弃，努力争取与捍卫患者的再生存权。（4）对于病入膏肓的临终期患者，实施道义上的治疗与帮助。对于临终阶段的患者，医疗上的救治已经没有太大的价值，临终关怀是最佳的选择，但是并不等于可以放弃对患者的治疗，通过实施医疗手段使患者尽可能保持较高的生命质量，舒适、平和、有尊严地度过人生最后阶段，也是尊重生命权的表现。

患者的健康权是指患者拥有要求医疗机构全力救治以恢复身体健康，以及在接受治疗过程中避免受到不必要伤害的权利。20 世纪 70 年代，世界卫生组织在世界保健大宪章中提出："健康不仅是身体没有病，还要有完整的生理、心理状态和社会的适应能力。"对于患者而言，健康权主要包括两个方面：一是要求医务人员通过医疗手段维持与恢复患者身心的完好状态；二是避免因为医务人员的医疗责任、技术过失，导致各种并发症或不良后果，造成患者新的痛苦、生理功能发生障碍与健康质量的下降。医疗机构及其医务人员应该竭尽所能地维护患者的健康利益，既要维护患者的生理健康，又要维护患者的心理与精神健康。当前，在医疗实践中患者的健康权遭受侵害的情况，主要表现为因为医务人员责任心不强、专业技术水平不高等导致患者的生理健康遭受侵害与威胁，患者及家属可以依法向医院讨要说法，追究相关人员的法律责任。但是，因医务人员行为欠妥，例如对患者缺乏应有的尊重、保护患者个人隐私不够、私下讨论患者病情给其带来沉重心理负担，在很多情况下由于缺乏客观的判定依据和手段，不宜作为健康权被侵害的诉讼理由，通常无法保证被侵害的权利得到应有的救济。

3. 疾病认知权

疾病认知权是患者认识、了解自己的病情及相关情况的权利，包括对疾病的特征、原因、严重后果、病程和控制性或可治愈性、预后及注意事项等情况的认知权。医疗机构及其医务人员有义务提供便利条件，包括告知患者病情，解答患者关于疾病情况的询问，在宣传栏介绍疾病的预防、治疗、康复情况，帮助患者实现对所患疾病的认知。

医学史上，人类对于疾病的认知问题由来已久。最初，人类主要从宗教特别是从巫术角度展开探索，把健康与疾病都归咎为神灵的作用，将生病看成天谴神罚、恶魔作怪。随着社会生产力的发展，人类对于自然的认识能力不断提高，西方的古希腊，东方的中国、古埃及、古印度诞生了自然哲学，医学家用哲学规律和语言解释医学现象，例如我国中医的"阴阳五行说"和古希腊的"四体液说"。① 前者认为疾病的发生是人体内部阴阳失衡的结果；后者认为食物在人体内形成血液、黏液、黄胆汁、黑胆汁4种体液，它们在人体内比例平衡就身体健康，否则就会生病。15世纪以后，西方国家的自然科学发展迅速，医学与生物学得到突飞猛进的发展，促进了人们对人体健康与疾病认识的巨大飞跃，直到今天仍然存在重大影响，开创了生物医学时代。20世纪70年代以来，人类疾病谱系发生明显变化，寄生虫病、营养缺乏病以及各种传染性疾病已经不是致人死亡的主要原因，脑血管病、心脏病、恶性肿瘤等成为第一杀手，其深层次原因则是环境污染、生态平衡破坏、生活节奏加快与社会竞争日益激烈等带来的心理压力等诸多因素，人类医学模式进入生物—心理—社会医学模式。对于患者而言，准确了解自身的疾病状况，以便采取合适的应对措施，促进治疗与康复，是一项重要的基本权利。

疾病认知的作用主要包括：（1）促进患者实现正确的疾病自我感知和判断，并通过对疾病信息的掌握，对自己的异常症状及早进行初步判断，做出正确的就医决策及应对行为。（2）促进患者改变不良的认知方式。疾病认知可以改变患者不良的认知方式，帮助患者识别错误的认知，鼓励患者客观评价自己的病情，逐步达到能够通过自我分析、自我认知来自我矫正其不合理的生活习惯。（3）帮助患者提高自我管理水平。患者

---

① 高桂云、郭琦：《医学伦理学概论》，中国社会科学出版社，2009，第43页。

对疾病的认知是决定其行为的关键因素。积极的疾病认知可帮助改善患者的心理状态，纠正不合理的生活、行为习惯和认知上的偏差，提高自我管理水平，进而提高生活质量。（4）影响患者参与和促进患者安全。患者对疾病的不同体验和认知会影响他们的就医决策，进而影响到他们参与决策的方式。积极的疾病认知可以调动参与的积极性和主动性，有利于对健康观念的掌握，促进患者安全，而消极的疾病认知不利于患者主动参与，对他们健康安全存在负面影响。因而，确认与保障患者的疾病认知权具有十分重要的意义。

4. 知情同意权

知情同意权是在患者自决权的基础上产生的。这一权利最早形成于20世纪初的美国判例，后来在患者自决权的基础上进一步突出了医师或医疗单位的说明义务，形成了患者的知情同意权。[1]

什么是患者的知情同意权？简言之，是指患者享有的知悉和了解医务人员采取的医疗计划、措施及其可能产生的后果并做出是否同意该措施的权利。[2] 知情同意权包括知情权与同意权两个部分，前者是后者实施的基本前提，没有知情的同意、不能理解医师所提供信息的同意不是真正的同意。正是基于二者存在如此紧密的联系，通常将其合二为一地称为"知情同意权"。具体而言，患者的知情权表现为，对于医疗服务的项目、性质、费用、时间、目的，实施的程序方法和手段及可供选择的其他方法手段相比较的利弊，对于可预期的所有不便、效果与负效应，以及对健康可能产生的影响等真实情况都有知情权。在医患关系中，尽管医务人员和患者作为平等的民事主体出现，但由于医疗行为的专业性以及复杂性，医务人员具有专业优势，而患者存在知识上的局限性，导致双方在医疗信息的占有严重不对称，患者处于实质上的弱者地位。为维护和实现患者的权益，必须赋予患者请求医务人员充分说明有关医疗信息等方面的权利，而医务人员具有为患者提供相关信息的义务与责任。同时，只有患者获得足

---

① 黄丁全：《医事法》，中国政法大学出版社，2003，第 231 页。
② 阿依加马丽·苏皮、阿克白·加米力：《论患者知情同意权》，《医学与哲学》2015 年第 7 期。

够信息之后，做出的医疗决定才具有真正的效力。

医生在为患者做出诊断后和治疗前，必须以患者听得懂的语言向患者说明病情，以及将要实施的几种可供选择的治疗方案、替代方案、将要实施的医疗行为风险发生概率和损害大小等。然后，再征得患者及其亲属的同意（特殊情况下的知情同意）后，才能够实施治疗方案。在国外，患者对医疗处置的认可被视为患者一项基本权利，是与获得信息的权利相连的。原则上，患者对其不了解情况的医疗处置是不能实施的，许多国家以相同的法律规定患者的认可权和获得信息权，这种认可是必需的，未经同意的医疗处置可视为犯罪，强求性处置通常被禁止。

总之，知情同意权通常被看作是基本人权的一部分，其实质是患者的自我决定权。随着社会的发展、国民文化素质的提高与权利意识的增强，患者对于疾病诊疗的信息了解越来越多，对医生完善知情同意权也提出了更高的要求。医疗机构及工作人员应该不断强化服务观念，尊重与保护患者知情同意权在内的各种权利。这是尊重患者人格、促进疾病治疗的必然要求。当然，所有的民事权利都不是绝对的，作为民事权利之一的知情同意权具有相对性，也有自己的界限。在特殊的情况下，对患者的知情同意的限制也是正当的、必要的。例如，在下列情况下有关病情不宜通知患者：对精神病、滥用药品者及严重的酒精中毒者；为患者提供信息会严重阻碍医疗救护；紧急情况下，来不及征得患者及家属同意；等等。此外，患者知情同意权的实现还必须服从国家法律法规的特别规定，应该以严格遵守医疗机构的规章制度为前提。

5. 了解相关信息权

了解相关信息权是指患者接受医疗服务过程中，有权了解医疗机构及其工作人员的相关信息，以便更加科学地做出决策、便利地寻求医疗帮助，以及行使权利与履行义务。一般而言，患者的知情同意权中的"知情"仅限于跟患者的病情及治疗直接相关的信息，而对于其他方面，诸如医务人员的基本情况、患者个人花费的医疗费用、医疗机构的规章制度、相关部门科室设置及分布、本医疗机构的技术与服务水平及社会评价等内容并不包括在内，因而，了解相关信息权不同于知情同意权。

通常情况下，医疗机构对于患者及家人是一个陌生的存在。了解相关信息具有十分重要的意义，例如：患者在了解该医院及医务人员治疗与服务水平的基础上，可以更加理性地决定是否转院治疗，或者是否选择其他医生；患者了解个人花费的医疗费用，既可以监督医疗机构的收费状况，也可以结合自己的身体康复状况及经济能力决定是否改变治疗方式（如是否提前出院）；熟悉医疗机构的规章制度、相关部门科室设置及分布情况，可以使患者更加便利地取药、缴费、买饭等，可以安排亲属合适的探视时间。总之，了解医疗机构及其工作人员的相关信息有助于患者行使自主权、提高治疗与康复效果，给患者求医问药以及在住院期间的生活带来方便，是患者应该享有的一项基本权利。因此，1972 年 11 月 17 日，美国医院协会通过的《患者权利宣言》规定：病人有权获得他的医院与同他的医护有关的医学教育机构关系的信息，也有权了解诊治人员之职务关系；病人有权检查他的住院费用，并且得到解释；病人有权了解涉及病人行为之各种医院规章制度。这一做法越来越得到国际社会的认可，并逐渐成为许多国家卫生法律法规的明文规定。

6. 隐私保护权

患者隐私保护权是指患者在诊疗过程中所享有的，要求医疗机构及其医务人员对其所知道的与患者诊疗相关的个人秘密（包括自身的隐私部位、病史、身体缺陷、特殊经历、遭遇等隐私）进行保护，不被非法侵扰、知悉、收集、利用和公开的权利。

随着我国社会经济的发展、文明程度的提高以及公民权利意识的增强，民众开始普遍关注隐私权问题。患者作为社会群体的一部分，隐私权同样应该受到尊重和保护。隐私是个人不愿为他人所知晓和干预的私人生活，其内容应包括三个方面：个人信息秘密、个人生活的不受干扰、个人私事决定的自由。[①] 患者隐私包括三个方面的内容：一是患者的私人信息，主要是指涉及患者个人并与他人无关的信息，包括患者的病因信息、病历资料信息、生理信息、经济状况信息、个人历史信息以及有关性生活

---

① 　王利明、杨立新等：《人格权与新闻侵权》，中国方正出版社，1995，第 415～416 页。

方面的信息等。二是患者的私人空间，主要指患者在接受医疗服务时因诊疗的需要暴露个人信息的空间和场所。如检查室、手术室、住院病房、诊疗室等。患者在这些场所接受医疗服务时，可视其为患者的私人空间，除直接从事诊疗行为的医务人员外，其他任何人包括与诊治无关的医务人员都无权介入。三是患者的私人活动，主要是指患者在接受医疗服务时所从事的与他人无关的私人行为。如患者住院期间的饮食、起居、通信、与探访者交谈等。① 患者有权要求个人隐私得到应有的尊重与保护，侵犯个人隐私的行为理应受到惩处。

医疗机构及其医务人员是患者隐私保护权的主要责任主体与义务主体，也常常成为侵犯患者隐私的行为人。在医疗实践中，医方侵犯患者隐私行为，主要表现为：第一，故意或过失地泄露或传播患者的隐私信息。其中包括：一是向与诊疗该疾病无直接关联的医务人员泄露患者隐私信息；二是对患者病情当众进行说明或宣布结果；三是向患者之外的其他人公开其病情。第二，故意或过失地暴露患者的隐私部位。最常见的情形一是将患者充当活体教学工具进行观摩和讲解，二是不恰当地利用患者的隐私资料。第三，非法侵入或窥视患者的隐私。个别医师假借检查身体之名或故意夸大病情，诱使患者同意，直接窥视或接触患者身体隐私尤其是异性患者身体的隐蔽部位，严重侵犯了患者的侵私权。第四，超出知情范围刺探患者的隐私。医务人员如果超出其诊疗职责范围，进行刺探、收集、记录个人信息等行为，均可构成对患者个人隐私的侵权。

在走向权利时代的今天，加强对患者个人隐私的保护，应该成为医疗工作的重要内容，引起广大医疗工作者的高度重视。为此，需要做到以下几个方面：患者增强个人隐私的自我保护意识，及时向各种医疗侵权行为说"不"；加强医疗工作制度建设，强化医疗机构内部自律机制与监督管理机制；高度重视对医务人员的培养与教育，加强医德医风建设，提升医务人员的综合素质；健全与完善患者隐私权的保护立法。尊重和保障患者个人隐私，为患者提供更优质的人性化医疗服务，不仅是维护患者自身利

---

① 艾尔肯、秦永志：《论患者隐私权》，《法治研究》2009 年第 9 期。

益的需要，同时也是维护医院形象、彰显医德、更好地体现基本医疗宗旨的要求使然，应该成为所有医疗机构的重要工作任务与每一位医疗工作者的基本素质。

7. 获得优质服务权

获得优质服务权是指患者在接受诊疗服务的过程中，得到医院高水平的诊治、享受到优质的服务、相关权利得到最大限度维护的权利。西方发达国家大都在立法中对该项患者权利明确予以确认，例如，1984 年日本在《患者权利宣言》中提出患者拥有"接受最佳医疗权利"，新西兰法律规定患者有"得到适当水准服务的权利"。

获得优质服务权可以视为一项口袋式权利，凡是诊疗过程中能够最大限度地体现、维护、促进患者的利益、资格、自由、尊严的行为与主张，都可以看作属于患者获得优质服务权的范畴。在这个意义上，患者的平等医疗权、知情同意权、隐私保护权、自由选择权等权利也属于获得优质服务权的重要组成部分。但是，以上一种或几种权利却根本无法涵盖患者获得优质服务权的全部内涵。获得优质服务权具有十分丰富的内容，至少还包括对医务人员精湛医疗技术的要求、对医疗服务质量与水平的要求、对患者各项权利保障的要求。

为此，医疗机构及其医务人员应该坚持临床诊疗的最优化原则，即在临床诊疗活动中，针对患者的疾病现状、经济承受能力、治疗效果等各种具体情况，科学整合、利用现有医疗资源，对患者全力施救，以最小的代价获得最大的收益。其具体要求包括"目标恰当、疗效最佳、安全无害、痛苦最小、耗费最少"等内容。这就要求医疗机构及其医务人员在现有医疗水平与技术条件下，尽最大可能救治患者，根据患者病情努力追求最好的效果——全力挽留患者生命和恢复身体健康；如果不能实现康复就努力减轻患者病痛，促使其达到现有医疗条件下的最佳状态；在救治患者过程中，尽可能地减小或避免对其身体造成伤害；在保证疗效的前提下，在选择诊疗手段时，应该考虑患者经济承受能力、医疗资源的消耗等。此外，医疗机构及其医务人员还应该为患者提供高质量、高水平的一流服务，例如在服务态度上，视患如亲，使患者处处感到温暖与慰藉，而没有孤苦无助的感觉；在医疗环境上，做到文明、卫生、安全、有序，避免"脏、乱、差"；在权益保障上，确保患者身体、精神与经济方面各项权利不受侵犯。

在医疗实践中，尽管在整体上我国医疗机构的技术水平与服务质量不断提升，但是少数医务人员专业技术不过硬、责任心不强等情况仍然存在，手术时疏忽大意致使纱布落在患者体内甚至阴差阳错地切除掉其他器官、误诊漏诊贻误患者病情等现象时有发生，对患者身心健康及经济利益造成严重侵害。此外，部分医疗机构定位存在方向性偏差，医务人员职业道德缺失，过分追求经济效益；少数医务人员职业道德素养低下，"吃回扣""收红包"现象普遍，开大处方、滥施检查等过度医疗现象屡见不鲜；医院管理存在漏洞，医务人员人文素养与人文执业能力缺乏，侵害了患者权利。还有的医务人员思想观念陈旧，存在恩赐心理、权威心理，对患者态度冷淡，漠不关心；有人只注重医疗质量而不讲究服务艺术，不注意沟通技巧，把患者当作单纯的治疗客体，缺乏人文关怀。诸如此类现象的存在，违背与侵害了患者的获得优质服务权，不利于和谐医患关系的建构。

8. 获得紧急抢救权

获得紧急抢救的权利是指病情危重、生命垂危的患者无条件地从医疗机构获得紧急抢救与帮助的权利，主要包括两种具体情形：一是患者在面临严重的生命危险，却不能缴纳足额医疗费用，甚至身无分文的情况下，仍然有权获得医疗机构及其医务人员及时、充分的救治，挽回自己的生命，医方不得以任何理由拒绝施救；二是患者在病情危重，有生命危险或肢体不全危险时，且在不能取得患者本人或者其近亲属意见，或者患者近亲属拒绝治疗的情况下，有从医疗机构获得紧急抢救的权利。

患者获得紧急抢救权的产生根据是人的生命的崇高、医疗行为的道德属性，以及医疗机构救死扶伤的医疗宗旨。当一个人的生命因为生病或遭受伤害而面临严重的危险，医疗机构及其医务人员应当不附加任何条件地全力施救，是毋庸置疑的。任何医疗机构及其医务人员都不得以任何理由坐视患者生命的陨落，体现了基本的医疗价值所在，体现了医学人道主义的基本内涵与要求。近些年来，少数医院坚持经济利益至上，或者因为担心承担法律责任，面对病情危重的患者拒绝抢救，导致患者死亡的惨剧发生，在社会上产生了极其恶劣的影响，也背离最基本的医疗服务宗旨。例如：2007 年 11 月 21 日，22 岁的孕妇李××因难产生命垂危被送到北京市某医院接受治疗。因为丈夫肖××拒绝在手术同意书上签字，医院迟迟未能对李××实施手术，直到眼看着患者生命垂危时，医院才展开救治，但是已经无力回天。最后，医生宣布李××因抢救无效死亡。2005 年 12 月 13 日，在北京某医院的急诊走廊，来京找工作的齐齐哈尔人王××无钱治病，在呼救中死去。王××在北京火车站腹痛呕血，120 救护车曾两次把他从火车站送到该医院。第一次入院时他的朋友替他垫钱打了一针止痛针，花了一元八角，这是他受到的唯一治疗。我们必须大力宣扬人的生命的可贵与崇高，不断提升医务人员的医学人文素质，制定与完善相关医疗制度，确保患者获得紧急抢救权得以实现——这是所有医疗机构及其医务人员担负的一项基本职责，是建构和谐医患关系、促进医疗卫生事业健康发展的必然要求。

9. 参与治疗权

参与治疗权，亦称医疗决策参与权，是指患者在接受诊疗的过程中，在充分了解自己的病情及相关情况的基础上，参与做出有关本人医护以及卫生服务规划的决定和选择的权利。

具体采用何种疾病治疗方案、治疗方法与治疗措施，直接关系着患者的生命健康与安全，患者十分关注。在医疗过程中，患者不应被视为纯粹被动的受治对象，在不妨碍治疗效果的前提下应积极发挥患者的作用，应该让患者参与治疗过程，促使医疗方案决策更加民主——大多数情况下患者配合医生诊疗，提供个人相关疾病信息（发病时间、病症表现、有无病史等），表达个人观点，了解并决定采用某种治疗方案；少数时候（慢性病、预防性疾病等）患者居于主导地位，与医务人员享有同等权利，共同确定具体的治疗方案。必须明确，让患者参与治疗过程不仅是实现治疗目的、促进患者康复的手段，更是患者的一项基本权利。

随着社会的不断发展与进步，世界各国越来越认识到患者参与治疗的重要性与必要性，开始通过立法确认患者享有这一基本权利。例如，英国《2009年国家卫生服务约章》（《NHS约章》）确认的七项指导原则包括"尊重患者和患者参与"，即允许患者参与治疗过程及决策；澳大利亚的《医护权利章程》明确规定了患者的参与权（Participation），认为每个患者都有权参与有关本人医护的决定和选择。当前，我国医学界也逐渐认识到患者参与治疗过程的重要意义，认识到其应该作为一项患者的基本权利而存在。立法机关应该借鉴国外的做法，尽快通过制定"患者权利法"等形式明确确认患者的这一权利，以引起社会的重视，更加有效地保障患者的权利。

10. 自由选择权

自由选择权也叫患者自主权，是指具有行为能力并处于医疗关系中的患者在被告知有关自己的病情、治疗等信息的前提下，对医疗机构、医务人员、治疗方案等与自己的身体、生命健康相关事项的自主选择与决定权。患者自由选择权体现了民事法律关系中的平等、自愿原则，有助于改变患者的被动地位，更好地维护和保有自身的生命健康利益。它在法理上与道德逻辑上的依据在于人人都享有自主决定自己身体的权利，即使是身患疾病的人也不例外，充分体现了对患者行使自己权利的尊重，是人权事业进步与患者权利运动发展的重要成果。

患者自由选择权的具体内容包括：（1）有权自主选择医疗机构和医务人员。例如，早在2000年7月18日，我国卫生部、国家中医药管理局联合发布了《关于实行病人选择医生、促进医疗机构内部改革的意见》，要求各医疗机构普遍推行"病人选择医生"的制度，并"要将医生的照片、职称、专业特长和其他相关资料，实事求是地给予明示"①。（2）有权自主决定是否接受治疗。（3）有权自主决定是否接受特定的医疗服务项目，如是否接受存在风险的检查或有损害的治疗以及医疗机构提供的与治疗和康复无关的服务、根据价格高低选择药品、对替代性治疗方案的选

---

① 姚非凡：《医患关系中患者权利研究》，硕士学位论文，南京中医药大学，2011。

择等。（4）有权自主决定出院或要求转院。（5）在遵守医疗机构管理规范的前提下，有权自行邀请专家会诊。（6）在遵守医疗机构管理规范的前提下，有权决定接待来访和保持同外界的联系，例如在探视时间可以会见亲属。（7）有权决定是否捐献遗体及器官，患者死亡后家属代为行使该权利。

患者自由选择权也不是完全绝对不受限制的。尤其是确认这一权利并不否认医务人员在诊疗工作中享有的各种权利，更不是要医务人员放弃自己应当承担的维护与促进患者身心健康的天职，而是要求他们正确认识与处理医患双方的权利义务关系。特别是医务人员享有特殊干涉权，"即在患者因为疾病、外伤的影响使自己丧失意识不能自主地维护自身身心健康，抑或因为自己年幼、精神智力发育不全导致自己不能、不会表达自己的维护与促进健康的愿望与要求，抑或因为患者所患疾病危重或者所遭受的外伤严重使自己丧失了意识无法自主表达自己的意愿、患者家属亲属或者患者单位又无人在场，而患者又急需抢救的情况下，医务人员就应当本着对患者生命、健康负责的精神，积极履行自己担负的救死扶伤、防病治病、维护与促进人民群众身心健康的义务与职责，做好对患者的抢救治疗工作，且不可以以患者或者患者家属、单位没有人在场、没有人授权，就坐等观望，贻误患者的疾病诊治的最佳时机"。[1]此外，当患者或其家属做出非理性的选择，可能给患者的生命健康造成严重威胁，例如前面所述的 2007 年李丽云事件，医务人员依法进行干涉，限制患者自由选择权的使用；对于吸毒人员、传染病患者，医务人员也可以进行强制性治疗，属于对患者自由选择权限制的情形，其合理性是显而易见的。

11. 申请鉴定权

申请鉴定权是指在患者认为由于医务人员在诊疗过程中存在过错而导致医疗事故发生的情况下，为查明患者真实的病情以及医疗事故发生的原因，有委托相关机构进行鉴定的权利。相对于患者其他一些权利而言，申

---

[1]　袁俊平、景汇泉：《医学伦理学》，科学出版社，2012，第 65 页。

请鉴定权属于派生权利的范畴,以患者在接受医疗服务的过程中身体遭受伤害为前提,是一种救济性权利。根据西方国家学界的普遍观点,"没有救济就没有权利",申请鉴定权作为一种保障患者权利的权利,具有不可或缺的重要地位。

我国《医疗事故处理条例》第20条规定,"需要进行医疗事故技术鉴定的,由双方当事人共同委托负责医疗事故技术鉴定工作的医学会组织鉴定",确认了患者申请鉴定的权利。第22条规定"当事人对首次医疗事故技术鉴定结论不服的,可以自收到首次鉴定结论之日起15日内向医疗机构所在地卫生行政部门提出再次鉴定的申请",规定了当事人(患者及其家人)有提出再次鉴定申请的权利。此外,该《条例》提出进行鉴定时"抽取参加鉴定的专家""建立专家库"以及当事人享有申请鉴定专家组成员回避等要求,表明我国法律对于患者申请鉴定权的认可与支持。当然,专家库成员的资质如何鉴定、医疗事故技术鉴定的过程与结果如何接受监督等问题需要进一步探讨解决,完善现行医疗技术鉴定制度仍然是医学界面临的一个重要任务。而且,患者及家人是否只有发生医疗事故之后才可以申请鉴定,基于对治疗方案以及造成高额医疗费用的质疑可否申请,也有待于研究与商榷。

12. 查阅、复制病历资料权

病历资料是指医务人员在诊疗、护理、预防等工作过程中,依照有关法律法规及行业技术规范,记载并制作反映患者的生理、病理状况的各类证明文件的总称。根据形式的不同,病历资料可以分为文字、符号、图形、磁录资料等。根据内容的不同,主要可以分为两大部分:(1)医疗记录。医疗记录有广义和狭义两种。狭义上的医疗记录指病历,包括门诊病历、急诊病历、住院病历、会诊单、手术方案和小结、手术记录、麻醉记录、分娩记录、死亡记录、抢救记录、护理记录。广义的医疗记录除狭义的医疗记录外,还包括:病原微生物检验报告、临床生化检查报告,肝功能、肾功能、血糖、血脂检查报告等,临床电生理检查、听觉诱发电位、肌电图、脑电图、心电图、放射影像学报告、病理诊断和病理解剖报告、放射免疫、放射核医学检验报告等。(2)医疗证明。包括出院证明、病情证明、健康证明、残疾证明、死亡证明、出生证明等。①

　　在我国，门诊患者到医疗单位就诊，医生将其病情记录在病历上，病历由患者保管，而住院患者的病历则保存在医护人员手中，患者很难详尽地了解、掌握自己的病情信息。因此，一旦发生医疗纠纷，患者对诊疗情况提出质疑，却无法提供充分、翔实的证据资料。为了更好地保障患者的知情权，加强对医疗机构及其医务人员的监督，我国 2002 年颁布的《医疗事故处理条例》明确规定：患者有权查阅和复印病历、医嘱单、化验单、病理报告单以及其他病历资料等，明确了患者的医疗文件查阅、复制权。当然，基于治疗效果与促进患者康复的需要，对于一些不适合了解真实病情的患者，他们的家人可以行使病历资料的查阅、复制权。例如，对于晚期癌症患者，为防止对其造成心理压力，不利于治疗与康复，可以由其家属查阅有关的病历资料。

　　13. 监督、批评、建议权

　　监督、批评、建议权是指患者在接受诊疗的过程中有权对医疗机构及其医务人员的服务情况进行监督，对于存在的问题具有提出批评与建议的权利。这是保障患者权益、促进医疗卫生事业健康发展的必然要求。美国《病人权利法案》明确规定：患者对医院收费情况具有查账权，作为患者监督权的重要组成部分。我国《医疗机构管理条例》明确规定："医疗机构必须将《医疗机构执业许可证》、诊疗科目、诊疗时间和收费标准悬挂于明显处所"，"医疗机构工作人员上岗工作，必须佩带载有本人姓名、职务或者职称的标牌"。显然，医疗机构需要公开接受监督的内容还远不限于此。医疗机构应该公布具体的收费项目与收费标准，患者有权对机构设置、医疗服务的制度化、公开化、收费项目、标准等情况实施监督。对于医疗工作中存在的侵犯患者权益的现象，患者有权提出批评；对于存在的问题，患者有权提出意见与建议。

　　在医疗实践中，不少医院及其医务人员对患者乱收费、虚开药、做假账等现象比较严重，收红包、吃回扣现象屡见不鲜，还有个别医务人员对工作无所用心、敷衍了事，对患者态度冷漠、语言生硬，既严重侵害了患者

---

① 黄丁全：《医事法》，中国政法大学出版社，2003，第 212～213 页。

的正当权益，也有损医疗服务行业及本单位的形象，从反面说明患者享有与行使监督、批评、建议权的合理性与必要性。患者的监督权行使得越好，就越有利于避免各种丑恶现象的发生，越有利于医疗机构各项工作的顺利开展、各项事业的健康发展。正是在患者的监督下，大多数医院已经对所有的药品、检查、治疗项目价格公开，有的还在门诊大厅建立触摸屏、制作电子显示屏、计算机药费查询系统，设立便民服务与举报电话等，以更好地提供令广大患者满意的优质服务。因此，医院应该尊重患者的监督、批评、建议权，无论从维护患者权益还是促进医院发展角度看，都具有重要的意义。

14. 免除一定社会责任权

免除一定社会责任权是指患者在得到医疗机构的证明后，有权根据病情的性质、程度和预后情况，可以免除一定的社会责任与义务。例如，精神病患者对于自身的行为可以不用像正常人一样承担一定的法律责任；许多患者可以根据病情，要求医生出具需要休息的证明，不用上班或者参加其他劳动；患者还可以暂时或长期免除服兵役、献血等社会责任和义务。患者享有这一权利既是促进患者疾病治疗与康复的需要，也体现了社会公平原则与人道主义原则。

15. 获得帮助权

获得帮助权是指作为弱势群体的患者，在接受治疗与获得康复的过程中，有从社会（政府部门、社会组织及个人、医疗机构及其工作人员等）获得帮助的权利。我国宪法第45条规定："中华人民共和国公民在年老、疾病或者丧失劳动能力的情况下，有从国家和社会获得物质帮助的权利。国家发展为公民享受这些权利所需要的社会保险、社会救济和医疗卫生事业。"实际上，患者需要的常常不仅是物质上的帮助，还包括生活上的关心与照顾、精神上的鼓励与安慰、心理上的沟通与交流等。至少在道义上全社会都负有提供各种帮助的义务与责任。

（二）基于自然人身份享有的一般性权利

以下权利理应为病人所享有，但是并非因患者作为病人的特殊身份，而是作为一个自然人基于生存与发展等人的基本需求而享有。

1. 人格尊严权

人格尊严是一般人格权的内容之一，指民事主体作为一个"人"所应有的最起码社会地位并且受到他人和社会的最基本尊重，是民事主体对自身价值的认识与其在社会上享有的最起码尊重的结合。人格尊严权具体表现为名誉权、肖像权、姓名权、隐私权、荣誉权等权利。我国《宪法》第38条规定："中华人民共和国公民的人格尊严不受侵犯。禁止用任何方法对公民进行侮辱、诽谤和诬告陷害。"依据《民法通则》等法律法规，我国公民享有以下权利：姓名权，即公民有权决定、使用和依照法律规定改变自己的姓名，他人不得干涉、盗用、假冒、歪曲；肖像权，即未经本人同意，不得以营利为目的使用公民的肖像；名誉权，即公民有权要求社会和他人对自己的人格尊严给予应有的尊重；荣誉权，即公民因对社会有所贡献而得到的荣誉称号、奖章、奖品、奖金等，任何人不得非法剥夺；隐私权，即隐私是公民个人生活中不想为外界所知的事，他人不得非法探听、传播公民的隐私。当然，一个人的人格尊严权远远不限于上述内容，凡是体现其作为一个人的存在应该具有的价值与尊严的权利，都属于人格尊严权范畴。

在医疗实践中，患者的人格尊严权主要体现为他们有权受到与其他人一视同仁的热情、真诚对待，享受到视患如亲的优质服务，个人隐私、姓名、名誉、荣誉、肖像等权利得到应有的尊重。然而，由于工作压力太大、医学人文素养缺乏、患者权利意识薄弱等原因，部分医务人员对待患者态度冷漠、语言生硬，部分医疗机构及其医务人员暴露患者个人隐私现象时有发生，有的医疗机构使用患者肖像做广告宣传，许多医疗机构对于住院患者只呼床号而不称姓名，等等。在很大意义上，正是由于缺乏对于患者人格尊严的充分尊重，导致患者权利遭受侵害，使其感受不到应有的温暖，从而引起他们的不满，已经成为破坏医患关系和谐、激化医患矛盾的主要原因。

2. 身体权

患者的身体权，是一项基本的人格权，近年来越来越受到重视与保护。我国台湾学者史尚宽认为，身体权，为以保持身体之完全为内容之权利。①

---

① 史尚宽：《债法总论》，中国政法大学出版社，2000，第143页。

杨立新认为：身体权是公民维护其身体的完全并支配其肢体、器官和其他组织的人格权。[1] 可见，人的身体权以自然人的身体为客体，在内容上包括自然人对自己身体完全性、完整性的维护权，也包括对自己肢体、器官和其他组织的支配权。在我国，身体权常常被忽略，而以健康权代替，显然不够科学。《民法通则》只是规定了公民的生命健康权，最高人民法院《关于确定民事侵权精神损害赔偿责任若干问题的解释》则明确规定："自然人因下列人格权遭受非法侵害，向人民法院起诉请求精神损害赔偿的，人民法院应当依法予以受理：（一）生命权、健康权、身体权……"，将身体权视为独立的人格权，也为对遭到侵害的身体权进行法律救济提供了明确的法律依据。

在医疗实践中，侵害患者身体权的行为主要表现为：（1）医疗机构及其医务人员对患者身体组织的非法保留、占有。有的医务人员为了教学或科研目的，将切除组织及检材泡在福尔马林中制成标本，却没有得到患者的同意，即是对患者身体权的侵犯。（2）部分医疗行为对身体组织造成不必要的不疼痛的侵害。一头秀发、洁白的牙齿、美白的皮肤、漂亮的指甲，都是公民特别是女性公民精心修饰的对象，对这些身体组织进行侵害，都构成侵害公民身体权。[2]（3）有的医生对患者实施过度的或不当的外科手术。例如，部分产科医生为减少医疗风险，不考虑剖腹产的适应症而擅自实施剖腹产手术，或者自行扩大适用剖腹产的范围，也侵害了患者的身体权。[3]（4）因为医疗事故等，错误地割除患者的健康器官与组织，在严重损害患者身心健康的同时也侵害了他们的身体权。[4] 可见，保护患者的身体权具有重要的现实意义。

---

[1] 杨立新：《特殊纠纷案件的法理分析与法律判定》，吉林人民出版社，1999，第 143 页。

[2] 段宏伟：《论患者的权利》，华东政法学院，2004。

[3] 2014 年 6 月 27 日《参考消息》刊载《剖腹产率全球最高 美媒：中国应该为此担心》一文，报道称：过去 20 年里，全球的剖腹产率上升了 50%，而剖腹产率最高的国家就是中国，近一半（47%）产妇采用剖腹产；在中国部分省份，这一比例据说高达 70% 至 80%。

[4] 据媒体报道，2009 年 11 月，湖北省通城县中医院在为右腿摔伤骨折的某患者手术时，竟错将左腿当成伤腿实施了手术，植入一块钛合金钢板。同月，仙桃市第一医院对一左侧腹股沟疝气患者在右侧腹股沟做了手术，酿成又一起"左右不分"的离奇医疗事故。

3. 人身与财产安全权

人身与财产安全权是指患者要求医疗机构提供安全的医疗服务环境，保障患者及家人的人身与财产安全不受侵害的权利。人身与财产安全权是每一个自然人享有的基本权利，是所有人生存与发展的基本保障。在患者接受诊疗过程中，医疗机构应当切实采取一切措施，确保患者及家人的人身安全与财物安全。

医疗机构负有保障患者人身与财产安全的义务，法理依据在于医患双方在诊疗过程中形成一种契约关系，双方有义务保证医疗合同顺利履行与合同目标的实现，为患者提供安全的医疗环境是医疗机构不可推卸的责任，这完全符合我国《合同法》的严格责任原则。何况，接受诊疗的患者处于一个陌生的环境，人身与财产安全容易遭受威胁，医方尽到保障医疗环境安全的义务，是公平原则的体现。具体来说，医疗机构的安全责任主要体现在两个方面：其一，保证建筑物与医疗设施设备的使用安全，防止患者因病菌扩散导致交叉感染，防范患者家人因环境的恶劣被感染疾病，等等。为此，应该着力加强医院硬件建设，竭力清除各种安全隐患。其二，加强治安管理，采取适当措施防止患者及家属在医院期间的人身、财产权利受到意外侵害。近年来，湖南、重庆等地医院发生多起因防护措施缺位导致患有抑郁症的产妇偷逃出医院后自杀的事件，患者财物失窃甚至产房内婴儿被"盗"事件也屡屡被媒体披露出来，充分表明保护患者在医院期间的人身、财产安全权的重要性。

4. 要求赔偿权

要求赔偿权是指当医疗过程中发生差错、事故，或者因为其他情况，给患者造成侵害时，患者和家属有要求经济补偿的权利。这一权利的行使固然是由患者接受医疗服务所引起，似乎与患者的特殊身份存在关联性，其实这是患者基于作为公民（自然人）的身份而享有。只要是权利主体的合法的人身与财产利益遭受侵害，就理所当然地应该得到救济与赔偿，这与他具有何种身份没有任何关系。

我国相关法律对于患者要求赔偿的权利做出了比较明确的规定，

例如：《民法通则》第 117 条规定："损坏国家的、集体的财产或者他人财产的，应当恢复原状或者折价赔偿。受害人因此遭受其他重大损失的，侵害人并应当赔偿损失。"第 119 条规定："侵害公民身体造成伤害的，应当赔偿医疗费、因误工减少的收入、残废者生活补助费等费用；造成死亡的，并应当支付丧葬费、死者生前扶养的人必要的生活费等费用。"第 120 条规定："公民的姓名权、肖像权、名誉权、荣誉权受到侵害的，有权要求停止侵害，恢复名誉，消除影响，赔礼道歉，并可以要求赔偿损失。"《侵权责任法》第 54 条规定："患者在诊疗活动中受到损害，医疗机构及其医务人员有过错的，由医疗机构承担赔偿责任。"第 57 条规定："医务人员在诊疗活动中未尽到与当时的医疗水平相应的诊疗义务，造成患者损害的，医疗机构应当承担赔偿责任。"

5. 提起诉讼权

诉讼权是一种救济权、程序权，是指公民（自然人）为解决争议进行诉讼活动，要求国家司法机关予以保护和救济的权利。患者提起诉讼权是指，当患者及家人认为医务人员的医疗服务或履行法定义务和约定义务存在过失时，有起诉至法院请求获得救济的权利。人们常说，司法是维护社会公平的最后一道防线，因而提起诉讼权是患者维护自身权益的最有效的途径，是最有力的保障。无论是医疗机构的硬件发生故障给患者带来伤害，还是大检查、乱收费等现象给患者造成经济损失，还是部分医务人员医学人文素养的缺失、对患者缺乏应有的尊重，严重侵犯了患者合法权益，以及由于诊疗过程中存在过错导致医疗事故的发生，都可以诉至法院，依靠法律维护患者权益，还患者一个公道。

当然，由于诉讼形式存在花费时间太长、成本太高等缺陷，不少患者选择自行协商、行政调解等非诉讼形式，但是这并不影响患者行使提起诉讼权、通过司法渠道解决医患纠纷的重要性。国家公权力机关应该进一步完善立法及相关各项制度，尽可能把诉讼形式的弊端压缩到最小，最大限度地维护患者利益、促进医患关系的和谐。

三　关于两种特殊的患者权利探讨

（一）临终关怀

案例：某临终关怀医院临终患者郑某，82 岁，住院前曾求治于其他医院，但病情一直不见好转，而且有日益加重的情况，难忍的疼痛只能依赖每小时注射一次吗啡支撑着。入院近半个月，她对院长说："我极度恐惧，我向佛求救，佛已多次提示我应该到另外的世界去了，我的罪过要结束了。我信佛教几十年，应听从佛的指引。请医生不要再给我打针、吃药了，但希望医院帮助。"医院邀请居士朋友为她临终助念。过了几天，一天清晨，居士、家属、院长守在她身边时，她停止了呼吸。[①]

此案例中患者郑某所享受到的而由医院提供的就是临终关怀服务。显然，该医院提供的医疗服务与普通医院存在较大不同，患者享有的权利也与一般医院的患者存在差异。因为临终关怀医院的宗旨具有极大的特殊性。

临终关怀，也称为临终照顾，英文释义为"Hospital for dying people"，是指医疗机构通过对生命临终患者进行的生活照护、医疗护理、心理护理、社会服务等全方位的关怀照顾，使其以最小的痛苦、以相对较高的生命质量度过人生的最后阶段。临终关怀的提出与兴起源于西方，不以延长生命为目的，而以减轻身心痛苦为宗旨，同时坚持尊重临终者生命的原则。具体来说，它强调的是对临终患者的姑息性照护（Care），而不是治疗性照护（Cure）。临终关怀的目的在于减少临终患者的痛苦，增加患者的舒适程度，消除他们对死亡的焦虑和恐惧，提高他们的生命质量，使之活得尊严，死得安逸。由此，患者所享受的权利有所变化，最主要的是丧失了要求医院尽最大努力挽救其生命的权利。由于临终关怀医院重点关注的是临终患者的生命质量而非传统意义上的治病救人，医

---

① 袁俊平、景汇泉：《医学伦理学》，科学出版社，2012，第 257 页。

院一切工作围绕这一目的展开，可以说，进入临终关怀医院那一刻就意味着患者对自己生命权的放弃。相应的，由于医院不再全力恢复患者身体的完好状态，并可能造成生理功能发生障碍与健康质量的下降，患者的健康权也大大折损了。

另外，临终患者获得了新的权利：选择终结个人生命的权利，享受更加优质、全面的服务的权利，保持较高生命质量与死的尊严的权利。瑞士著名医生库伯勒·罗斯（Kubler Ross）认为，垂死患者希望获得休息、平静及尊严，但他们得到的却是静脉注射、输血及气管切开。现代临终关怀事业的先驱英国人桑德斯博士指出："垂死患者往往被迫在医院度过最后一段日子，身上插满了管子，被麻醉得昏昏迷迷，并与亲人隔离。"临终关怀强调的就是对于生命品质不可能复原的濒死患者的治疗与护理，在承认医学能力有限性的前提下，不以延长患者的生存时间为主，而以对患者的全面照顾为主，帮助患者征服肉体的折磨和心灵的痛苦，以提高患者临终阶段的生命质量，维护患者临终时的尊严与价值。在这个意义上，临终关怀是对临终患者生命更大的尊重。或者说，临终关怀反映出现代社会人们新的生命观，反映了新时期患者的权利诉求，是对传统医学伦理视野下的患者权利学说的发展与超越。

（二）安乐死

安乐死这一名称起源于希腊文"Euthanasia"，原意是指"快乐的死亡"或"尊严的死亡"。所谓安乐死是指身患不治之症的患者在濒临死亡时，由于肉体的极端痛苦，在患者及其亲属的要求下，经过一定的法律、道德及医学程序，使者在无痛苦状态下终结生命的过程。

从20世纪30年代起，西方国家就有人公开提倡安乐死，还成立了倡导安乐死的机构：1936年，英国首先成立了"自愿安乐死协会"；1938年，美国成立了"无痛苦致死学会"。第二次世界大战期间，安乐死因成为纳粹德国大屠杀的借口而声名狼藉，一时间销声匿迹。1976年，首届国际安乐死会议在东京召开，会议通过的《东京宣言》宣称要尊重人"生的意义"和"尊严的死"的权利。2001年4月10日，荷兰通过"安乐死"法案，成为世界上第一个把安乐死合法化的国家。后来，比利时、瑞士等国也通过法案，允许在本国实施安乐死。在我国，自从首例安乐死——1986 年陕西汉中夏素文事件之后，安乐死受到社会的广泛关注，越来越多的人开始接受安乐死。

患者在接受治疗期间有没有选择安乐死的权利，一直是现代伦理学、法学、医学讨论的热点问题。在这里，患者的生命权遭受侵犯，尽管他是自愿的、主动请求医生采用一定的手段剥夺自己生命。按照传统伦理学的观点，安乐死可以说是赤裸裸的故意杀人，这样说一点也不过分。所以，关于安乐死问题的争论一直没有结束。

支持安乐死的观点认为：（1）尊重人的生命价值既包括尊重生命，也包括接受死亡。不治之症的晚期患者选择安乐死符合自身利益和生命价值原则。安乐死可以使无法治愈并备受病痛折磨的患者无痛苦地死去，在减轻他们痛苦的同时，使他们的死亡权利得到尊重。安乐死是对人道主义的丰富和发展。（2）一个人对自己的生命拥有自主权。一个人有生的权利，也有死的自由。自主自愿的安乐死应该成为有意识的成年人的权利之一，这种自主权利应得到社会和法律的保护。（3）安乐死促进有限的社会资源合理使用。安乐死可以使有限的医疗资源更多用于治疗可以延长寿命或改善生活质量的患者，减少巨大的社会浪费，符合社会公益原则，也使家庭成员摆脱沉重感情压力和经济负担。

反对安乐死的观点认为：（1）致人死亡违背医生职业道德。救死扶伤是医生的神圣天职，在任何情况下，医者只能减轻患者痛苦、延长患者的生命，而不是促进其死亡。安乐死与医生的职责不相容，实际上是变相杀人。（2）安乐死会造成医疗上的惰性。世界上没有永远根治不了的疾病，医学科学研究的目的就在于揭示疾病的奥秘并逐步攻克。如果认为绝症不可救治就不治而实施安乐死，会造成医疗上的惰性，阻碍医学和治疗技术的进步。（3）"不可逆转"是一个相对的概念，随着医学的进步，现在的不治之症可能成为将来的可治之症。（4）安乐死会破坏家庭的完整性，增加危重病患者的心理负担。在实际的社会生活中，也可能会为亲属摆脱负担，以安乐死的名义杀害患者和医生合法地谋杀患者打开方便之门。

可见，在医学伦理视野下，安乐死具有很大的合理性与必要性，存在讨论的较大空间。我们可以说，患者享有道德意义上选择安乐死的权利，医务人员满足他们的要求具有较大合理性。通过安乐死，患者获得了死的尊严，体现了对自己生命的自主权。但是，如果允许人们选择安乐死，赋予他们主动地结束自己生命的权利，又存在很大的弊端与缺陷。尤其在实际生活中可能造成无数的难以想象的问题，这也是为什么绝大多数国家反对安乐死合法化的主要原因。所以，对于绝大多数人而言，安乐死作为患者的一项权利只能停留在道德意义上，而在法律意义上则是禁止的。在条件尚不成熟的情况下，安乐死合法化应该缓行。如果由医务人员以道德代替法律，不顾法律禁令而帮助患者实施安乐死，则必须承担相应的法律责任。对于患者，医务人员应该尽最大努力减轻病人的病痛折磨，努力保持其较高的生命质量，唤起他对生命的热爱，淡化他对于安乐死的诉求。总之，尽管安乐死已经成为不少人的梦想，但是当前安乐死还远远不能成为患者一项现实权利。

第三章
人权与患者权利

现代意义的患者权利保护是随着人权运动的兴起而出现的，抑或可以直接说，患者权利运动是近代人权运动的产物，并随着人权保护事业的发展而不断蓬勃向前。从现有的研究情况看，在浩如烟海的中外关于患者权利的研究资料中，尽管不少学者曾经或多或少地论及人权运动与患者权利保护的内在联系，对于人权与患者权利之间的关系却鲜有直接、正面的论述。然而，开展相关研究对于准确把握患者权利的本质、促进患者权利保护具有十分重要的意义。

一　人权的概念及起源

（一）什么是人权

什么是人权？一直以来就是一个看似简单却众说纷纭、见仁见智的问题，至今也难以形成统一的认识。美国伦理学家 A. 格维尔茨认为，人权是指一种狭义的权利，即主张权，这种权利的结构可以理解为：A 由于 Y 而对 B 有 X 的权利。英国学者麦克法兰认为："人权是那些属于每个男女的道德权利，它们之所以为每个男女所有，仅仅因为他们是人。"[①] 英国著名学者米尔恩则指出，人权就是"普遍道德权利"。他提出一种最低限度的人权，这种人权以道德为依据，是道德意义上的权利。同时，这种道德不是先验的、抽象的规定，而是社会生活中普遍的、具体的要求，而且是最低限度的。我国的《人权大辞典》将人权定义为："人权，顾名思义

---

① 罗敏：《浅论人权概念》，《成都教育学院学报》2004 年第 9 期。

就是人的权利，或者说，是人类每个成员可享受或有权享受的各种权利。"我国学者李步云教授认为："人权是人依据其自身的本性所应当享有的权利。"① 林喆教授给人权下的定义是："人权是指人按其本性所应当享有的在社会中得以生存和发展的自由度。"② 张恒山教授提出："人权是人们在文化认同的基础上，社会依据无害性标准所确认的，对人的生存、发展具有必要性的基本行为的正当性。"③ 尽管各种观点存在诸多差异，但是基本内涵却是大体一致的，即人权是人作为人，不论其民族、种族、性别、职业、宗教信仰、社会地位、财产占有、教育水平等状况如何，基于生存与发展的需要应当享有的基本权利。人权具有道义性与普适性。

当今社会，人权概念承载着十分重要的意义。

首先，人权概念蕴含着浓厚的人道主义精神。

中国古汉语将"道"解释为道路，许慎在《说文解字》中进行了最早的阐述，从字面意思看是人的行走，后来引申为规则、规律，表达了人的基本的存在方式和状态。人道主义则是对人的价值的肯定与褒扬，对人的尊严的捍卫，以人性的眼光对待人。所以，傅斯年曾经指出："春秋时人道主义固以发达。"④ 古希腊哲学家认为，人之所以为人，在于人有理性、会思考，这一直是西方哲学、伦理学研究与人相关一系列问题的基本逻辑起点。到了文艺复兴时期，欧洲国家正式形成了人道主义思想。它提倡关怀人、爱护人、尊重人，是一种主张以人为本、以人为中心的世界观。法国资产阶级革命时期又把人道主义的内涵具体化为"自由""平等""博爱"等口号。可以看出，无论在中国还是外国，人道主义精神的基本内涵都是重视人类的价值，特别关心最基本的人的生命、基本生存状况，关注人的幸福，强调人类之间的互助、关爱。人道主义在伦理上主张超越人种、国家、宗教等所有的差别，承认人人平等的人格，互相尊重，互相扶助，以谋人类全体之安宁幸福为理想。在实践中，人道主义尤其表

---

① 李步云等：《人权法学》，高等教育出版社，2005。
② 林喆：《何谓人权》，《新华文摘》2004 年第 9 期。
③ 张恒山：《法理要论》，北京大学出版社，2006，第 357 页。
④ 傅斯年：《性命古训辩证》，上海古籍出版社，2012，第 145 页。

现为对弱者的关爱，主张博爱与积极开展慈善事业。人权概念的基本价值理念恰恰是反映了人的生存与发展的基本需求，主张对人们基本权益的尊重与呵护，而且权利的主体具有极大的普遍性，即面向所有人，从而生动地体现出博爱精神，闪烁着人性的光辉。《世界人权宣言》指出：人权产生于"人自身的固有尊严"；人权是"所有人民和所有国家努力实现的共同标准"。可以说，人权就是要保障人的"体面"和"尊严"，使所有人能够过上"人应该具有的"体面和有尊严的生活。因此，人权概念蕴含着浓厚的人道主义精神，或者说两者是相互贯通的。

其次，人权概念蕴含着突出的现代法治理念。

人权既是一种应然的理念，同时也应该是一种制度性的事实。放眼当今世界，各个国家无不建立起各种各样、纷繁而复杂的制度体系，作为治国之基。那么，依靠制度和实在法而建立的社会秩序，怎样才算合法，怎样才真正符合法治精神，只能从道德法则那里寻找答案，而道德法则要求每一个人之为人的尊严与权利得到保障，显而易见这恰恰是人权概念的基本内涵与要求。因此，社会上的实体法与人权理论思想相互包容、密切联系，一切正当的法律制度应该建立在保护人权的基础之上，成为"良法之治"，而人权思想理所当然地要求通过法律形式得以体现与贯彻，并依靠法律提供坚强保障。离开法治谈人权，只能是虚无缥缈的，常常处于脱离实际的状态，华而不实，中看不中用。

所以，人权是一种法律权利。西方国家在资产阶级革命时期，大力倡导"自由、平等、人权"等观念，作为反对地主阶级统治与宗教神权的重要思想武器。革命取得胜利后，为了巩固革命的胜利果实，资产阶级积极地通过立法形式加强对个人权利的保护。我们可以在当时的西方国家法律文件中看到早期人权的基本精神，例如，被马克思称为人类历史上"第一个人权宣言"的1776年美国《独立宣言》中明确宣布："人人生而平等。"1789年颁布的法国《人权和公民权利宣言》声明："人们生来是而且始终是自由平等的"，"任何政治结合的目的都在于保存人的自然的和不可动摇的权利。这些权利就是自由、财产、安全和反抗压迫"。西方国家通过法律形式或者具有法律效力的文件把人权精神确定下来，使人权作为法律概念有了驻足点。同时，人权作为一种法律权利，也彰显出法治的理念与要求：尊重法律的权威，依靠法律保障人权，维护社会公平与正义。

最后，人权概念蕴含着实现大同的理想情怀。

两千五百多年前的孔子说过，"大道之行也，天下为公……是谓大同"。何为大同？尽管后人的解读五花八门，但是基本含义却是大致相同的：一种普适的公平、正义、文明、和谐，人人过着幸福、美好生活的理想社会。人权概念蕴含着实现大同的理想情怀，是指它饱含尊重人、爱护人的美好感情，高度尊重人的价值与尊严，致力于形成和谐、文明的社会图景，而且这种思想观念与制度设计具有普遍性，不局限于一国一地之内，不因人们的民族、种族、性别、年龄、职业、地位、财富占有、教育水平等因素的不同而区别对待。人权概念的普遍性，即如恩格斯所说："一切人，或至少是一个国家的一切公民，或一个社会的一切成员，都应当有平等的政治地位和社会地位。要从这种相对平等的原始观念中得出国家和社会中的平等权利的结论。"[1] 李步云教授还提出，人权普遍性的基本内涵主要表现在三个方面：首先，人权的内容是普遍的，即存在一个各国都应当普遍尊重和遵守的人权共同标准。其次，人权的权利主体是普遍的，即人人都应当享有人权。《世界人权宣言》第二条指出："人人有资格享受本宣言所载的一切权利和自由，不分种族、肤色、性别、语言、宗教、政治或其他见解、国籍或社会出身、财产、出生或其他身份等任何区别。"最后，人权的义务主体也是普遍的，即任何国家毫无例外地承担尊重与保障人权的主要责任。[2]

人权概念虽然没有首先在中国产生，但是它与中国的文化传统内在上是相通的，两者所蕴含的人道精神是相互融会贯通的。例如孔子的"仁者爱人"的思想、司马迁《陈涉世家》中提出的"王侯将相宁有种乎"，甚至是太平天国时期的"无处不均匀，无处不饱暖"的理想社会，都表达了人们之间相互

---

① 《马克思恩格斯选集》第 3 卷，人民出版社，1972，第 143 页。
② 李步云、杨松才：《论人权的普遍性和特殊性》，《环球法律评论》2007 年第 6 期。

尊重友爱，保护对方权利的思想。因此，中国传统上并不排斥人权，中华传统文化中也包含着人道精神和大同精神。而且，在今天，人权也并不是资本主义所特有的，在社会主义理论中同样存在尊重与保障人权的要求。2004年我国宪法修正案规定："国家尊重与保障基本人权"，就是具体的体现。人权概念与理论必将照亮每一个角落，照亮每一个人的人生。

（二）人权概念的起源

1. 古代人权思想的萌芽

现代意义的人权理论肇始于西方，最早可以追溯到古希腊文明时期。当时，思想家们提出了"自然法"概念，其中斯多葛学派最早使用"自然法"，认为自然法的效力高于人定法，是普遍存在的至高无上的法则，人定法应该符合自然法。该学派的创始人芝诺（Zeno of Cyprus）说："自然法是神圣的，拥有命令人正确行动和禁止人错误行动的力量。"古罗马思想家西塞罗继承了斯多葛学派的思想，认为自然才是正义和衡量一切事物的标准，统治者制定的法律应当符合永恒不变的自然法，"真正的法律……与自然相吻合，适用于所有的人，是稳定的，永久的"。[①] 他还提出，只要在"世界国家"的大家庭中，共同服从"自然法"的人，不论其原来的国别、种族、社会地位如何不同，即便是奴隶，每一个人都具有成为人类一分子的尊严；而人与人之间在自然法面前，以共同具有的理性为基础，是应该彼此相互尊重各自的人格。在当时，这一卓越而超前的思想足以振聋发聩。中世纪著名的百科全书式的思想家托马斯·阿奎那（Thomas Aquinas）将法分为永恒法、自然法、人法和神法四类，他认为自然法是人通过理性所能理解的永恒法的那些部分，是高于人定法的人和神共有的法。托马斯·阿奎那对自然法的解释，包含着人性的尊重，是对自然法思想的进一步发展。撩开哲学思想神秘的面纱，我们不难发现：所谓的自然法，实际上反映了世界万物存在与发展的客观规律，由此为人们

---

① 〔古罗马〕西塞罗：《论共和国·论法律》，王焕生译，中国政法大学出版社，1997，第120页。

享有各种权利提供了依据。所以，正如意大利思想家登特列夫所指出的："近代自然法理论根本就不是关于法律的一套理论，而是有关权利的一套理论。"① 这一理论为近代启蒙思想家提出自然权利学说埋下了伏笔，也蕴含着人权思想的萌芽。

2. 近代人权思想的形成

在近代历史上，最先提出"人权"概念的是欧洲文艺复兴运动的先驱、意大利伟大的思想家和诗人但丁，恩格斯称其为"他是中世纪的最后一位诗人，同时又是新时代的最初一位诗人"。他指出：人类的目的是要建立统一的世界帝国来实现普天下的幸福，而帝国的基石是人权。② 近代人权理论的提出，具有深刻的历史背景。

首先，社会经济背景，即资本主义工商业的发展与市民阶层的出现。马克思指出：权利永远不能超出社会经济结构以及经济结构所制约的社会的文化的发展。③ 在中世纪的经济运行中，随着生产力的发展，商品经济日益发达，在社会发展中占有越来越重要的地位。由于工商业的勃兴，开始出现了越来越多的工商业者与资本家，加上大量从原来的村庄逃脱出来、失去了人身依附关系的自由农民，最后形成了不可忽视的市民阶层。市民阶层最不可少的需要就是个人自由。因为没有自由，就等于没有行动、营业与销售货物的权利；没有自由，贸易就无法进行。也就是说，资本主义经济的发展，迫切地要求摆脱封建桎梏，消除封建等级和特权。于是，新兴的资产阶级合乎逻辑地提出来要争取平等、自由的权利，为人权理论的形成奠定了基础。"由于人们不再生活在像罗马帝国那样的世界帝国中，而是生活在那些相互平等地交往并且处于差不多相同的资本主义发展阶段的独立国家所组成的体系中，所以这种要求很自然地获得普遍的，超出个别国家范围的性质，而自由和平等也就自然地被宣布为人权。"④

---

① 〔意〕登特列夫：《自然法——法律哲学导论》，台湾联经出版事业公司，1984，第57页。

② 〔意〕但丁：《论世界帝国》，商务印书馆，1985，第76页。

③ 《马克思恩格斯全集》第3卷，人民出版社，1997，第12页。

④ 《马克思恩格斯全集》第3卷，人民出版社，1997，第12页。

其次，思想文化背景，即文艺复兴、宗教改革与启蒙思想运动的兴起。公元 14～16 世纪，以意大利为中心发生了一场提倡和复兴古代文化的思想运动。这场打着复兴古希腊文明旗号、貌似以复古主义为宗旨的轰轰烈烈的社会运动，实质上是新兴资产阶级思想文化诉求的生动表现。领导和推动这场运动的思想家被称为人文主义者，主张大力弘扬人的自然本性、强调人的尊严和价值，使古希腊以来关于平等、自由、独立的道德主张得以明确和普及。他们借助上帝的名义，论证人的高贵与神圣，并由此得出以下结论：其一，既然人具有同样的本性，那么人是天生平等的；其二，既然人有理性，那么人就具有意志自由；其三，追求个人利益，满足世俗的欲望，是合乎天道人性的。① 在此，俨然已经产生了人权思想的雏形。后来的宗教改革运动，又从宗教堡垒内部为个人的自由、平等打开了枷锁。马丁·路德（Martin Luther）认为，人靠信仰可以直接与上帝交往，而不必经过以教皇为首的各级神职人员，从而否定了封建教会特权存在的合理性。新教徒还声称教会的权力不是绝对的，每个人在上帝面前都是平等而且存在着联系，每个人都有思想和信仰自由。这一切都是在为人人平等而背书。到了 17～18 世纪，启蒙运动的时代到来了，一大批启蒙思想家纷纷涌现，为近代人权观的产生与发展推波助澜。启蒙思想家的锋芒所向十分明确，即反对王权、神权和特权，倡导尊重与保护人权，主张努力改变旧制度，建立新体制。格劳秀斯（Hugo Grotius）最早将自然法之"自然"视为人性，明确提出"自然法之母就是人性"；在此基础上，他认为自然法有两条原则，一是各有其所有，二是各偿其所负。霍布斯（Thomas Hobbes）在人性的思想的基础之上，借助"自然状态""社会契约"等理论假说提出了自然权利学说，同时提出"有些权利不论凭什么言词或其他表示都不能认为人家已经捐弃或转让"，"任何法律都不能约束一个人放弃自我保全"。② 作为自然权利说的集大成者约翰·洛克（John Locke），他的思想对后人影响尤为重大。他提出：人们在自然法的

① 蒋浩：《人权概念的演变与诠释》，硕士学位论文，西安建筑科技大学，2006。
② 苏秀：《人权概念在中国的起源与发展》，硕士学位论文，山东师范大学，2014。

范围内，按照他们认为合适的办法，决定他们的行动和处理他们的财产和人身，而无须得到任何人的许可或听命于任何人的意志。同时，他也认识到这种纯粹自然状态的缺陷，因而提出人们通过契约来建立政治社会，成立国家。政府的成立"没有别的目的，只是为了人民的和平、安全和公众福利"。洛克在《政府论》中对自然状态、自然法、自然权利十分严密的分析与论证，使自然法、自然权利思想的发展达到了高峰，并成为后来写入一些具有里程碑意义的权利宣言和宪法的"天赋人权"观念的直接思想渊源。[①] 此外，法国启蒙思想家卢梭（Jean - Jacques Rousseau）在《社会契约论》一书中提出："人人共有的自由是天赋的，是人的本性的结果。放弃自己的自由，就是放弃自由做人的资格。"美国思想家潘恩（Thomas Paine）在《人权论》中指出，所有的人生来就是平等的，并且具有平等的天赋权利。最终，"人权以人类文明轴心时期的朴素权利观为轫，中经中世纪基督教的洗礼与锻打，又历启蒙时代思想家的雕琢，终成正果"。[②]

在资产阶级大革命浩浩荡荡的洪流中，人权理论得到实践，英、法、美等国的革命文献与立法文件中明确予以规定和确认。最为著名的，一是1776年美国颁布的《独立宣言》，不仅是美国历史上，也是人类历史上一座史无前例的丰碑。它宣布了"天赋人权"的基本原则，提出"人人生而平等，造物主赋予他们若干不可剥夺的权利，其中包括生命权、自由权和追求幸福的权利"。二是1789年法国大革命期间颁布的《人权与公民权宣言》（即《人权宣言》）。它强调人权是自然天赋的、人人平等具有的，不可剥夺的东西。它的序言中写道："不知人权、忽视人权或轻蔑人权，是造成公众不幸和政府腐败的唯一原因，所以，决定把自然的，不可剥夺的和神圣的人权阐明于庄严的宣言之中。"它宣告"人们生来并且始终是自由的，在权利上是平等的"，"一切政治结合的目的都在于保存自然的、不可消灭的人权，这些权利是自由、财产权、安全和反抗压迫"，

---

① 李步云：《论人权的本原》，《政法论坛》2004年第22期。
② 齐延平：《人权与法治》，山东人民出版社，2003，第2页。

"财产权是不可侵犯的，神圣的权利"。这两个宣言的思想基础是17、18世纪启蒙思想家们提出的"天赋人权""主权在民"的理论，同时也反映了文艺复兴运动的思想成果。它们的发布标志着近代人权理论的形成。

二 人权概念的内容

人权涉及社会生活的各个方面，是人的人身、政治、经济、社会、文化诸方面权利的总称。由于在社会发展的不同阶段，人们生存与发展要求与内涵的不同，所以人身、政治、经济、社会、文化诸方面对于人的意义也不可同日而语，人权概念的内容也存在诸多差异。换言之，人权概念的具体内容是不断变化的，而且由于人权问题的复杂性，使得人们对人权的内容更加见解不一，分歧不断。但是，在总体上，人们的认识又是大体一致的。

早期的人权概念主要以自然正义为基础，通常表述为公平、正义和法的词语，其权利内容的具体特征并不凸显。近代以来，关于人权问题的理论与实践可以分为三个阶段，每个阶段人权概念内涵的重点各不相同，由此构成现代人权概念逐渐完整的内容体系。

（一）第一阶段：欧美资产阶级革命时期到第二次世界大战之前

在这一阶段，人权理论以"天赋人权""主权在民"理论为基础，主要是涉及各国公民在生命、财产、人身自由等方面的个人基本权利。从英国《自由大宪章》、美国《独立宣言》和法国《人权宣言》到美国《人权法案》，无不突出体现着人权的内容。

（1）生命权。生命是造物主创造并赋予每个人的不可转让与剥夺的权利，是一项最基本、最重要的人权。任何人，都没有无端剥夺他人生命的权利，也没有随意地放弃自己生命的自由。如果无法充分保障一个人的生命权，那么一切其他权利（人格尊严、财产占有、地位平等、追求幸福等）都是空中楼阁。无端剥夺人的生命，或者肆意对人施加恐吓、虐待和折磨，就是一种非人权的对待别人的方式，是对人权的肆意侵犯。如果任由侵犯人的生命权的情况发生，一切个人权利都无从谈起。所以，世界各国刑法都将侵害他人生命权视为十分严重的犯罪行为，量刑最重。保障人的生命权也是任何一个国家与政府应该担负的最基本的无可推卸的责任。

（2）自由权。自由权是天赋人权的核心，是指一个人不受奴役、不受专横干预的权利，既反映了当时人们反对封建专制压迫、追求人的尊严与价值的需要，也是资本主义经济发展的必然要求，因为获得人身自由乃是劳动者成为资本雇佣对象的前提条件。1215 年，英国《自由大宪章》首先以法律形式规定了公民的自由权，但这时主要是英国教会和贵族的自由。1679 年《人身保护法》和 1689 年《权利法案》对自由权进行重申并进一步扩展其内涵。1789 年，法国《人权与公民权宣言》明确宣布了公民自由。进步的学者与思想家们追求自由之心更加炽烈，喊出了"不自由毋宁死"的呼声。卢梭认为，"人是生而自由的""放弃自己的自由，就是放弃自己作为人的资格，就是放弃人类权利"。匈牙利诗人裴多菲提出的"生命诚可贵，爱情价更高，若为自由故，两者皆可抛"，更是成为生动地反映人们追求与向往自由权的千古绝唱。

（3）平等权。将平等提升为一种法律权利，将有差别的个人提升为无差别的个人，以法律上的平等形式分配权利和义务，将平等视作社会实现自由、正义和安全的基础，是资产阶级反封建专制革命的胜利。1776 年颁布的美国《独立宣言》宣称："人人生而平等"，第一次将平等权以法律形式确定下来。1789 年颁布的法国《人权与公民权宣言》首先所确定的人权就是平等权，它的第一条宣布："在权利方面，人们生来是而且始终是自由平等的。"它还规定，"不论是保护还是处罚，法律对全体公民应一视同仁；在法律面前，人人平等，公民可按他们各自的能力相应地获得一切荣誉、地位和工作，除他们的品德与才能造成的差别外，不应有任何其他差别"，并且以"任何人""每个公民"为主词，规定了公民在人身、言论、出版、参与公共事务等方面所享有的平等权利。

（4）财产权。财产权的实质是人支配物，即支配自己正当所得的权利。财产权是生命权和自由权等权利的延伸，在人权体系中处于基础地位。一个人如果要生存下去、要有能力选择以他喜欢的方式生存下去，就必须要有物质力量作为后盾与支持。人能够工作，能够靠自己的劳动成果生活，并把生活剩余的钱存起来留给子女或者自己的晚年，都是人尊严的一部分。何况，资本主义经济的发展，更是离不开确立与保障私人财产权作为基础与前提。因此，卢梭认为财产是政治社会的真正基础，是公民订约的真正保障。美国"宪法之父"詹姆士·麦迪逊指出："私有财产是天经地义、合乎自然的，同时财产占有的不平等也是不可避免的。"法国《人权宣言》规定："任何政治结合的目的都在于保存人的自然和不可动摇的权利。这些权利就是自由、财产、安全和反抗压迫。"

（5）追求幸福的权利。追求幸福的权利是独立于生命权与自由权之外的天赋人权，它比自由、平等、财产权中的某一项或几项权利拥有更大的外延。追求幸福是每个人的愿望，也是人权的一个重要方面。在资产阶级革命时代，反对封建专制制度，追求个人幸福反映了新兴资产阶级的心声。法国《人权宣言》提出了"法国人民的代表"要维护法国人民的"全体幸福"，1791 年宪法确认了这一提法，1793 宪法第一条提出："社会的目标就是共同的幸福。"美国《独立宣言》则开宗明义地指出："我们认为下面这些真理是不言而喻的：造物主创造了平等的个人，并赋予他们若干不可剥夺的权利，其中包括生命权、自由权和追求幸福的权利。"

（6）反抗权。这一权利可以视为其他各项基本权利的延伸，即为了捍卫其他权利而拥有的权利，属于救济权范畴。美国《独立宣言》的起草人、后来的美国总统杰弗逊认为，反抗是自然法赋予人类的一项基本权利，行使反抗权既可以保护人民的权利，也可促使政府克服自身的弊病。《独立宣言》明确指出，政府之正当权力，是人们赋予的。当政府违背人们成立政府的目标与作用时，人民便有权力改变或废除它，以建立一个新政府。

（二）第二阶段：第二次世界大战结束到20世纪六七十年代

在这一阶段，传统的人权内容得到进一步强调，1948 年联合国大会颁布的《世界人权宣言》明确提出："人人生而自由，在尊严和权利上一律平等"，"人人有资格享受本宣言所载的一切权利和自由，不分种族、肤色、性别、语言、宗教、政治或其他见解、国籍或社会出身、财产、出生或其他身份等任何区别"，"人人有权享有生命、自由和人身安全"。

除此之外，一些新的作为人权范畴的经济、社会和文化权利也在许多国家的宪法和法律中出现，并且随着社会发展不断得到完善与丰富。根据《世界人权宣言》《经济、社会、文化权利国际公约》《公民权利和政治权利国际公约》等国际性文件以及各国的相关立法规定，这些权利主要有以下五种。

（1）工作权。工作权并非是简单地等同于一般的劳动权，而是指劳动者所享有的获得就业保障和职业安定的权利。一个人拥有稳定、可靠的工作，才能获得相应的报酬，由此维持个人及家庭的生存，并实现自己的价值。因而，工作权是个人生存权、发展权、追求幸福权等权利得以实现的重要保障。《经济、社会、文化权利国际公约》第6条规定：本公约缔约各国承认工作权，包括人人应有机会凭其自由选择和接受的工作来谋生的权利，并将采取适当步骤来保障这一权利。我国宪法以"劳动权"取代了工作权，规定"中华人民共和国公民有劳动的权利和义务。国家通过各种途径，创造劳动就业条件，加强劳动保护，改善劳动条件，并在发展生产的基础上，提高劳动报酬和福利待遇"。可见，作为基本人权的工作权已经成为法律确认与保护的权利。

（2）同工同酬权。同工同酬是指用人单位对于从事相同工作，付出等量劳动且取得相同劳动业绩的劳动者，应支付同等的劳动报酬。同工同酬权是平等权的具体体现，不同性别、种族、国籍、宗教信仰、文化程度的人拥有同工同酬的权利，不应受到任何不公正的差别对待。古代社会以来，男女地位不平等、歧视妇女一直是严重的社会问题，因此，1951年国际劳工组织大会通过的《男女工人同工同酬公约》明确规定"男女工人同工同酬"，"凡会员国，应通过与现行决定报酬率的方法相适应的各种手段，促使并在与这种方法一致的条件下保证男女工人同工同酬原则适用于全体工人"。我国《劳动法》第46条规定："工资分配应当遵循按劳分配原则，实行同工同酬"，既要求不同性别的人同工同酬，也涵盖了反对其他形式的歧视现象。

（3）休息和定期带薪休假权。休息是指在一定时间内减少活动，使人从生理上和心理上得到松弛，消除或减轻疲劳，恢复精力的过程。休息权既是保障劳动者恢复体力、精力，更好地从事劳动的需要，也体现了对劳动者的爱护与尊重，是劳动者享有的一项基本权利，属于基本人权范畴。定期带薪休假权是指工作了一定年限的劳动者享有定期带薪休假的权利。当今时代，休闲度假已经成为现代社会的时代特征，欧洲人普遍信奉"度假权神圣不可侵犯"。不少国家法律明确规定保护劳动者的休息休假权。1993 年，欧盟出台《工作时间指令》，要求成员国通过设定自己的最高工时来保障工人的休息权和健康权。1998 年，英国颁布《工作时间法》，将其适用于所有行业与企业中。我国《宪法》明文规定，劳动者有休息的权利。我国劳动法规定，劳动者每日工作时间不超过 8 小时，每周工作时间不超过 40 小时。2007 年，国务院通过《职工带薪年休假条例》，使职工带薪年休假有了制度保障。

（4）受教育权。受教育权是一国公民所享有的并由国家保障实现的接受一定水平、一定层次教育的权利。受教育权包括两个基本要素：一是公民均有上学接受教育的权利；二是国家提供教育设施，培养教师，为公民受教育创造必要机会和物质条件。人生伊始，生存能力并不比动物优越，但人之所以为人，在于他具有区别于动物的潜能，其中一个重要方面，就是受教育。所以，受教育权是一项基本人权。尤其在当今社会，人不仅要谋生存，而且要谋发展；不仅要生活，而且要追求优质的生活。要实现这些目标，更是离不开教育。世界各国都明确规定了本国公民享有接受教育的权利，我国《宪法》第 46 条规定，中华人民共和国公民有受教育的权利和义务，彰显出对受教育权的重视。

（5）社会保障和享受适当生活水准权。社会保障权又称社会福利权，即公民享有的国家承担和增进全体国民的基本生活水准的权利。具体而言，即政府和社会应保障个人和家庭在遭到工伤、职业病、失业、疾病和老年时期维持一定的固定收入并获得其他各种补助。任何一个人有权依靠政府和社会享受适当水准的生活。早在 1919 年德国颁布的《魏玛宪法》里，就规定了公民的社会保障权，要求"保障所有社会成员能够过上体现人的价值、体现人的尊严的生活"。二战以后，社会保障权作为法定权利在各国宪法中普遍被确认。1948 年《世界人权宣言》将社会保障权作为一项国际人权提了出来，规定"每个人，作为社会的一员，有权享受社会保障，并有权享受他的个人尊严和人格的自由发展所必需的经济、社会和文化方面各种权利的实现，这种实现是通过国家努力和国际合作并依照各国的组织和资源情况"。该《宣言》第 25 条第 1 款还规定："人人有权享受为维持他本人和家属的健康和福利所需的生活水准，包括食物、衣着、住房、医疗和必要的社会服务；在遭到失业、疾病、残疾、守寡、衰老或在其他不能控制的情况下丧失谋生能力时，有权享受保障。"不言而喻，社会保障和享受适当生活水准权是生存权与发展权的体现与延伸，对于任何一个社会个体具有十分重要的意义。

（三）第三阶段：20 世纪六七十年代至今

20 世纪六七十年代以后，人权概念的外延明显突破公民权利和政治权利以及经济、社会、文化权利"两类权利"的范畴，出现了"第三代"人权，即发展权、环境权、和平权等。这些权利得到了国际社会特别是广大发展中国家的普遍认同。

（1）发展权。发展权是个人、民族和国家积极、自由和有意义地参与政治、经济、社会和文化的发展并公平享有发展所带来的利益的权利。1970 年，联合国人权委员会委员卡巴·穆巴耶在一篇题为《作为一项人权的发展权》的演讲中，明确提出了"发展权"的概念。1979 年，第三十四届联合国大会在决议中指出，发展权是一项人权，平等发展的机会是各个国家的天赋权利，也是个人的天赋权利。1986 年，联合国大会通过了《发展权利宣言》，对发展权的主体、内涵、地位、保护方式和实现途径等基本内容作了全面的阐释。发展权的主要特点有：发展权既是一项个人人权，同时也是一项国家或民族的集体人权；个人发展权，其诉求主要指向国家，集体发展权则主要针对整个国际社会；发展权是实现各项人权的必要条件。

（2）环境权。环境权是指特定的主体对环境资源所享有的各种权利。

对于公民个人（自然人）和企业来说，就是享有在安全和舒适的环境中生存和发展的权利，主要包括环境资源的利用权、环境状况的知情权和环境侵害的请求权。进入工业化时代以来，伴随着生产力的高速发展，人们生活的环境逐渐恶化，空气、水资源、土壤的污染令人触目惊心，近年来已经严重威胁到人类的生存与发展。因此，利用环境资源、避免环境侵害已经成为一项基本的人权。环境权的基本特点有：环境权是伴随着人类环境危机而产生的一种新的权利概念或社会主张，是道义权利、应有权利的法定化；环境权的主体具有广泛性，它既是一项个体权利，又是一项集体权利，还是一项代际权利；环境权是环境法律权利和环境法律义务的高度统一；环境权是一项与多种基本人权或基本法权相交叉的新型法权，是具有鲜明个性、兼有各种权利性质和内容的一项新型权利。当前，世界各国纷纷制定与完善法律法规，不断加大对环境的保护力度，从而有利于促进环境权的实现。

（3）和平权。和平权指各国人民要求制止战争，实现国际社会永久安全的权利。小到个人或企业，大到国家或政府，生存与发展无不需要良好的外部环境。其中，最基本的就是和平的环境。如果没有了和平，饱受战乱之苦，一个人的生命尚且面临威胁，生存不可避免地面临挑战，发展更是遭遇障碍，甚至无从谈起。所以，和平权是一项基本人权。今天，在世界范围内，核战争的威胁仍未消除，常规和局部战争连绵不断；两种制度的对立仍然存在；世界经济仍受军备竞赛的影响。对于战火频仍的国家或地区，人们期盼和平的曙光；对于远离战争的国家或地区，人们希望永远避免战争，实现国家与社会的永久安全。由此，强调和平权十分必要，各国政府有义务、有责任保障人们享有和平的权利。

人权概念主要包括以上内容，但是并不限于以上人权形式。根据各国的人权立法情况以及学术界的共识，人权概念在内容上还包括：身体健康权、参加文化生活权、组织和参加工会权、获得公正权、民族自决权、诉讼权，等等。总之，凡是反映了人之为人生存与发展基本要求的人的权利，都应该属于人权的范畴。

三　人权与患者权利

患者是社会人群中的一个特殊群体，这一群体具有变动性，即患者不可能是一个固定不变的人群。但是，患者又具有普遍性，俗话说，"人吃五谷杂粮哪有不生病的"。任何人都会成为患者，特别在年老体衰的时候，往往成为医院的常客，而且这种状况不因民族、种族、性别、职业、社会地位、宗教信仰等因素的不同而发生改变。所以，患者权利具有极大的普遍性，是任何人基于生存与发展需求应该享有的权利，属于基本人权范畴。患者权利运动实质上是一种人权运动。[①] "在欧洲，患者权利被认为是人权的重要组成部分，长期以来一直受到关注。"[②] 人们把生命权、健康权以及相关各项权利视为人权概念的重要内容，也说明患者权利的人权属性与重要地位。

可以说，一般意义上的患者权利是人权概念的特殊表现形式。二者的密切联系主要表现为：

（一）患者权利运动的兴起是人权运动发展的结果

近代社会以前，患者权利的存在与保护处于一种自发状态，即患者与社会公众并没有产生明显的基于患者身份的个人权利意识，而是主要依靠医生的职业素养与道德品行维护与保障。无论是我国古代的名医张仲景、华佗、董奉、孙思邈、李时珍、费伯雄，还是西方著名医学家希波克拉底、盖伦、胡弗兰德等人，均只是提出作为医生应该具备的职业操守与高尚人格。他们的所言所行固然令人敬仰，却没有人能够从患者角度出发，正面、直接地阐述患者权利问题，更无人提出患者权利被侵害之后的权利救济问题。这一切可以很容易地从相关历史文献中得到证明。当然，这丝毫无损于古代医学家的伟大、光辉的形象。原因在于，历史条件、时代背

---

① 李霁、张怀承：《患者权利运动的伦理审视》，《中国医学伦理学》2007 年第 6 期。
② 费煊：《中国与欧洲患者权利保护法比较》，《江淮论坛》2009 年第 5 期。

景的局限性制约着人们的思想与视野，我们不应该苛求古人，而是需要以历史的发展的眼光看问题。但是，无论如何，没有明确的个人权利意识，保障权利也不是自觉自为的行为，说明患者的"权利时代"还远远没有到来。在严格意义上，仅仅依靠医生的高风亮节来维系的患者权利不能说是现代意义上的个人权利，人们普遍关注患者权利、患者权利运动的兴起是近代社会以来人权运动发展的结果。或者说，在文艺复兴、资产阶级思想启蒙运动孕育了丰厚土壤的基础上，随着资产阶级革命的发生以及西方国家人权运动的勃兴，患者权利运动开始兴起，才产生了现代意义的患者权利思想意识，开始了要求尊重与保护患者权利的历史进程。

　　如上所述，现代意义的患者权利保护肇始于 18 世纪末的法国资产阶级大革命时期。在这一时期的欧美各国，天赋人权的观念已经深入人心，争权利、争自由成为社会公众的普遍性要求。特别是在法国，此前涌现出灿若星辰的伟大的资产阶级启蒙思想家，例如伏尔泰、孟德斯鸠、卢梭和狄德罗等人，明确提出反对王权、神权和特权，努力改变旧制度，建立新体制，提倡用理性作为衡量一切、判断一切的尺度，为人权运动的发展奠定了坚实的基础。由此，法国成为当时实施资产阶级革命和保障人权最为彻底的国家。事实上，资产阶级革命的内容与本质就是争人权——争取人民群众生存与发展的权利，争取人民群众做人的自由与尊严权利。所以，《人权宣言》庄严地宣告："一切政治结合的目的都在于保存自然的、不可消灭的人权，这些权利是自由、财产权、安全和反抗压迫。"患者权利作为个人权利的重要组成部分，直接反映了人民群众的生存质量与社会发展水平，尊重与保护患者权利是保障人权的应有之义。当时，广大贫苦百姓由于经济上的拮据根本付不起医疗费用，常常得不到及时的治疗，不得不忍受病痛的折磨，不少人因此失去了生命。在医院里，医疗条件非常简陋，各种设施严重缺乏，病床与病床之间的空间十分狭小，而且多名患者（最多的时候八个人）躺在同一张病床上，得不到应有的尊重与呵护。诸如此类种种令人难以接受现象的存在，不仅严重不利于患者的治疗与康复，侵害了他们的生命健康权，也践踏了他们的人格尊严，是对人权的无视与莫大侵犯。这与保护人权的历史潮流相背离，也有违资产阶级革命的

理念。于是，1798 年法国国民大会做出规定，在一张病床上只能睡一位患者，两张病床之间的距离必须不少于 90 厘米，同时政府还为保障穷人的健康权利做了大量工作，提出"给穷人以健康权"。从此，开辟了人类尊重与保护患者权利的新时代。

人权运动的发展不会止步，在不同历史时期不断取得新的成绩，并推动了患者权利保护运动走向新的高潮。20 世纪六七十年代，以美国为中心、蔓延至世界各主要国家的消费者权益运动与妇女权益运动最为引人注目，这是现代人权运动日益深化的表现，表明社会成员在消费领域的权利、女性享有的相关权利成为社会关注的对象。这两大运动与患者权利保护是密切联系的。李霁先生曾经指出："进入 20 世纪以后，影响最大的病人权利运动发生在美国的六七十年代，它与消费者权益运动和女权运动有着必然的联系。"[①] 在美国，首先对患者权利问题产生关注的是消费者权益保护组织。1970 年 6 月，最有影响的全国福利权益组织起草了一份文件，其中包含了关于患者权利保护的 26 条要求，要求美国医院审定联合委员会纳入重新修改的医院标准中去，可见当时患者权利是作为消费者权利提出并加以保护的。同样，在新西兰，患者也是被作为消费者对待。1996 年颁布的著名的《健康与残疾服务消费者权益法》（*Code of Health and Disability Service Consumers' Rights*）显而易见地将患者视为消费者，对患者进行全面、有效的保护。对患者权利的保护还体现在女权运动的发展上，一个典型的实例是：1967 年 11 月，美国女权运动的一个重要组织——妇女全国组织在华盛顿召开全国大会，起草了一份妇女人权法案，要求确认"妇女控制自己生育活动的权利"，第一次把堕胎作为妇女的权利提了出来。此后，全国 16 个州不同程度地对《堕胎法》进行了改革，在很大程度上保障了妇女避孕与堕胎的权利和自由，并要求医院保护妇女的"隐私权"。

总之，患者权利在实质意义上是人权的一种具体表现形式，每一个时期患者权利运动的兴起无一不是人权运动发展的结果。或者说，对患者权

---

① 李霁、张怀承：《患者权利运动的伦理审视》，《中国医学伦理学》2007 年第 6 期。

利的尊重与保护是人权运动的必然要求，患者权利运动就是医疗活动领域的人权运动。明白了这一点，就可以准确把握患者权利与人权保障之间的密切关系，更加深刻了解患者权利运动的实质。

（二）患者权利与人权在内涵及要求上相互贯通

1948 年，《世界人权宣言》规定："健康权是一项基本人权"，深刻揭示了患者权利与人权概念在内涵及要求上的相互贯通性。具体而言，患者权利与人权之间的关系可以表现为两种情况：一是患者权利本身即是患者作为一个自然人而非局限于患者身份享有的权利；二是患者权利是患者基于"病人"的特殊身份而享有的权利。

首先，患者权利的诸多内容实际上是任何自然人都应该享有的权利，属于比较典型的人权类型。患者权利在内容上极其庞杂，甚至很难做出严格的界定与概括。其中，患者应该享有的很多权利是基于患者的自然人身份——有呼吸、有心跳、大脑功能正常运行，存在各种生理与社会需求的生命体，与患者的"病人"身份并无直接联系，或者患者的"病人"身份对该权利并无太大的实际意义。换言之，这些患者权利实际上就是一般意义上的人权表现形式。例如：医疗平等权、隐私保护权、获得帮助权、人格尊严权、身体完整权、人身与财产安全权、要求赔偿权、提起诉讼权等。

医疗平等权是"人人平等""天赋人权"理念在医疗工作领域的具体体现。近代资产阶级启蒙运动与资本主义革命爆发以来，每一个人平等地享有各种权利与自由的思想已经深入人心，世界各国法律几乎无一例外地规定"法律面前人人平等"，充分表明平等权作为一项基本人权的重要性。医疗平等权要求所有患者在医院得到一视同仁的对待，病情相近的患者不得因患者经济条件、社会地位等因素的不同而遭受差别待遇。医疗实践中存在的因患者缺乏医疗费用而被医院拒之门外，或者因此无法受到优质、高效的医疗服务，以及政府官员、企业老板等达官贵人享受超高待遇的服务等现象，分明就是对"人人平等"原则的践踏，是对处于弱者地位的患者人权的肆意侵犯。隐私保护是指患者在接受诊疗服务过程中，不

可避免地把自身的隐私部位、病史、身体缺陷、特殊经历等个人隐私暴露给医务人员，医务人员不得泄露或进行不正当的使用。在现代文明社会中，任何人的个人隐私不受侵犯。我国宪法规定："中华人民共和国公民的住宅不受侵犯"，"中华人民共和国公民的通信自由和通信秘密受法律保护"，很大程度上就是对公民个人隐私权的尊重与保护，隐私权被视为每一个人的基本人权。在医疗工作中，患者的个人隐私不受侵犯，并非因为他是一个病人，而是基于对其人之为人的尊严予以尊重与保护。隐私权作为所有患者享有的一项基本权利必须得到尊重与保护。获得帮助权主要作为一种道德权利而存在，任何一个个体或群体在遭遇困境时都应该得到来自政府与社会的帮助，尤其是身处弱者地位的人们更加有权获得帮助。正是由于获得帮助对于社会每一个个体的生存与发展具有重要意义，特别是对于弱势群体的重要性显而易见，获得帮助权因此成为一项基本人权。备受疾病折磨的患者在医患关系中、在激烈的生存与发展竞争中处于弱者地位，非常需要政府、社会、医院施以援手，这一权利的实现具有更加现实的意义。他们享有的获得帮助权作为一项基本人权的性质与地位不容置疑。我国宪法明文规定："中华人民共和国公民在年老、疾病或者丧失劳动能力的情况下，有从国家和社会获得物质帮助的权利"，正是这一事实的体现。"人格尊严权、身体完整权、人身与财产安全权、要求赔偿权、提起诉讼权"等其他患者权利，是任何人维持其生命与健康、保持尊严与地位、实现生存与发展不可或缺的权利，丝毫不因为他身体是否健康、是否具有患者身份而存在。如果认为这些权利的享有与患者接受诊疗活动密切相关，认为它们是患者专有的权利，显然是不符合实际的。认识到这一点，就更加能够清楚地揭示这些权利的人权本质，强化它们的重要地位，有助于全面、有效地保障患者基本权利的实现。

其次，患者基于"病人"的特殊身份而享有的权利很大程度上体现了人权的内涵与要求。在患者的权利谱系中，许多权利与其作为病人的身份存在密切联系，反映了患者基于治疗与康复的需要而享有的各种利益，或者是在此基础上直接享有的权利。乍一看来，这些权利对于人们的生存与发展而言似乎并非不可或缺，也无关所有人的尊严与价值，好像应该被排除在人权范畴之外。但是，如果稍作一些深入的考察，就会发现它们无一不与患者的生命健康、人之为人的价值不可分割。至少，它们体现与反映人权的需要，保障与服务于人权，失去了它们，患者的人权便无从谈起。例如，获得紧急抢救权，即指病情危重、生命垂危的患者无条件地从医疗机构获得紧急抢救与帮助的权利，是任何人实现生存权的基本前提与要求，也可以说是人权的重要保障与体现。试想，当患者的生命岌岌可危时，享有获得紧急抢救权、接受应有的治疗是他们挽回生命、恢复健康的不二选择，如果这种情况下医务人员提出种种理由——患者没有缴纳医疗费用、没有办理相关手续、患者及家人拒绝进行手术等——拒绝施救，那么结果很可能是导致患者生命的陨落。届时，何谈生命的宝贵？保障患者的生命健康权也必将成为空话。疾病认知权是患者的一项基本权利，作为基本人权范畴的生命权、健康权与之有着密不可分的关系。只有在患者认识、了解自己病情的基础上，才能明智地做出是否就医、是否手术、选择何种治疗等决定，并可能相应地改变不良生活方式与生活习惯，以及更好地行使参与治疗权，从而最终体现与捍卫生命与健康。不仅如此，患者希望获得相关医疗知识，提升对疾病的认知水平，显然是一种合理的正当的要求，对于患者而言至少是一种道德权利；对于医务人员来说，提供力所能及的帮助则是一种人道主义义务。获得优质服务权是指患者得到医院最高水平的诊治、享受到最优质的服务、相关利益得到最大限度维护的权利。这一权利不仅可以确保患者最大限度地获得抢救与治疗，享受到该医疗机构最高水平的医疗服务，从而在根本上保障其生命健康权的实现，而且使患者的人格尊严、个人隐私、知情同意、经济权利等各项权利都能够得到充分尊重与保护，折射出人之为人的价值，闪烁着保障人权的熠熠光辉。参与治疗权、自由选择权、申请鉴定权以及作为患者表达个人诉求的监督、批评、建议权等其他一些患者权利，也是患者在接受诊疗过程中，从维护个人生命健康、人格尊严、经济利益等出发，对其生存与发展产生重大影响的个人权利，是患者人权的重要体现与保障形式。

可见，无论是从一般人身份出发享有的各种权利，还是基于患者身份

享有的这样那样的利益，都是患者在就医过程中所享有的基本权利。这些权利反映了患者生存与发展的必然要求，与患者个人的社会地位、职务状况、民族种族、宗教信仰、财富多寡、教育程度等因素，甚至跟国籍状况也没有必然的联系。正是这种对患者生存与发展的极端重要性、与患者个人因素的非紧密相关性（即普适性与道义性），决定了患者权利的人权属性，说明它在很大程度上属于人权范畴，或者说就是人权概念的一种特殊形式。由此，也说明了保护患者的巨大合理性与极端重要性，应该引起全社会所有人的高度重视。

四　患者权利思想对人权理论体系的新发展

（一）患者权利思想丰富与发展了传统人权理论

通常认为，患者权利作为一种特殊的人权形式，外延小于一般意义上的人权，内涵则相对丰富。患者权利及其保障理论体系关于患者权利的概念、内容、保障措施等方面的探讨，既有助于揭示患者权利问题的实质、促进患者权利的保护，也反映了一般性人权的特征与要求，丰富与发展了传统的人权理论。

首先，从患者权利的主体看，患者权利深刻揭示了对患者——在医患关系中处于弱者地位的社会群体的权利保护，体现了人权理论的深刻本质。人权，尽管在一般意义上是指所有的自然人基于生存与发展需要应该平等地享有的权利形式。这一权利对于任何人一视同仁，没有任何偏私之处，绝无丝毫厚此薄彼之嫌。但是，试问，社会生活中强者的人权需要强调与保护吗？对于那些处于优势地位的人来说，常常超量地占有并挥霍社会资源，甚至对他人的生存与发展构成威胁，有何必要予以重视与保障？相反，只有各种各样处于弱势地位的群体与个人的人权才需要关注与保护。所以，有学者指出："可以说，人权哲学实际上是一种亲弱者的哲学。"①

---

① 张凤阳：《政治哲学关键词》，江苏人民出版社，2006，第67页。

也有学者认为：重视弱者的人权保障，是构建和谐社会的制度前提；通过分配正义保障弱者人权，是构建和谐社会的关键机制；维持弱者与他人间的实质平等，是构建和谐社会的精神动力。患者权利即在医疗活动中患者依据道德、法律、医疗规章应该享有的一系列权利的总称。在医患关系中，由于自身专业知识缺乏、信息掌握不对称以及诊疗行为主要依赖于医方操作等原因，无论是相对于医务人员还是医疗机构，患者毫无疑问地处于弱势地位。因此，医患关系中的人权保障首先是指对患者权利的保障。不仅如此，患者的生命健康面临威胁，身心备受折磨，还常常面临沉重的经济负担，也决定了他们在整个社会关系中处于弱者地位，格外需要得到关心与呵护。从患者的弱者身份出发，密切联系他们生存与发展的实际，揭示患者权利的深刻内涵、基本特征、保障要求，实际上是对特定的人权概念与问题的揭示与阐发，生动地体现了人权理论的要求与本质，对于探索人文保障问题具有十分重要而积极的意义。

其次，从患者权利的内容看，有利于拓宽人权概念的内涵与要求。人权概念自从产生以来一直处在不断发展之中，随着时代的变迁以及人们生存与发展环境的变化而变化，这是由社会实践的发展的特点和要求决定的。而且，人权从来不是抽象的，是具体而鲜活的，通过不同领域、不同权利主体活生生的现实表现出来。每一个具体领域的权利表现为人权理论提供佐证与素材，同时也不断扩充着人权概念的内涵与要求。患者权利作为医患关系领域一种具体的人权形式，在内涵方面有着鲜明的个性特征。它既涵盖了平等权、生命权、自由权、人格权、财产权、获得帮助权、诉讼权等一般意义上人权的内容，也包括获得医疗自主权、紧急抢救权、获得优质服务权、知情同意权、参与治疗权等内容。后者带有医疗工作领域的印迹，是对一般意义上人权概念的补充，即便是前者也带有明显的医学特色。例如，此处的生命权是指患者在身体健康遭受严重破坏的状态下要求医务人员及亲属等人全力抢救以维持生命的权利，权利内容及相应的义务主体具有特定性。又如患者的自由权受到较大的限制——医务人员在某些特殊情况下可以行使干涉权，包括在患者拒绝治疗会带来显而易见的严重后果或不可挽回的损失时，可动用特殊干涉权来对抗患者的拒绝权，否决他们的自主决定；对具有较强传染性的传染病患者拒绝相关隔离治疗措施，医生可依据有关法律规定及公益原则，运用其特殊干涉权，采取强制治疗措施。在维护患者权利的要求上，很大程度上也是异于一般人权的。例如，患者权利的实现不仅需要医务人员提供技术上的帮助，通过高超的医疗技术全力以赴地救死扶伤，还需要他们提供精神上的慰藉、心理上的沟通、文化上的尊重，才能最大限度地满足患者的需要，尊重与保障患者权利。由此可见，探讨患者权利问题的过程必然是深化对人权概念认识、拓宽对人权概念内涵与要求的过程。

最后，从患者权利的保障看，大大丰富了人权保障的路径。近年来，患者权利保障问题成为社会关注的热门话题。特别是在我国医患关系不断恶化的背景下，采取行之有效的措施保障患者权利破解医患关系困局，更加引起人们的重视。患者权利保障是一个系统工程，需要从道德、法律、体制等多个方面进行改革与完善。在道德方面，需要大力加强医学人文与职业道德教育，强化医德医风建设，真正树立"以患者为中心"的服务理念，继承与弘扬"医乃仁术"等传统美德，不折不扣地履行基本医疗宗旨，使患者享受到高水平、高质量的医疗服务。在法治方面，应该进一步制定与完善我国的卫生法律制度，建立完备、科学、有效的法律制度体系，同时加大执法力度，对于违法行医、乱收费、制售及使用假冒伪劣医疗设备与材料、索取与收受患者红包等现象严厉打击，筑起一道道防范与阻隔一切侵害患者利益的法律的篱墙，捍卫患者权利。在医疗卫生体制方面，需要深化医疗卫生体制改革，加大国家与社会对医疗卫生领域的投入，扩大医疗保障制度的覆盖面与可及力，优化医疗资源配置，实施分诊医疗，切实缓解"看病贵""看病难"，从根本上奠定保障患者权利的制度基础。在保障患者权利的具体方法上，有些医院还提出"细节决定一切"，努力采取各种措施提高服务质量，例如，强化医务人员态度热情、语言文明、动作规范等服务细节的要求；设立公告栏，公开医院规章制度、收费情况、医务人员个人相关信息；培养医患沟通技能，语言行为讲感情、讲场合、讲艺术，善于安慰、鼓励、开导患者，使其时时处处感受到温暖与希望。实际上，患者权利的保障手段很大意义上其实就是保障患者人权的手段。患者权利保障所采取的有效措施与手段为其他领域的人权保障提供了借鉴与参考，也大大丰富了人权保障的路径，是对传统人权理论的丰富与发展。

（二）患者权利概念对传统人权谱系的超越

传统意义上的人权谱系，无论包括多少具体的权利成员，均是基于自然人或者说任何一个社会成员生存与发展的需要而应该享有的权利。这种权利的功用主要在于促进一个人生命健康的维系以及在此基础上个人生活质量的提升，有助于个人价值的实现与升华。但是，随着社会的发展与进步，特别是近代以来自由主义理念的滥觞，致使人们的权利意识空前活跃，一些过去人们感到不可思议的权利诉求不断被提出，并逐渐为越来越多的人所接受，甚至成为社会的主流价值观。于是，人权谱系增加了不少新成员，它们是对传统人权谱系的超越，是关于人权理论的新发展。

其中最典型的是人们主张享有临终关怀与安乐死的权利。

如前所述，所谓临终关怀，就是指医疗机构通过对生命临终患者进行的生活照护、医疗护理、心理护理、社会服务等全方位的关怀照顾，使其以最小的痛苦、以相对较高的生命质量度过人生的最后阶段。所谓安乐死，是指身患不治之症的患者在濒临死亡时，由于肉体的极端痛苦，在患者及其亲属的要求下，经过一定的法律、道德及医学程序，使患者在无痛苦状态下终结生命的过程。二者都是 20 世纪末以来医学领域出现的新事物，也是医学伦理学与法学界面临的新课题，既对传统医学发展带来挑战，也冲击着传统的人权观。

首先，无论是临终关怀还是安乐死，都不以延长人的自然生命为目的，是对人类医学产生以来一直奉行的"救死扶伤"医疗宗旨的反动，也背离了"人命至重，贵于千金""人命关天"等传统的生命神圣理论。简言之，二者都是以主张放弃生命为基本内容，与传统人权学说要求的延长、维持、抢救生命的基本观点格格不入。具体来说，临终关怀不以延长生命为目的，而以减轻身心痛苦为宗旨，对于生命品质不可能复原的濒死患者不再开展以延长患者生存时间为目的的全力抢救，只是通过实施全面照顾，帮助他们减少肉体的折磨和心灵的痛苦，使其安详地平静地度过人生最后时光。安乐死则更加清楚地确认了患者可以选择结束自己的生命，认为每一个人既有生的权利，也有死的自由，人人有权选择"体现舒适的死亡方式"以求善终，所以那些无法医治、终日遭受难以忍受的病痛折磨的濒死的病人，可以通过某种人为的医学措施"安乐地"死亡。①

其次，无论是临终关怀还是安乐死，都高度重视人的生命质量。二者在不谋求延长患者生命长度的同时，把尊重、呵护患者，确保患者的生命质量放在首位。临终关怀要求通过适当的医疗措施，减少临终患者的痛苦，增加患者的舒适程度，消除他们对死亡的焦虑和恐惧，同时尽可能维护他们美好的容颜与仪表，帮助他们努力保持乐观向上的心理状态，以最大限度地提高他们的生命质量，使之活得有尊严，死得安逸。安乐死论者认为，实施安乐死的患者生命质量极其低下，处于一种低价值甚至是零价值、负价值的状态，维持这样一种生命状态毫无意义，安乐死"充分体现了人的力量，自愿选择的心境澄明而愉快的死，执行于纯净和见证之中，因而能在告别者还在场的情况下，做一个真正的告别，同时也能对成就和意愿做一个真正的估价，对生命做一个总结"②。正是由于临终关怀与安乐死体现出对于人的生命质量的尊重，才使其获得了更大的合理性，更加容易得到人们的认可。

无论如何，在全世界范围内，为数众多的人支持或选择临终关怀与安乐死，产生了十分重大的影响，并得到越来越多的人的认可与支持。可以说，它们引发了关于人的生命价值理论的一场深刻的革命，促使人们去思考人的生命的意义与价值。同时，也不可避免地影响着现代人权学说的建构。由于临终关怀与安乐死都是以减轻病痛、提高生命质量为目的，带有鲜明的人道主义色彩，直接关乎患者的生命尊严，因而可以认为患者提出两种主张的权利，而且该权利应该属于人

① 高桂云、郭琦等：《医学伦理学概论》，中国社会科学出版社，2009，第286页。
② 袁俊平、景汇泉：《医学伦理学》，科学出版社，2012，第267页。

权的范畴。新的历史时期出现的这种权利，是一种关乎人的生命自由、生命质量、人格尊严等内容的基本权利，对于患者产生的影响是根本性的、十分重大的，是当代人权发展的新形式。它们的出现，折射出人类社会发展的新特征，超越了传统的人权谱系，反映了人权理论与学说不断发展、不断向前迈进的趋势与规律。

第四章
患者权利与医患关系

德国著名的医史学家与医学社会学家亨利·西格里斯（Henry Ernest Sigerist）曾经指出："医学的目的是社会的，它的目的不仅仅是治疗疾病，使某个机体康复；它的目的是使人调整以适应他的环境，作为一个有用的社会成员。每一种医学行动始终涉及两类人：医生和患者，或者更广泛地说，医学团体和社会，医学无非是这两类人多方面的关系。"[①] 患者权利存在于医患关系之中，权利的形成、保障与医患关系存在密不可分的联系，对于和谐医患关系的建构具有重要的影响。

一 医患关系的概念

从 20 世纪 60 年代开始，国外越来越多的学者开始关注医患关系研究。有的学者从治疗过程的角度定义医患关系，认为医患关系是医生和患者相互商议共同改善患者健康的公平治疗关系，并认为反映医患关系的主要因素包括：就医的时间和目标、患者价值地位以及医生治疗；有的学者认为医患之间信息是非对称性的，最好的医患关系是医生作为代理人，做出的决策应该是患者与医生拥有一样的知识时做出的决策；还有人将医患关系看成是在治疗过程中相互的、互惠的和信任的关系，这一关系依赖于医生和患者的承诺，依赖于医生的技能知识和责任，而且这个过程是互动的、情景依赖的，涉及日常生活，因此它是复杂的和不明确的。[②] 其中既

---

① 高志强：《对构建和谐医患关系若干环节的粗浅认识》，《中国医学文摘：耳鼻咽喉科学》2014 年第 1 期。

② 王林等：《医患关系内涵及模式：基于社会交换理论的研究》，《医学与哲学》2014 年第 3 期。

反映了医患关系的形成情况，也揭示了医患关系的具体特征及包含要素，内容比较丰富，但是并未准确回答医患关系的主体这一关键性问题，因而存在显而易见的瑕疵。

在我国的传统社会，人们常常将医患关系简单地理解为医生与患者之间的关系，而很少涉及其他人与社会组织，与那个时代的医学水平与医疗状况相一致，但不符合现代医学发展与医患关系的实际。20 世纪末以来，我国医患关系遭遇前所未有的挑战，成为社会关注的热点问题，学界从多个视角对医患关系的定义与内涵做出解读。1990 年，上海人民出版社出版、曹开宾主编的《当代医学伦理学》提出："医患关系实际上应该是指以医生为主体的人群与以'求医者'为中心的人群之间的关系"，"就是上述两群人以保持健康和消除疾病为目的而建立起来的供求关系，其中供者为'医'，求者为'患'"。[①] 1996 年，北京医科大学、中国协和医科大学联合出版社出版、李本富主编的《医学伦理学》认为："医患关系是以医务人员为一方，以患者及家属为一方在诊断、治疗、护理过程中结成的人际关系。"[②] 还有的学者指出，医患关系实际上是一个以医务人员为主的群体同一个以患者为中心的群体之间相互交往的特殊社会人际关系，是医患双方以医疗活动为中心，以目前社会经济和思想意识为背景而形成的一种反映现代经济、文化、道德、伦理、法律等内容的社会关系。[③] 事实上，以上定义在内容上大同小异，均反映了当代医患关系的鲜明特点，即对其进行广义解读——医患关系主体双方并非单个的人，而是以患者为中心的与以医务人员为主的两大群体之间的关系，切合现代社会医院医疗模式的实际。但是，在诊疗活动中，毕竟医生与患者之间直接发生这样那样的关系，而且这些关系往往对于患者更加重要以及更加容易引起人们的关注，探讨这一关系具有特殊重要性。

因此，越来越多的学者提出医患关系的"广义说"与"狭义说"。例

---

① 曹开宾等：《当代医学伦理学》，上海人民出版社，1990，第 71～72 页。

② 李本富等：《医学伦理学》，北京医科大学、中国协和医科大学联合出版社，1996，第 43 页。

③ 金京淑：《新时期新形势下的医患关系》，《吉林医学信息》2008 年第 3、4 期。

如，孙慕义等人提出：医患关系是建立在医疗卫生保健活动过程中特定的人际关系，也是最重要、最基本的人际关系。狭义的医患关系是指行医者与患者的关系，这是一种个体关系，属于传统医学道德研究的内容，也是最古老的医疗人际关系；广义的医患关系是指以医务人员为一方的群体与以患者及其家属等为一方的群体之间的医疗人际关系。这是一种群体关系，属于现代医学伦理学研究的内容。[①] 袁俊平、景汇泉主编的《医学伦理学》认为，医患关系有狭义和广义之分。狭义的医患关系仅指医生与患者的关系。广义的医患关系是指医院与患者的关系，医生与患者及其家属、患者所属单位、团体及与患者治疗费用有关的机构的关系。在广义的医患关系中，"医"不仅是指医生、护理、医技人员，还包括后勤管理服务人员及医疗群体等；"患"不仅是指患者，还包括与患者有关联的亲属、监护人、单位组织等群体。[②] "广义说"与"狭义说"比较全面、准确地揭示了现代医患关系的内涵。本书也持相同的观点，认为作为主体的医生与接受诊疗的患者之间直接发生各种关系，这是医患关系最基本的内涵，即狭义的医患关系；广义的医患关系是指医务人员群体与以患者为中心的两大群体之间所建立起来的人际关系，其中的"医"不仅指医生，还包括护理人员、药剂人员、医技人员、医院管理人员和后勤服务人员，"患"不仅指者，还包括与患者相关联的家属或监护人、单位代表人，等等。

二 医患关系的社会属性

（一）医患关系是一种道德关系

道德关系是社会关系的一种特殊形式或方面，通过相应的道德活动和道德意识来体现和维系。它的主要特征包括：渗透于一切社会关系中，遍

---

① 孙慕义等：《医学伦理学》，高等教育出版社，2004，第71页。
② 袁俊平、景汇泉：《医学伦理学》，科学出版社，2012，第86页。

及社会生活的各个领域；不是依靠国家强制的手段，而是依靠社会舆论、宣传教育和启发个人自觉维系的；要求个人对社会和他人履行义务，在必要时进行自我节制和做出自我牺牲。

医患关系是一种典型的道德关系，而且首先表现为一种道德关系。

其一，伦理道德是最基本的医疗行为规范。

无论中国还是外国，自从医疗职业产生以来，均以救死扶伤、防病治病为基本宗旨，以医务人员的道德与良心作为最基本的维系手段。在我国，"医者仁心""医乃仁术"一直是传统医学的基本命题，历代医者依靠医学伦理道德规范自己的行为，名垂青史的大医、名医更是践行医学伦理道德的典范。例如，我国第一部医学典籍《黄帝内经》专门论述了医生的责任和良心，指出医生要"使百姓无病，上下和亲"；唐代孙思邈在《大医精诚论》中提出大医要做到"精"与"诚"，即技术精湛与医德高尚，"若有疾厄来求救者，不得问其贵贱贫富，长幼妍媸，怨亲善友，华夷愚智，普同一等，皆如至亲之想"；宋代名医张杲在《医说》中说："凡为医者，须略通古今，粗守仁义，绝驰骛利名之心，专博施救援之志"；明代陈实功的《医家五戒十要》要求医者，一戒重富嫌贫，二戒行为不检，三戒图财贪利，四戒玩忽职守，五戒轻浮虚伪等，倡导医务人员遵守仁慈、诚实、审慎、公正、廉洁、进取、谦和之道德行为准则。在西方国家，《希波克拉底誓言》、迈蒙尼提斯《祷文》等著名文献也对医务人员提出严格的道德要求。《希波克拉底誓言》强调医生应该把实现患者的健康恢复作为最高职责，"无论至于何处，遇男或女，贵人或奴婢，我之唯一目的，为病家谋幸福"，"我愿尽余之能力与判断力所及，遵守为病家谋利益之信条"。与希波克拉底齐名的古罗马神医盖伦（Galen，约130~200）认为："作为医生，不可能一方面赚钱，一方面从事伟大的艺术——医学。"著名的阿拉伯医学家、犹太人迈蒙尼提斯（Maimonides，1135-1204），所著《迈蒙尼提斯祷文》提出：医生要有"爱护医道之心"，"毋令贪欲、吝念、虚荣、名利侵扰于怀"，要集中精力"俾得学业日进、见闻日广"；要诚心为病人服务，"善视世人之生死"，"以此身许职"，"无分爱与憎，不问富与贫"。德国的胡弗兰德（Hufeland，1762-1836）在《医德十二箴》中提出了"救死扶伤、治病救人"的医德要求，被称为《希波克拉底誓言》的发展。1847 年，美国医学会制定了医德教育标准和医德守则，内容包括：医生对病人的责任和病人对医生的义务；医生对同行的责任；医务界对公众的责任，公众对医务界的义务等。时至今日，医学伦理的重要性更加受到社会的广泛认可，正如 1969 年世界医学大会形成的《日内瓦宣言》对医务人员提出："我将用我的良心和尊严来行使我的职业。"

1981 年，在上海举行的全国医学伦理道德学术讨论会上，首次明确提出了我国社会主义医德基本原则，即"防病治病，救死扶伤，实行革命人道主义，全心全意为人民服务"。1988 年 12 月 15 日，卫生部颁布了《医务人员医德规范及其实施办法》，其中医学道德规范的基本内容可以简单概括为：救死扶伤，忠于职守；尊重患者，一视同仁；钻研医术，精益求精；文明礼貌，热情服务；诚实守信，保守医密；互学互尊，团结协作；廉洁奉公，遵纪守法。2014 年，中国医师协会颁布《中国医师道德准则》，对于医生提出 40 条道德要求，规范了医师的道德底线，促使医师把职业谋生手段升华为职业信仰，笃行医师道德准则，赢得社会的尊重。可以看出，古往今来的医患关系主要依靠伦理道德来调整与规范，正是在这个意义上医患关系是一种道德关系。

其二，医疗工作的基本特征与医务人员的职业角色决定了医患关系的伦理属性。

在医疗工作中，医疗机构一直是居于主动地位的一方，不仅因为医患双方对信息的占有严重不对称——医务人员是医学领域的内行与专家，患者往往对于医学知识一窍不通，而且由于双方扮演的角色存在明显不同，无论在患者就诊的哪一个环节，挂号、诊断、治疗、护理、检查、化验、缴费、住院与出院等，均由医疗工作人员做出决定和具体执行，特别是疾病治疗方案的确定、治疗方法与手段的选择，甚至治疗费用的高低完全由医务人员掌控，患者只能被动地接受医生的安排。医务人员扮演的是占据主导地位的角色，决定了医务人员唯有具备较高的职业道德修养，才能自觉、自律地严格忠实于患者的托付，胜任"生命所系、健康所托"的神圣职责。正是基于此，世界上没有哪一个行业像医疗工作这样需要高度重视职业道德建设，也没有哪一种从业者像医务人员这样需要具备较高的道德修养。

不仅如此，患者在接受治疗、实现康复的过程中，还离不开与医务人员之间情与情的交流、心与心的互动，还需要医务人员发自内心对其人格的尊重，对其进行精神的慰藉、情绪的稳定，这也只有依靠医务人员具备较高水准的道德素养与人文素质才能得以实现。今天，人们普遍认识到医患沟通的重要意义与价值。例如，张铁山认为，医患沟通中存在两种不同的沟通行为：指导性沟通和社会情感沟通。前者如医生问诊、提出医疗建议、指导辅助检查、讨论治疗效果和副作用、提出医嘱等，以治疗（cure）为取向，以传递信息为主要目的，是患者获取医学信息的主要途径；后者以照料（care）为取向，通过社会情感，给患者提供一个信任、和谐、友善的沟通环境，患者受到鼓励，心情放松，就会更主动地表达自己的想法，积极地向医生咨询和确认自己的理解，积极地投入谈话之中，因此能够促进患者对治疗措施和疾病的深入了解。[1] 彭红提出，医务人员应主动与患者加强沟通，医务人员要以良好、积极的心态，并以诚信、尊重、同情、耐心赢得患者的信任。医务人员必须加强学习，学会宽容与换位思考，根据沟通对象的社会心理、情绪状态，选择不同的时机与场合，善于运用不同的语言和非语言的沟通技巧，进行充分有效的沟通，使病人对医生产生信任感，通过增加医患沟通，了解并重视病人的社会心理因素在疾病中的作用，调动患者的主动性与医生共同战胜疾病的信心。[2] 显然，社会沟通是一种主要依靠伦理道德维系的行为，其所采用的方式方法以及取得的效果依赖于医务人员的职业素养与道德水平，很难想象一个职业道德缺失的医生或护士、医技人员能够耐心地采取行之有效的方式方法跟患者深入沟通并取得较大的成效。

简言之，医务人员的职业角色特征及其服务工作的特定内涵揭示了医患关系的伦理道德属性，这种关系是法律规范所不能全面涵盖和替代的。

---

[1] 张铁山、牟殿富：《医患沟通中患者的信息认知》，《医学与哲学》2004 年第 9 期。
[2] 彭红：《医患博弈及沟通调适》，博士学位论文，中南大学，2008。

医疗工作一方面代表着一个受过系统和严格的训练、具有医学专业知识的特殊的社会群体，另一方面也代表了一种声明和保证：医生是有教养、有责任心、可以信赖的，他们时刻恪守着神圣、高尚的医学道德，这种高水准的道德素养与人文素质，又可以化为医疗工作中的点点滴滴，表现为高质量、高水平的周到、细致的服务，令患者感到满意与放心。

其三，伦理道德是调整医患关系的重要手段。古今中外的医学发展史表明，良好的医患关系需要依靠医务人员强烈的道德义务感来维系，严格遵守职业道德规范、自觉履行道德义务是实现医患和谐的最好保障。如果医务人员的职业道德状况得不到显著改进，即便在健全、良性的医疗体制下，仍然无法建构和谐、美好的医患关系。因此，即便在制度比较健全与完善的西方国家，医德医风建设普遍受到高度重视，医学伦理学已经成为各国医学生在校学习与医务人员接受继续教育极为重要的必修课。20世纪后期以来依靠法律调整医患关系成为世界各国的通行做法，取得了比较显著的效果。但是，只有建立在道德基础上，以道德理想与诉求为依托，法律才能实现应有价值，才能发挥调整医患关系的功能。而且，在很大意义上，道德是对法律的补充或超越。医患关系千变万化、纷繁复杂，法律的规范性要求难以与之完全实现对接，尤其是当前我国相关法律制度不够健全，道德可以通过对医疗工作中的任何现象做出善与恶的评判，在预防与解决医患纠纷、构建和谐医患关系的各个方面发挥重要作用，弥补法律的不足。伦理道德在调整医患关系中扮演的重要角色，彰显出医患关系的伦理属性，表明医患关系是一种道德关系。

（二）医患关系是一种法律关系

法律关系是指通过法律调整人们的行为所形成的一种权利和义务关系。近代社会以来，随着医学的发展与医患关系的日益复杂化，具有较高效力与权威的法律成为调整医患关系的重要手段，发挥着越来越重要的作用，从而使医患关系表现为一种法律关系。这一点早已为中外学术界与实务界所确认。医患关系的法律属性决定了医疗纠纷的归责和赔偿原则，也决定了医疗纠纷的处理模式，因此医患关系的法律属性定位意义重大，但是，医患关系究竟为何种性质的法律关系，直到今天人们并未形成一致的认识。

在国外以及我国台湾地区的学术界，较为普遍的观点是将医患关系看作是患方在医疗机构就诊，与医方形成一种以医师供给劳务为内容的契约，即医疗契约。[①] 持此种观点的国家和地区主要有瑞士、德国、希腊、法国、日本、比利时和我国台湾地区等，但是它们对于医疗契约性质的具体认定又各有诸多不同。其中，最具有代表性的观点包括以下几种。

准委任契约说。该观点为日本学术界所持有，认为：医疗契约是医院与患者之间达成的由医生运用所学临床医学上的知识、技术，迅速、准确地诊断患者的疾病状况，采取适当的治疗行为帮助患者实现康复，患者支付相关费用的以事务处理为目的的契约。这种契约与以物的给付或实施某种具体行为为目的的普通契约存在明显不同——它以治疗疾病、恢复患者健康为目的，其内容是在合理医疗规程下对疾病进行治疗，但结果并不明确。因而，医患关系是一种契约关系，但是并非一种典型的契约，而是医务人员基于患方委托形成的准委任契约。

雇佣契约说。德国学界认为，医患之间是一种契约关系，但是医疗契约不适用关于承揽合同的规定，因为医疗契约不可能明确疾病是否能够治愈，医疗结果存在较大的不确定性。医院为患者进行疾病诊断并提供治疗服务，是基于患方对医方的雇佣行为，即患方与医方之间做出约定，医方在一定期限内为患方提供诊疗服务，并由患方根据相关规定对医方给付相应的报酬，由此医患之间建立起一种雇佣契约关系。该观点在大陆法系国家具有一定的影响。

委任契约说。该观点在我国台湾地区为通说。这种观点认为，医疗契约在一般情形下应该是委任契约，这种契约关系不能单独地归为委托契约，它的性质应在不同的情况下随之变化，即是一种混合契约：患者在门诊求诊而形成的医疗契约为委任与买卖的混合契约；患者在住院期间形成

---

① 吴蕾：《医患关系法律性质之我见》，《求实》2004 年第 11 期。

的医疗契约是委任、买卖、租赁与雇佣的混合契约；而患者接受具有实验性医疗时的医疗契约，是委任与赠予的混合契约。如果医患之间事先约定治愈疾病后才给付报酬的，应认为是承揽契约。显然，这里的委任契约说并非将医患关系视为纯粹的或典型的委任契约，而是视为一种混合的法律关系，因而这种观点对医患关系的法律属性更加具体、细致，具有较大的合理性。

在我国大陆，关于医患关系究竟为何种法律关系的说法也是众说纷纭，见仁见智。总的来看，主要有以下几种观点。

行政法律关系说。该种观点认为：由于长期以来计划体制的影响，我国多数医疗机构总体来说属于由政府实行一定补贴并严格限制服务价格的公立非营利性机构，具备行政主体资格。医患之间是一种管理与被管理的关系，医疗行为具备行政行为的执法特征，患者在就医期间始终被置于医生的控制之下，从治疗方案到饮食起居无不遵从医嘱。从调整医患关系的法律来看，我国医事法律法规带有公法的性质，例如《执业医师法》规定，"医师应当具备良好的职业道德和医疗执业水平，发扬人道主义精神，履行防病治病、救死扶伤、保护人民健康的神圣职责"。《传染病防治法》规定了医生对甲类传染病或疑似传染病的患者必须实行强制性治疗和强制隔离。《执业医师法》和《突发公共卫生事件应急条例》都规定在发生严重威胁人民生命健康的紧急情况时，医师应当服从县级以上人民政府卫生行政部门的调遣。也就是说，医疗机构实际上担负着国家行政机关的某些职能，医患关系更接近于一种行政法律关系。

民事法律关系说。该种观点认为，医患关系从内容到形式，都具有民事法律关系特征。首先，医患双方在法律上地位平等。医务人员提供医疗服务，患者接受服务并支付相应费用，双方对某些医疗技术和医疗方案平等协商，在法律上人格与地位平等。由于医疗技术的复杂性和知识专业性，患者更多地处于一种被动接受的地位，使得双方的权利和义务不完全对应，但这不能作为否定医患关系法律上平等性的理由。其次，医患双方意思表示自愿。在医患关系中，患者可以自由选择医院，在治疗过程中很多时候还可以选择理想的医生和医疗方案。医务人员应当向患者说明病情和医疗措施，需要实施手术、特殊检查、特殊治疗的，应当告知患者医疗风险、替代医疗方案等情况并取得其同意。医疗机构在提供医疗服务过程中，也可以自由表达自己的意愿，可以依据情况自由决定部分或者全部免除患者医疗费用，在患者不能积极配合医院治疗等情形下决定解除与患者的医疗关系。最后，医患关系遵循等价有偿原则。一般说来，医疗机构救治患者的义务与其享有获得报酬的权利相对应。虽然患者获得生命健康利益与支付的医疗费用之间不能画等号，但从整个社会角度看，医患之间的利益是平衡的，仅仅因为国家的医疗福利而否定医患关系的等价有偿性，是片面、不科学的。

消费法律关系说。该种观点认为，医疗机构作为独立的经营实体，从事的是有偿"提供服务"的行为，患者付费看病，医疗机构收费服务，双方之间是消费者和经营者的关系，适宜于受到《消费者权益保护法》的调整。具体而言，患者接受医疗服务的行为实际上属于个人"生活消费"的范畴，是每一个自然人"必需"的一种生存消费。生命与健康是作为一个人存在的最基础性条件，消费者为了满足其生存的和发展的心理和生理需要而消耗商品或接受服务，其中当然包括获取医疗服务。在我国目前尚无专门的"患者权利保护法"的情况下，《消费者权益保护法》中规定重点保护作为弱者一方的消费者，是最接近保护患者利益的原则。把医患关系纳入消法的调整范围，既有利于破解我国的医患关系困局，又符合适度保护弱者的现代法治精神，尤其契合《消费者权益保护法》的立法原意。

医事法律关系说。该种观点也称斜向法律关系说。该种观点由张赞宁教授首次提出，认为，斜向法独立于传统的"纵向法"（例如行政法）与"横向法"（例如民法），调整地位相对不平等的主体之间（例如宗教、党派、社团、行会、单位等社会共同体与相对人之间）的社会关系。医患关系属于典型的斜向法律关系。因为，医患之间不具备民事法律关系中的主体平等特征——医生在医患关系中无可置疑地处于主导地位，患者只能起到配合的作用；医患关系也不能体现自愿的特征，医务人员对于患者不得拒绝抢救，并且在发生疫情或灾难时应当服从国家的调遣；医疗卫生事业具有公益色彩和福利性特征，医疗活动也不符合民法上的等价有偿原则。而且，尽管在医患关系中医务人员居于明显的主导地位，可以对患者提出医嘱、发号施令，具有行政关系色彩，但是，医院不是行政机关，医务人员不是行政人员或者被授权履行行政职责的国家工作人员，患者也不是行政相对人，医疗行为既非行政行为，也非行政授权行为，因而医患关系不可能是行政法律关系。作为一种特殊的法律关系，医患关系应该受到医事法的调整，是一种完全独立的法律关系。

医患关系的法律属性究竟是怎样的？显然，上述观点都存在一定的合理性。事实上，任何一种学术理论往往都有自身的局限性，容易带有僵化性、绝对性色彩，而现实生活色彩斑斓、纷繁复杂，很难用非此即彼的方式对其属性予以界定。具体到医患关系而言，同样无法借用一种学说对其性质做出精准的判定，只能进行宏观意义的大致的界分。总的来说，它更多地表现为一种民事法律关系。因为，首先，医疗机构不是行政单位，尤其在确立社会主义市场经济体制的今天，公办医院在计划经济时代的诸多特征，例如权威性、包办性、无偿性等特征已经淡去，私立医院更是纯粹的市场主体，医务人员的身份不可能是行政人员或国家公务员，患者也不是行政相对人，医疗行为不是行政行为，医患关系不是行政法律关系。其次，在我国，医疗机构大多数属于公益性事业单位，担负着治病救人、维护广大人民群众身体健康的神圣使命，不能以营利作为根本发展目标，救治患者永远是第一宗旨，因而不同于一般营利性企业单位，不能简单地适用《消费者权益保护法》。而且，无论是公立医院还是私立医院，在患者权利的享有、医方责任的承担等方面，也不能适用《消费者权益保护法》规定的原则，例如在医务人员尽最大努力抢救患者仍然无力回天的情况下，医方不可能像普通营利性企业单位那样一概对消费者承担赔偿责任。所以，医患关系也不是消费者法律关系。

再次，医患关系也并非是医事法律关系。尽管由于医疗过程的复杂性和专业性，患者在就医过程中处于被动地位，存在着对医务人员的依赖，双方的权利和义务并不完全对应，但不能由此否定医患关系主体地位的平等性。很多民事合同关系（例如赠予合同、雇佣合同）中双方当事人的权利、义务并不是对等的。法律关系主体地位的平等，是指人格和法律地位的平等，并不要求双方具体权利和义务的均等。所以，医患关系所具有的某些特殊性，并不影响它作为一种民事法律关系的存在。而且，有学者认为，即使是医事法律关系本身，实际上也是一种民事法律关系，可以具体定位为医疗合同关系和医疗侵权损害赔偿关系。①

具体来说，医患关系以下特点不容忽视：其一，医患双方在法律地位上是平等的。双方在法律上处于完全平等的地位，既非领导与被领导的上下级关系，也非监督与被监督、管理与被管理关系，与行政法律关系中的行政机关与相对人关系存在根本的不同。其二，医患关系之间的各种行为自主、自愿。患者根据自己的病情和医院的医疗水平、就医环境等因素选择医院，进入医院接受治疗的过程中，还可以选择自己理想的医生和医疗方案。对于具体的治疗情况、手术方案、特殊检查、特殊治疗等，患者享有充分的知情同意权。从医院方面看，同样享有较大自主权，例如在不违反法律规定的前提下收费项目、收费标准的确定，依据情况自主决定部分或者全部免除患者的医疗费用，在患者不能配合医院治疗等情形下决定解除与患者的医疗关系。其三，医患关系符合等价有偿、互惠互利原则。当前，医疗机构越来越成为独立核算、自负盈亏的经济实体，患者缴费治病、医院收费服务成为常态。担负着社会公益与福利职能的公立医院也通过政府补贴等形式获得了相应的补偿，私立医院在性质上与以营利为主要目的的一般企业并无二致，医患之间遵循等价有偿原则，完全符合民事法律关系的特征。所以，医患关系主要表现为一种民事法律关系。当然，由于医疗工作具有公益性、医疗技术具有复杂性、治疗结果具有难以预测性、医疗职业道德具有苛刻性与高标准性等特征，医患关系并非一种普通的民事法律关系。它既要受到民法的调整，又要受到行政法，尤其要受兼有行政法、民法色彩的医事法律的调整。当然，这并不影响其作为民事法律关系的实质。它是一种带有反映工作特色的民事法律关系。

---

① 李德成、雷寒：《医患关系法律属性与伦理属性探讨》，《重庆医学》2013 年第 7 期。

（三）医患关系是一种经济关系

经济是指社会物质的生产、流通、交换等活动，因而经济关系是指一种物质利益关系。医患之间至少在一定意义上是一种经济关系，随着医疗关系的形成而建立。毫无疑问，患者到医院就诊，需要缴纳一定数额的挂号费、检查费、治疗费、药品费、住院费等各种费用，医院收取这些费用作为维持自身运行与实现发展的物质基础，医务人员的工资、奖金也与之存在密切联系，从而使得经济利益成为连接医患关系的纽带，医患关系作为一种经济关系而存在。如果否认医患关系的经济属性，只是片面地要求医务人员无私奉献，或者忽视求医问药给患者带来的经济负担，就不能够真实反映现代医患关系的本来面貌，影响医患关系的和谐。尤其是随着我国医疗卫生服务的市场化，以及伴随着专家门诊、点名手术等现象的出现，医疗费用更加高昂，医患关系的经济属性表现更加突出。

人们对于医患关系的美好回忆常常停留在改革开放之前，那是一个普遍公费医疗的时期。在 20 世纪 80 年代之前，我国对于医疗卫生服务主要采取一种公益性的社会福利政策，政府承担绝大部分医疗费用，医院经费及其工作人员收入多少不与患者医疗开支发生关系。具体来说，在城市，医疗服务体系分为公费医疗和劳保医疗两种方式。公费医疗建立于 1952 年，面向国家机关和全民所有制事业单位工作人员、高校在校生和二等乙级以上革命残疾军人，由国家财政按照人头拨付给各级卫生行政部门，实行专款专用、统筹使用。对于没有工作单位的职工家属的医疗费用，由职工缴费的单位统筹负担或由单位福利费补助。劳保医疗建立于 1951 年，面向全民所有制企业的职工和退休人员（县以上集体企业参照执行），最早由企业生产成本列支的劳保医疗卫生费用进行负担，以企业自留的劳动保险金和福利费作为补充，1969 年以后由企业医疗卫生费、福利费和奖励基金合并的"企业职工福利基金"负担。职工家属的医疗费用，由企业负担 50%，企业对于困难家庭再酌情增加补助。在农村，医疗服务主要由合作医疗承担。早在中华人民共和国成立初期，许多地方在农业合作化的启发下，自发建立了以集体经济和农民自发筹资为基础，具有医疗保险性质的合作医疗制度，在 1959 年的全国卫生工作会议上得到正式肯定，由此在各地农村逐步得到推广。到 70 年代末，全国 90% 以上的农村，已经建立起以集体经济和农民自发筹资为基础、具有医疗保险性质的合作医疗制度，农民看病的重大开支由合作医疗负担，在一定程度上保障了农民对医疗费用的承受能力。简言之，改革开放前的中国，无论城镇还是农村，广大人民群众不同程度地享受到社会医疗保障，患病时的医疗费用由国家或单位承担，个人仅仅需要负担很少的一部分。另外，那时的各级各类医疗机构都不是独立的经济实体，而只是作为落实政府部门医疗保障职能的具体执行者，在很大程度上类似于今天的行政机关，是地地道道不以营利为目的、服务于社会公益的货真价实的事业单位。病房建设、设备购置、药品买进、职工工资等医疗单位的各项费用支出全部由财政拨付，医院全部的营业收入也归国家财政统一管辖，患者的医疗费用与医院或医务人员个人收入之间不发生任何关系。由此，医患之间不发生直接的经济利益，医患关系并不表现为经济关系。"医患关系是一种纯伦理的人际关系，患者虔诚求医，医务人员精心施治，完全体现了我国自古以来的'医乃仁术'人伦境界。"①

计划经济时代所建立的全民医疗保障体系是一项广为称道的巨大成就，但其中也存在多方面的问题。诸如，在公费医疗方面造成多用多占和小病大治的现象广泛存在，浪费了大量本就短缺的医疗资源；在合作医疗方面，由于农村公社掌握的经济资源非常有限，合作医疗得不到有效保障，广大农村始终处于缺医少药的状态。改革开放后，医疗卫生体制改革被提上议事日程，患者"花钱看病"的时代开始到来。

首先，国家对于医疗卫生事业的投入大大减少。80 年代以来，伴随着经济体制与财税体制改革，我国各级政府预算占卫生总支出的比重从 1980 年的 36.24% 一路下滑。到 90 年代，大多数地区的政府部门拨付给公立医院的事业费数额之少，已经不足以支付广大医护员工的工资，甚至不够支付医院的水电费用。在这样的背景下，原先由政府负担的各项费用

---

① 张常明：《医患关系的卫生经济学思考》，《临床误诊误治》2001 年第 1 期。

不得不转变为由患者买单。1985 年卫生部颁布《关于卫生工作改革若干政策问题的报告》，实际上是复制国企改革的模式，强化医院自负盈亏的能力。1992 年，国务院下发《关于深化卫生改革的几点意见》，提出"建设靠国家、吃饭靠自己"，要求医院进一步"以工助医、以副补主"。这种"只给政策不给钱"的改革办法促使医疗卫生机构行为模式逐渐发生转变，盈利越来越成为各级各类医疗机构一项重要的经营目标。患者在医院遭遇名目繁多的各种收费成为不可避免的结果。其次，市场机制引入医疗服务行业，更加使得盈利、创收成为医院工作的重要目标。1992 年，我国社会主义市场经济体制的确立与发展，刺激了医院的创收心理，追求经济利益导向在卫生医疗领域蔓延开来，企业化、市场化色彩更加浓厚，几乎已经完全蜕变成一个经济效益至上的市场主体。由此，医疗服务体系全面趋利化，盈利就越来越成为广大医疗机构与医务人员的主动追求，"大检查""大处方"等过度医疗现象成为常态。再次，计划体制下的医疗保障制度走向解体。改革开放以后，面向国家机关与事业单位的公费医疗仍然存在，但是因为浪费现象突出而颇受诟病，报销所要求的条件越来越苛刻，报销的额度也存在降低的趋势。面向国有企业的劳保医疗随着企业经营体制改革以及受到企业自身经济效益的限制，已经根本无法担负起原有的职能：有的企业对职工医疗费用负担比例越来越小，有的企业早已破产，职工的医疗保障无从谈起。在农村，随着统分结合的双层经营体制与家庭承包经营责任制的实施，原先以人民公社集体经济为依托的合作医疗制度迅速瓦解，农民又回到了自费看病的状态。2006 年以来，根据新的医改规划，城镇医疗保险制度与农村新合作医疗制度逐渐得到落实，人民群众重新享受到医疗保障制度带来的实惠。但是，在一定数额之内，或者按照一定比例，以及在某些药物与检查项目上，患者治病仍然需要支付医疗费用，而且常常是负担昂贵的医疗费用。最后，私立医院蓬勃发展，在医疗服务行业占有越来越重要的地位。自从 1985 年医改启动以来，几乎每一个医改政策性文件都要强调鼓励社会办医，至 2008 年私立医院的数量已经占到医院总数的 20% 左右，有力地满足了人民群众对于医疗服务的需求。对于绝大多数私立医院来说，利润无疑是最大的追求，医患之间属于一种典型的商品服务关系，经济利益是联系医患关系的主要纽带。

综上所述，今天我国的医患关系无可置疑的是一种经济关系。只要存在收费，医疗服务就是一种商业行为，医患之间就建立了一种商品关系。患者就医在一定意义上可以视为一种经济行为与消费过程，而与经济利益相挂钩的医疗卫生体制与医疗服务模式正是医患关系长期紧张、医患纠纷频发的重要根源。

（四）医患关系是一种文化关系

在我国，"文化"一词，通常认为出自《易经贲卦象辞》，是"人文化成"一语的缩写："观乎天文，以察时变；观乎人文，以化成天下。"在西方，该词源于拉丁文"cultura"，原意是指农耕及对植物的培育，15世纪以后逐渐被引申使用为"对人的品德和能力的培养"。1871年，英国人类学家 E. B. 泰勒在《原始文化》一书中比较早地给"文化"一词的内涵进行了界定："据人种志学的观点来看，文化或文明是一个复杂的整体，它包括知识、信仰、艺术、伦理道德、法律、风俗和作为一个社会成员的人通过学习而获得的任何其它能力和习惯。"在今天，人们对于文化概念的解读一直众说不一。传统观点认为，文化是人类在社会历史发展过程中所创造的物质财富和精神财富的总和。在一般意义上，文化的内涵通常作狭义的解释，主要指语言、文学、艺术及包括一切意识形态在内的精神产品。

文化作为一种内涵丰富的社会现象，常常悄无声息地对社会发展产生影响。在医疗服务过程中，医患双方的世界观、人生观、价值观，对医疗工作的认识与态度，以及个人兴趣爱好、性格与气质都会对医患关系产生重要的影响，形成所谓的医患文化——在医疗活动当中医方和患方所共享的价值观、思维方式、信念以及行为准则等的总和。① 医患双方在所处的社会地位、追求的目标、思维的方式、拥有的资源和知识背景等方面都存

---

① 何军等：《医患文化冲突分析——对医患关系紧张的新审视》，《医学与哲学》2008年第10期。

在着较大差异，可能会导致医患文化冲突的发生，从而影响医患关系的和谐。

事实上，不少医患矛盾的发生或多或少与医患文化的差异性有关。就患者而言，每个人的教育程度、文化素质、生活经历、家庭出身、社会地位、职业背景、兴趣爱好的不同，使其对待生命和健康问题的看法及对疾病的心理承受能力，医患之间的语言感情交流深度，对医务人员的信任程度、理解水平、遵医行为等方面的认识和行为都存在着差距。因而，医务人员同样的行为表现在患者及家属中产生的反响是不一样的，对于医患关系造成的积极或消极影响也肯定不同。不少患者由于对医务人员存在深深的误解，导致医患之间产生程度不同的不信任以及对立情绪，出现这样那样的矛盾，甚至最终演化为尖锐的对立与冲突。对于医务人员来说，个人的人文素养、从医经历、教育水平、修养状况、沟通能力、医德医风也可以解读为一定的文化表现，对于医患关系的影响也是不言而喻的。在医疗实践中，医患之间相处实际上是一种文化的交流。双方的人生态度、文化素养、行为习惯、表达方式产生碰撞，发生交汇，出现和谐或不和谐的后果。医务人员乐观向上的人生观、一丝不苟的工作态度，以及对患者无微不至的关怀，对患者的尊重与宽容，无不折射出积极、健康的文化内涵，使患者在遭受疾病折磨之苦的同时倍感温暖，增强了战胜病魔的信心与勇气。部分医务人员素质不高，工作敷衍了事，对待患者漠不关心，或者缺乏沟通、不愿沟通、不善沟通，必然对医患关系产生消极的影响。尤其当医患双方在价值取向、行为习惯等方面存在较大差异时，医务人员的行为不当很容易引起患者的反感与抵触，甚至引发激烈的冲突。因此，大力提升医务人员的综合素质，加强医德医风建设，强化医患沟通能力，使广大医务人员适应各种患者的需要，对于和谐医患关系的建构具有重要意义。

从医院角度看，应该大力建设医院文化，为医患关系塑造良好的文化环境与氛围。因为，患者一旦进入医院，身边的一草一木、一人一物都在向其传递着某种文化的信息：热情或冷淡，积极或消极，有序或紊乱，先进与落后，等等。所有硬件与软件的每一个方面都折射出这样那样的文化信息，在患者心中留下深刻的印象，产生不可忽视的影响。因而，加强医院文化建设十分重要。从医疗设备、院容院貌、就医环境、医务人员的仪容仪表，到医院规章制度、医务人员的言行举止，再到医院的经营理念、医务人员的服务意识与文化素养，都应该成为医院文化建设的重要内容。可以说，文化是一家医院的灵魂，文化建设对于建构和谐医患关系以及促进医院各方面事业健康发展的重要性必须得到充分重视。

三 患者权利与医患关系

（一）权利与义务是医患关系的主要内容

权利与义务无非是一种利益：权利是由某种力量所保障的索取，从社会和他人那里得到的受某种力量所保障的利益；义务则是由某种力量所保障的贡献，付给社会和他人的受某种力量所保障的利益。[①]

医患关系问题归根结底是医患之间权利义务的分配与践行，具体表现为对权利的尊重与保障，对义务的确认与履行。

首先，无论医患关系如何错综复杂，最核心内容是医患双方的权利与义务问题。人与人之间最基本的关系是利益关系，任何一种社会关系无不以体现与处理人们的利益为根本内容。马克思说："人们奋斗所争取的一切，都同他们的利益有关"，"'思想'一旦离开'利益'，就一定会使自己出丑"。[②] 关于权利义务的设置与践行是人们利益的最直接体现，它们在根本意义上就是如何确认与维护权利主体的利益。在医疗工作中，医患双方存在道德的、法律的、经济的、文化的各种各样的关系，无论哪一种关系都是通过具体的权利义务形式表现出来的，即医务人员如何履行职责，维护与保障患者权益；患者如何承担义务，遵守医疗机构的规章制度，尊重医务人员的人格与劳动。忽视权利与义务问题，就无法揭示医患

---

① 曹永福：《柳叶刀的伦理》，东南大学出版社，2012，第 56 页。
② 《马克思恩格斯全集》第 2 卷，人民出版社，1995，第 103 页。

关系的本来面目，无法科学解读医患关系的建构与维系，在思想上陷入唯心主义的泥淖，在实践上损害医患关系，并对医疗工作产生不良影响。

其次，医患双方权利的实现与义务的践行是医疗工作得以顺利开展的基本保障。医患关系是医疗工作中形成的人与人之间的关系，反映医疗工作的特征并服务于医疗工作。解决医患关系中的权利与义务问题是医疗工作的主要内容，是医院各项事业发展的基本要求。在医患关系中，医务人员居于主导地位，应该严格遵守单位的各项规章制度，最大限度地履行工作职责，以"治病救人，救死扶伤"为宗旨，精益求精，视患如亲，忠于患者，不辱使命。对于患者而言，应该遵从医疗机构的各项制度与要求，积极履行缴费以及其他义务，认真配合医务人员做好治疗工作，尊重医务人员的人格权利与劳动付出。唯其如此，医疗机构才能正常运转，各种医疗工作才能正常进行。一直以来，人们习惯于从医疗机构发展以及医疗工作本身的需要出发去探讨医患关系，去规范医务人员的行为，忽视了医疗工作中最重要的"人"的因素，欠缺合理性与科学性，对于医疗机构的发展与医疗工作的进行产生不良影响。因而，从权利与义务的视角设计医院管理，规划医疗服务，具有重要的积极的意义。

最后，医患双方权利的实现与义务的践行是建构和谐医患关系的根本保证。医患关系和谐对于医疗机构各项事业的发展以及医疗工作顺利开展的重要性不言而喻。实现医患关系和谐的关键是双方的权利得到应有的尊重与满足，同时各自的义务得到较好的履行——通常情况下一方义务的履行就意味着另一方权利的实现与保障。在人类历史发展进程中，医方的权利很早就被提出并不同程度得到尊重。但与之相伴随也出现了所谓的"医生中心论"，夸大医生在医疗过程中的作用，强调在临床医疗中医生的权威如同父亲在家庭中的权威一样不可动摇，认为医生的职责是为患者服务，而由于医生与患者在医学知识和技能上存在的差距，医生为了患者利益考虑，可以也应该做出几乎一切的决定。在进入人类近代社会以前，这种观点长期占据统治地位，患者被视为被动的一方，权利诉求遭到有意无意的忽视。直到18世纪末法国大革命时期，随着人们权利意识的觉醒，患者权利才被正式提出，至今患者权利保护无论在理论上还是实践上都取得巨大发展。但是，时至今日，由于各种主客观原因，患者权利往往得不到应有的尊重与维护，甚至有时候受到粗暴侵犯。另外，医务人员的权利也常常保障不力，由于少数患者出于对专业知识的无知提出过于苛刻的要求，或者由于他们对医务人员产生严重不信任等原因，致使医务人员的正当权益遭受侵犯。医患双方的权利得不到充分保障，义务不能有效履行，已经成为影响医患关系和谐的最根本因素。

（二）我国医患关系的现状

很长一段时间以来，我国医患关系在很大程度上处于负面的状态，尤其是医患冲突频繁发生，已经成为制约医院发展的重要因素，并对社会的稳定与和谐造成非常不利的影响。厘清医患关系的现状，探讨医疗工作中存在的问题，具有十分重要的现实意义。

1. 医患关系的"亚健康"

医患关系存在的问题并非都是以激烈、紧张的冲突形式表现出来的，而是更多地表现为医患之间信任的缺失，以及患者对医院的不满情绪普遍存在。

一方面，医患之间无条件的信任关系趋于解体。自古以来，医患关系被视为同一个战壕里的战友关系，医务人员与患者密切配合、协同一致地向疾病开战，尽最大努力谋求患者的生命健康利益。对于作为不太了解医学知识的患者而言，唯有依靠医生、信赖医生，严格遵守与执行医嘱，努力满足医务人员基于治病救人的需要提出的各项要求，才能战胜病魔，赢得健康。但是，由于近些年我国的医疗卫生体制改革以市场化作为发展方向，广大医疗机构成为市场经济主体，经济效益成为它们的必然追求。而且，在市场经济发展的背景下，医务人员的逐利意识日渐突出，致使患者不得不付出高昂的医疗费用，甚至常常承担不合理、不必要的医疗开支。加之少数医务人员医德水平较低、人文素养较差，使"白衣天使"的光环逐渐褪去，患者以及社会公众对于医疗机构及其工作人员的信任逐渐丧失。

从患方情况看，人们怀疑医务人员实施某些诊疗行为的科学性、正当

性、合理性，有的患者甚至带着戒备心理，采取诸如对手术过程录音、录像等各种措施，维护自身的合法权益。从医方角度看，为了规避医疗工作中的各种风险，医生不敢放心、大胆地治疗，更不敢进行医学科学实验与探索。为分清责任与是非，避免可能出现的医患纷争，不少医院甚至要求在一些重要的手术前需要医患双方先进行手术公证，以取得法律上的证据。信任关系的解体表明医患关系已经受到损伤，而且会进一步趋于恶化。一旦发现医方存在不当行为的证据，理智的患者向医疗机构讨个说法，直至与之对簿公堂；缺乏理智的患者可能无理取闹、寻衅滋事、逃交医药费用。而且，由于信任的缺失，各种各样的误会随之发生，并容易酿成后果严重的医患纠纷。当年传得沸沸扬扬的"缝肛门"事件很大程度上就是由于医务人员违规、患者对其严重不信任引发的。① 患者如果对医务人员抱有较大的信任，就不可能无端地妄加揣测医务人员报复自己，令人匪夷所思地认为产妇被缝肛门。如果社会公众对医疗机构充满信任，也不至于产生严重的不良影响，最后在媒体炒作下掀起轩然大波。

另一方面，患者的不满情绪也在不断增加。无论什么时候，患者都是医患关系中处于弱者地位的一方，这主要是由他们在医学专业方面知识的缺乏以及在医患关系中所扮演的被动角色所决定。为此，他们只能完全依靠医务人员，信赖医务人员，以求得疾病得到治疗，身体得以康复。当医疗服务存在这样那样的问题，医疗费用高得离谱时，患者不满情绪自然而然地产生，并且存在不断升级之势。尤其是，患者承受着生理上、心理上、经济上的三重压力，疾病的折磨、对未来的担忧、高额的医疗费用，以及求医问药过程中遭遇的挫折，使他们身心俱疲、脆弱不堪。医疗工作中存在的种种问题，容易激发不良情绪，使广大患者及家属心生不满。引发患者及家属严重不满的现象主要有：长期以来存在的"看病难""看病

---

① 2010年7月23日上午，家住在深圳市罗湖区黄贝岭社区的陈先生带妻子在深圳凤凰医院生产。下午3时45分顺产生下一个男婴。晚上9点多时，产妇开始喊肛门疼。陈先生发现妻子的肛门肿成了鸡蛋大小的凸出物，而且凸出物上面一圈是线，因此认为肛门被缝上了。陈先生十分愤怒，认为这是报复，因为助产士曾暗示要红包，陈先生只给了助产士100元。随之，陈先生向《南方都市报》爆料，受到社会的广泛关注。后来，经专家鉴定，医务人员只是对产妇的痔疮出血点进行了缝合，这样做并没有什么不妥。

贵"问题，医疗服务水平不高、医务人员态度恶劣，对患者权利的侵犯，以及收红包、吃回扣、拉关系、走后门等不正之风，导致患者及社会公众对医院及医务人员形成非常负面的印象。2015 年，广东现代社评院联合问卷网和搜狐新闻中心，对 3757 名市民进行了就医满意度的专项民意调查，结果发现市民就医满意率仅为 28.1%，同时 55.5% 的受访者认为医生开不必要的检查单为医患关系持续紧张埋下了隐患。① 可见，患者及社会对医疗机构的不满已经到了十分严重的地步。

医患关系处于"亚健康"状态，表面上似乎风平浪静，并没有太大的矛盾与冲突，但是静水流深，看似平静的水流下常常暗流涌动。医患之间的对立不容忽视，各种矛盾与纷争逐渐累积，如果不能顺利得到纾解，就会酿成巨大的祸患，爆发激烈的冲突，产生极其严重的后果。

2. 医患纠纷与冲突

医患纠纷与冲突是指患者就医过程中，医患双方由于在诊疗行为、诊疗结果、收费情况以及患者权利保护等方面存在分歧发生的纠纷与冲突。医患纠纷与冲突是医患关系紧张的集中体现，是医患矛盾发生的激烈状态，对于医疗机构的发展与社会的和谐与稳定都产生极其恶劣的影响。20 世纪 90 年代以来，我国医疗卫生服务行业承受着体制转换带来的种种无序和利益失衡，出现了一系列的问题与冲突。主要表现之一就是医患关系的日趋紧张，由于医疗纠纷而发生的患者冲击医院、干扰医疗秩序、伤害与杀害医务人员的恶性事件呈现不断上升趋势。根据中国社会科学院发布的《中国医药卫生体制改革报告》显示，2002 ~ 2012 年，全国医疗纠纷案件在 10 年间增长了 10 倍，医院级别越高，发生的医疗纠纷就越多。② 尽管最近几年各级政府、社会、医疗机构通过坚持不懈的努力，采取多种措施防范纠纷的发生，使医患纠纷出现了减少的势头，2014 年一度取得

---

① 黄宙辉、卢斌、曾汉城：《不到三成市民满意就医体验》，《羊城晚报》2015 年 1 月 7 日。

② 医改新观察：《全国医疗纠纷案件 10 年间增长 10 倍》，http：//www. njdaily. cn/2015/ 0216/1056990. shtml/2016，12，24。

比上一年减少8%的显著成绩。① 但是，医患关系紧张、纠纷不断的形势依然严峻。总的来说，根据近十年来暴力伤医事件大样本调查结果显示，暴力伤医数量在2012年出现高峰，随后有所下降，但在2016年又呈现上升趋势。截至2016年11月，全国发生典型暴力伤医案例42起，共导致60余名医务人员受伤或死亡，涉及的医闹人员为230人。② 可见，有效防止、妥善解决医患纠纷与医患冲突依然是当前面临的重要任务，这是保证医疗机构各项事业健康发展、实现社会和谐与稳定以及建构和谐医患关系的必然要求。

（三）患者权利保护对医患关系的影响

造成医患双方信任缺失、关系紧张、矛盾频发的原因是多方面的，在最根本意义上是对于医患双方权利的保障不力。当自身正当权益得不到应有的尊重与保障，权利人（医务人员或者患者）必然通过一定的行为表现抒发情绪上的不满，求得心理上的平衡，实现利益上的补偿。由此，冲突与矛盾的发生就不可避免了。在医患关系中，患者权利遭受侵犯是导致医患关系囚徒式困局的最主要原因，保护患者正当权益不受侵害是建构和谐医患关系的关键，应该始终成为医学界以及全社会的共识。

首先，在医患关系中，患者居于弱者地位，权利容易遭受侵害。近些年来，患者及其家属伤医、杀医事件屡屡见诸媒体，不少医务人员在那些残酷无情的凶手面前显得弱小与无助。基本医疗工作宗旨以及严格的单位规章制度，也使得医务人员时时处处谨小慎微，在一些咄咄逼人的患者面前处于被动地位。但是，这丝毫不能改变患者在医患关系中所处的相对弱势地位，以及他们常常处于困难无助境地的基本事实。患者居于弱者地位，主要基于两个方面的原因。

一是绝大多数患者不懂医学专业知识，双方处于严重的信息不对称状态。医学是一门十分专业而高度复杂的学科，大部分患者及其家属都是门

---

① 去年医疗纠纷下降8% ［EB OL］. http://news. 163. com/15/0312/00/AKFFCNQ500014Q4P. html/2016，12，24。

② 马金凤：《今年全国典型暴力伤医案42起 60余名医务人员伤亡》，《京华时报》2016年11月29日。

外汉，对于自己发病的原因以及疾病发生、发展的规律几乎没什么认识，无法判断医生诊断的对错，对于治疗措施也不能做出评价，难以进行有效的监督，只能把自己的身家性命完全托付给医务人员。当医务人员由于专业水平所限或者个人工作态度、工作作风等主观方面的原因，对患者做出错误的诊断或进行治疗时，患者对此不能提出不同看法，予以矫正，来保护自身权益。此时，患者的人身、财产等权益不可避免地受到侵害，而患者依然处于全然不知的状态。实际上，这也成为很多医务人员在酿成医疗事故后能够逃脱制裁的重要原因，对于广大患者来说显然是十分不公平的。而且，个别品行恶劣、医德低下的医务人员敷衍塞责、无所用心，对患者极端不负责任，更有甚者出于牟利的目的小病大治——大检查、大处方，过度医疗，更是对患者权利的肆意侵犯。

二是在医疗工作中医务人员居于主导地位，患者居于被动服从地位。古往今来，人们习惯于把患者看医生称为"求医问药"，一个"求"字生动地表现出患者在医生面前的不利地位。1976 年，美国学者萨斯（Szasz）和荷伦德（Hollender）提出了医生与患者关系的三种不同模式，即主动－被动型、指导－合作型和共同参与型。其中，主动－被动型是一种古老的医患关系模式，在今天仍被人们普遍接受，在这种模式里医生的权威性得到了充分的肯定，处于主动的地位，患者则是处于被动的地位，以服从为前提。在另外两种模式中，患者所处地位与发挥的作用有所增强，但是多数时候依然是医生的作用更加突出，因为他们才是专业权威，更有发言权。因此，诊断结果与治疗方案最终都是由医生做出决定。此外，在检查、用药、护理、收费等各个环节上，无不是由医务人员（医生、护士、医技人员、药剂人员、管理人员、收费人员等）做主，患者几乎没有什么主动权。这种医患权利不对等的状态决定了患者无法改变的弱者地位，致使医疗侵权现象不可避免地发生。

其次，患者权利遭受侵犯是医患关系失和的主要原因。表面上，导致医患矛盾与纠纷频发的原因多种多样，诸如医疗卫生体制的不合理、医务人员人文素养缺失、医疗机构及其医务人员的逐利倾向等，但是，归根结底，患者权利遭受侵犯是当前医患关系恶化的最根本原因。因为，无论医疗卫生体制的不合理、医务人员人文素养缺失，还是医疗机构及其医务人员的逐利倾向，不管直接后果如何，最终都指向侵犯患者的平等医疗权、生命健康权、人格尊严权、知情同意权、个人隐私权、经济财产权等基本权利。例如，不合理的医疗卫生体制坚持市场化原则，导致了医疗机构及其医务人员的唯利是图倾向，个别医疗机构及其医务人员嫌贫爱富、过度医疗，是对患者平等医疗权与经济财产权的践踏。部分医务人员医德水平不高、人文素养缺失，往往缺乏对患者应有的尊重，沟通意识与沟通能力比较低下，很容易侵犯患者的人格尊严权、个人隐私权、知情同意权。在个人正当权利遭受侵犯后，患者理所当然地产生不满，对医疗机构及其医务人员产生负面情绪、敌对情绪，情况严重者产生对立与冲突。例如，2012 年 3 月 23 日，哈尔滨医科大学第一附属医院发生一起患者伤害医务人员事件，一名年轻的实习医生被残忍地杀害，另有三名医务人员受伤。固然，杀人凶手应当受到法律的制裁与追究。但是，也应看到，医务人员职业精神缺失、患者权利遭受侵犯是导致悲剧发生的一个重要原因。事发前，杀人凶手李某某先后 6 次到哈医大一院就医。第一次医生敷衍了事，连瞅一眼都没瞅，说"跟风湿没关系，该上哪儿上哪儿"。第二次，上次误诊的医生反而责怪患者"看错科"，并开出高达数万元的高价医药费用。后来，患者风湿病没治好又患上肺结核，医生让他去医院却没有接诊，只是在电话中开出药方。无可否认，权利遭受侵犯激起患者（行凶者）的严重不满，使其陷入绝望之中。于是，伤医杀医泄愤成为一种合乎逻辑的结果。

最后，患者权利保护是建构和谐美好医患关系的关键。和谐美好的医患关系是医疗机构各项事业健康发展的重要保证，是社会和谐稳定的重要基础。为此，必须充分、有效地保护患者权利。其中，不仅需要保障患者的法律权利，还要保障患者的道德权利。因为，前者是维护医疗秩序的基本保证，但是并不能满足患者的全部需要，体现患者的一些利益。每一家高水平的现代化医院都是既保护患者法律权利又保护患者道德权利的典范。例如，日本医院采取人性化管理模式，最大限度地保障患者权利，特别是确保他们的道德权利得以实现，对我国医疗机构管理提供了借鉴。日本医院人性化管理包括人性化的医疗环境（温馨的就医氛围、明显的院内路标、周到的便民设施、科学的建筑结构、家庭式特殊病房、宾馆式后勤服务），人性化的医患关系（富有人情味的医患关系、全方位介入的护理服务、职责特殊的事务员队伍、规范有序的医疗预约制度、保护个人的隐私），人性化的医疗服务（先进的医疗设备、网络化信息管理、严密的医疗质量控制与事故预防）①，使患者权利得到全方位、高水平的保护，医患关系因之也达到美好、和谐状态。

事实上，对于前往医疗机构就医的绝大多数患者而言，由于"看病难""看病贵"，以及医疗服务工作中存在的种种不足，诸如收红包、大处方等不正之风普遍存在，患者权利尤其是道德权利容易遭受侵犯，对医院往往存在大量的负面情绪。这一现象尽管未必会演化成激烈的医患冲突，却致使医患关系长期处于不健康的状态，存在着进一步走向恶化的危险。必须重视对患者权利的保护，最大限度地消除患者的负面情绪，才能破解我国的医患关系困局。因而，患者权利保护应当引起政府与社会的高度重视，真正成为所有医院及其医务人员的基本服务理念，并实实在在地在日常工作中得到践行。唯有如此，才能改变我国医患关系的困局，建构起美好、和谐的医患关系，为医疗机构各项事业的发展奠定坚实基础。

---

① 顾竹影：《日本医院人性化管理的启示》，《中国医院》2005 年第 10 期。

第五章
特殊患者的权利

在大多数情况下，患者权利是指一般患者的权利，即通常意义上的患者权利，患病的主体没有明显特殊的身份和要求，所患疾病也没有过于特别的属性与表征。或者，对于患者权利的探讨忽略了患者的特殊身份及其所患疾病的某些具体特征与要求，往往局限于对普通患者所享有的权利进行一般性的研究。事实上，大量的患有特殊性疾病或者具有一定特殊身份患者的存在不容忽视，他们的权利诉求与利益保护跟普通患者相比存在较大的不同，对特殊患者的权利保护问题进行探讨与研究具有重要意义。

一　关于特殊患者的基本问题

（一）特殊患者的概念

在医学临床上，对于什么是"特殊患者"，并没有一个完全统一的定义。医护人员往往根据患者所患疾病的种类、患病的程度以及治疗疾病的手段、方法等方面，把一些需要运用特殊治疗手段治疗其疾病的患者称为特殊患者，如脑中风、瘫痪、重大器官移植手术、严重烧伤、身体高度残疾、情智障碍等患者，或者把处于某一类疾病的特殊发展阶段的患者称为特殊患者，如癌症晚期患者。[①] 但是，这种界定并没有严格的标准，更多的时候是一种医务人员全凭感觉、对某些与众不同的患者随意给出的称谓。因而，对于准确把握特殊患者的内涵仅有参考性意义。此外，我国社保体系在报销政策上，划定某些疾病为"特殊病"，采取优惠性政策，予

---

① 曾志中：《论特殊患者的权利保护》，硕士学位论文，大连海事大学，2009。

以特别对待，例如经医院确诊为肾功能不全需要透析治疗、患恶性肿瘤需要放射治疗和化学治疗、实施肾移植后需要服用抗排异药治疗的疾病等，患有以上各种疾病的患者也可以称为特殊患者。

本章所称"特殊患者"，是指基于患者所患病情及其治疗方法、患者身份等方面存在的特别属性，应该享有的相较于一般患者不同权利的患者，主要包括职业病患者、艾滋病患者、性病患者、甲（乙）类传染病患者、精神病患者、病情危重患者、未成年患者、具有宗教信仰的患者等。

特殊患者在广大患者中具有特殊的地位，但是这种特殊性有时候遭到医疗机构及其医务人员不同程度的忽视，因而有待于通过立法等形式加强对他们权利的重视与保护。

（二）特殊患者权利的定义及特征

特殊患者权利是指依据道德、法律、习俗的规范与要求，病情比较特殊的患者或者具有一定特殊身份的患者在医疗法律关系中应该享有的权利，是这些患者以作为或不作为方式在法律允许的范围内主张自己利益的一种资格。特殊患者权利在内容上既包括他们作为权利主体享有的一般性患者权利，也包括他们除了应该享有一般患者的权利外，基于特殊病情与身份特征在道德与法律上享有不同于普通患者的权利。本章所指特殊患者权利，在内涵上主要是指不同于普通患者的权利，或者为普通患者所拥有，但是具有特别重要性及特殊意义的个人权利。

特殊患者权利有以下特征。

其一，权利内容的复杂性。

相较于一般患者的权利而言，特殊患者的权利在内容上更加复杂化、多样化。他们既享有一般患者应该享有的各种权利，诸如平等医疗权、人格尊严权、生命健康权、身体完整权、知情同意权、个人隐私权、免除一定社会责任权、医疗文书查阅复制权、医疗监督权等权利，同时由于病情的特殊性或者身份比较特殊，需要受到特别的对待、关注与保护。通常情况下，特殊患者需要享有比一般患者更多的权利，或者在某些权利保护的力度和强度上也应该与一般患者予以区别性对待。例如，有的患者（职业病患者）享有事先得到培训的权利；有的患者则需要把紧急抢救权放在首位（病情危重患者），而不能强调患者是否交纳医疗费用；有的患者格外需要对个人隐私权的保护（艾滋病患者、性病患者、未成年患者）；还有的患者尤其需要得到医务人员耐心的无微不至的呵护，以及需要医患之间的交流与沟通（精神病患者）。病情及治疗方法的复杂性，个人身份的特殊性，决定了特殊患者权利内容的复杂多样性。唯有因人而异、因病情而异关注患者的正当权益，才能实现特殊患者人之为人的尊严，最大限度地维护与促进他们的生命健康利益。

其二，权利的易受侵害性。

在医患关系中，由于信息不对称等原因，患者处于弱者地位，正当权益容易遭受侵害，而特殊患者则属于患者中的弱势群体，权利更加容易受到侵犯。导致这种现象的原因多种多样：既与患者病情的复杂性不无关系，也可能由于患者的特殊身份（工作环境、个人年龄等方面存在特殊性）所导致，还可能是因为患者患有某些疾病遭受较低的社会评价而引发。例如，未成年患者因为其认知能力、权利行使能力受到一定的限制，需要得到比普通患者更多的关心和爱护，得到更加全面、周到的照料和帮助，如果医务人员不能够尽到更加严格的责任，仅仅将其视为一般患者对待，即可能构成对其权益的侵害。而且，未成年患者自身保护意识和保护能力较差，也会成为部分医务人员不对其权利给予充分尊重与保护的原因。又如，艾滋病患者、性病患者、甲（乙）类传染病患者、精神病患者除了受到疾病的折磨，还常常遭到人们的歧视与嫌弃，人格尊严权遭受侵犯，在很多领域受到不公平对待，甚至其作为人的基本权利有时不能得到有效的保障。此外，特殊患者还因为所患疾病的特殊性——有别于普通疾病，具有某些特别的属性，人们对其了解较少，对患者相关权利要求缺乏足够关注，导致患者权利有意无意地遭受侵犯。由是，加强对特殊患者权利的保障具有重要性和必要性。

其三，法律保障的缺失性。

患者权利的实现有赖于法律的支持与保障。目前，我国患者权利立法尚不够完善，而关于保障特殊患者权利的法律法规尤其缺乏。我国关于患者权利保护的现行立法，主要是对于普通患者而言，通过规定医务人员工作职责的形式进行确认，分散在各种法律法规之中。由于特殊患者本来是一个笼统的概念，存在很大的模糊空间，更是不可能对其权利保护做出全面、细致的规定。近年来，随着我国社会公众权利意识的觉醒，人权保障观念逐渐深入人心，相继有部分关于特殊患者权利保障的专门性法律法规出台，例如《中华人民共和国传染病防治法》（2004 年）、《中华人民共和国职业病防治法》（2001 年颁布，2016 年修订）、《中华人民共和国精神卫生法》（2012 年）、《艾滋病防治条例》（2006 年）等。上述法律确认了传染病患者、职业病患者、精神病患者、艾滋病患者等部分特殊患者的权利，对于其他特殊患者（性病患者、未成年患者、病情危重患者、具有宗教信仰的患者等）的权利仍然很少有法律的规定。而且，即便上述法律关于特殊患者权利的规定也是支离破碎的，缺乏系统的、全面的规范与要求，对于特殊患者权利的保护不可避免地产生不利影响。因此，加强相关立法具有重要而现实的意义。

（三）特殊患者权利保护的价值与意义

首先，对特殊患者权利的保护体现了合乎道德正当性的要求。

1948 年《世界人权宣言》规定："健康权是一项基本人权"，"个体患病、衰老或残疾的时候，有权享受保障。"救死扶伤、治病救人是所有医疗机构担负的神圣使命，每一位患者的获得救助及相关各项权利不可剥夺。在医疗关系中，特殊患者与一般患者相比较，其权利受侵害的可能性较大。因为，他们在医疗法律关系中往往是更加弱势的人群。他们或是病情危急，生命、健康遭受疾病的严重威胁，迫切需要得到治疗与帮助；或是在备受疾病折磨的同时，又是低社会评价患者，人们对其通常歧视、有偏见，避而远之，对其合法权利视而不见；或是年龄较小，心智不够成熟，社会经验缺乏，权利保护意识不强且自我保护能力较差；或是由于所患疾病比较少见，人们对其缺乏科学的认识，对患者缺乏应有的关心与呵护，不能提供充分的帮助与支持，相反可能产生不必要的误解及偏见，使患者身心受到伤害。因此，为了使特殊患者享有与一般患者平等的合法利益，通过法律、道德等手段对特殊患者的权利加强保障是合理、正当的，既是特殊患者对自身合法、合理利益的一种正当的预期，体现了权利正当性的必然要求，也符合基本的社会道德价值取向。

其次，对特殊患者权利的保护体现了法律的基本价值理念与要求。

现代社会，任何一个国家的法律都无不以保障基本人权作为重要的任务与使命。特殊患者权利是特殊患者人权的组成部分，涉及他们的平等医疗权、生命健康权、人格尊严权、个人隐私权、获得紧急抢救权等权利，直接关乎特殊患者的生存与发展。对特殊患者权利的法律保护是为了更好地实现他们的基本人权。在现实生活中，一些特殊患者因为疾病陷入十分悲惨的境地，基本人权遭到肆意践踏与侵犯。四川省西充一个携带艾滋病病毒的男孩坤坤，自从 2011 年被确认感染艾滋病之后，父亲便不再给家里打电话和寄钱，村里的同龄人不再跟其玩耍，203 名村民一致要求有关部门对坤坤进行隔离防治，离开村庄。[①] 对于众多艾滋病患者来说，医疗机构拒绝对他们实施救治，则更加使其感到绝望，他们的生命健康权因此失去了基本的保障。2012 年 11 月 21 日，有媒体报道某一携带艾滋病病毒的肺癌患者求医遭拒，私改病历隐瞒病情接受手术，引起时任国务院副总理李克强的关注，他亲自打电话，要求采取切实措施保障艾滋病患者接受医疗救治的权利。[②] 对于其他一些特殊患者而言，同样会面临遭受歧视、缺少尊重、无法得到及时救治的情形，构成对基本人权的严重侵犯。可见，保护特殊患者权利是人权保障的必然，是社会进步的必然要求，体现了法律的基本价值理念与要求。

再次，对特殊患者权利的保护是建构和谐医患关系的必然要求。

医患和谐是实现医疗机构各项事业顺利发展的基本前提条件，理所当然成为所有医疗机构的追求。但是，如前所述，目前我国医患关系正陷入困境，如何破解医患关系困局困扰着医疗机构。从医疗实践看，特殊患者

---

① http：//www. ptxw. com/plw/pmcg/201607/t20160720_ 138608. htm/20161229.

② 王瑞锋等：《李克强：保障艾滋病人就医权利》，《新京报》2012 年 11 月 23 日，第 A06 期。

在广大患者中具有特殊的地位，在为数众多的医疗纠纷和医疗事故中，与特殊患者有关的事件占了相当大的比重，这是由特殊患者的病情及其特殊身份决定的。许多医疗纠纷都发生在紧急情况下，例如病情危重的患者迫切需要手术治疗，如果有的医务人员因为患者缴费不及时而拒绝施救，或者由于医务人员疏忽大意导致医疗事故的发生，以及因为患者家属拒绝签字等延误救治时机，最终危及患者的生命与健康，造成患者利益的受损，必然会产生医疗纠纷，酿成医患矛盾与冲突。对于艾滋病、性病、传染病等低社会评价患者来说，部分医疗机构及其医务人员戴着有色眼镜，态度上歧视、厌恶、冷漠，或者缺乏处理特殊病情、保护带有特殊色彩的患者利益的意识及专业技术能力，也不可避免地会导致医患矛盾的发生。因而，明确医患双方的权利、义务，建立起完善的特殊患者权利保护机制，真正做到行之有效的维护患者在医疗关系中的合法权益，对于避免或减少医疗纠纷、维护整体患者合法权益，以及对于整个医疗系统健康有序的发展和和谐社会的建立都有积极作用和十分重要的意义。

最后，保护特殊患者权利在国际社会已经达成共识，是人类走向进步与文明的体现。

国际社会对于那些通过行使普通患者权利无法使自身正当利益得以实现的特殊患者给予高度关注。遍及世界各地的艾滋病患者在社会生活中普遍受到歧视，他们越来越成为社会的边缘人类，他们的人格尊严在世俗的社会中被任意践踏，他们的生存环境在冷漠的世界里被恶化。对于这样一个弱势群体，国际社会通过法律手段伸出了援助之手。1994年，世界各主要国家首脑在巴黎签署了《巴黎艾滋病首脑会议宣言》，要求世界各国都要保护艾滋病患者的基本人权。1996年，联合国艾滋病规划署和联合国人权高专办公室召开的第二届艾滋病和人权国际磋商会议制定了《艾滋病和人权国际准则》，以明文规定的法律形式确保艾滋病病人"不受歧视，法律面前人人平等"。在美国，《美国残疾人法》将艾滋病患者定义为残疾人，保护艾滋病病人和感染者免受就业、住房和公共服务方面的歧视。在俄罗斯，制定了《俄罗斯防止人类免疫缺陷病毒引起的疾病感染扩散的联邦法》，规定感染艾滋病的本国公民享受俄罗斯联邦境内的一切权利和自由。南美国家智利则通过立法明确规定了保护艾滋病患者的平等受教育权、医疗救济权。此外，对于其他特殊患者，国际社会同样给予积极的关注与保护。例如，西方国家充分尊重与保障临终期患者的权利，荷兰、比利时等国已经确认患有不治之症的成年人为了结束痛苦，可以在遵照合法程序的情况下提出死亡的要求，即选择安乐死的权利。更多的国家确认，临终期的患者应该享有得到临终关怀的权利，即可以拒绝接受徒劳的抢救性治疗，而选择最大限度地减轻病痛，保持较高的生命质量度过人生的最后阶段。可以说，保护特殊患者权利折射出人性的光辉，反映了人类走向进步与文明。

二 常见的特殊患者权利

（一）病情危重患者的权利

1. 病情危重患者的界定

何为病情危重患者？在通常情况下，这并不是一个人们达成普遍一致的认识、定义十分严谨的概念。比较常见的是医学界从专业角度对此下的定义，例如根据号称为"全球最大中文百科全书"的百度百科的解读，病情危重患者，也称为危重患者，是指"生命体征不稳定，病情变化快，两个以上的器官系统功能不稳定，减退或衰竭病情发展可能会危及生命"的患者。中国医学救援学会提出，判断是否危重患者可根据意识、瞳孔、呼吸、心跳及总体情况等五个方面的标准进行。[①]

意识：正常人或一般患者的意识是清醒的，如果患者的意识已经丧失，尤其是突然间意识丧失或昏倒在地，应该认为病情已处于急危重症之列，需要尽快救护。遇到此种情况，"第一目击者"应先大声呼唤 2～3 次，通常是："喂，你怎么了！"美国近些年来约定俗成的呼叫格式是：

---

① http: //www. cast. org. cn/n35081/n12655473/n13163609/n13163700/13219653. html/
20161230.

"Are you OK?" 或者 "Are you all right?" 如呼唤无反应，此时还可采取轻轻推动病人 2 ~ 3 下，当然不能推动伤患处。如无任何反应，也可说明病人已处于昏迷或垂危状态。

瞳孔：两眼的瞳孔俗称瞳仁，正常时等大等圆，遇到光线能迅速缩小。当患者已陷入垂危状态，或脑部受伤严重，脑组织出血时，或发生某些急性中毒等情况时，两侧瞳孔会不一样大，可能缩小或放大；用电筒光线刺激，瞳孔不收缩或收缩迟钝。当患者的瞳孔逐渐放大、固定不动、对光反射迟缓、消失时，患者陷于濒死或已死亡状态。

呼吸：呼吸是生命存在的征象。正常人每分钟呼吸次数为 15 ~ 18 次。垂危的患者呼吸多变快、变浅、不规则。当患者陷入垂危或濒死状态，呼吸变缓慢、不规则，直到呼吸停止。对于一些意外事故或患者发生严重呕吐等情况时，有时呼吸本身还不至于发生严重障碍，但可因患者的体位或呕吐物堵塞呼吸道而使呼吸停止，所以在检查判断此项时，应注意呼吸道是否畅通，有无被痰涕、呕吐物甚至假牙坠落阻塞。一般观察患者胸部的起伏情况，可以得知其还有无呼吸。在呼吸运动已很微弱，有时不易见到胸部明显的起伏时，可以用一丝纤维、薄纸片、草叶等放其鼻孔前，看这些物件是否会随呼吸飘动，以资判定有无呼吸。

心跳：心跳是生命存在的征象，它与呼吸一样伴随人的终生。正常人每分钟心跳 60 ~ 90 次。当严重的心律失常（又称心律不齐、心律紊乱）、急性心肌梗死并发心律失常、大失血、休克，以及其他危重疾病患者处于垂危状态时，心脏跳动多不规则。常见的频繁的"早搏"（又称早跳，即期前收缩），若每分钟早跳超过 10 次以上，这时摸脉搏时感到脉细而弱、不规则。若频繁的早搏突然消失，病人口唇出现紫绀（发绀），意识丧失，则多说明心脏已陷入严重危险阶段，即心室纤维性颤动（室性纤颤）。如病人脉搏十分缓慢，每分钟仅四十几次，随之更慢，迅速陷入昏迷，倒地，脉搏消失，常预示发生严重的传导阻滞、阿－斯氏综合征。

总体情况：就是指当我们见到危重患者时的"第一印象"，再加上一些必要的检查与观察。患者生命垂危时，常表现面色苍白，冷汗淋漓，嘴唇、指甲处有紫绀（表明缺氧）等。在意外事故突发现场，还要观察患者有无严重创伤，有无活动性大出血，环境中有无特殊的气体在继续作用于患者，有无化学物品或其他危害因素在继续危害机体，等等。

生活实践中常见的病情危重患者，并非完全依照上述标准来判定，未必都会具备以上病征，只要是患者病情严重且十分危险，如不及时抢救有危及性命之忧，都属于病情危重患者之列。这也是本章所指的病情危重患者的基本含义——病情严重且危险，需要紧急抢救的患者。这些患者因为所患疾病的严重程度、病情的复杂性等，应该享有一般患者所不具备的权利，需要得到格外的关注与保护。

2. 病情危重患者应该享有的权利

获得紧急抢救权。获得紧急抢救权保护的是患者最基本的人权——生命权和健康权。生命权是以自然人的生命维持和安全利益为内容的人格权；健康权是指自然人在生理机能、功能出现不正常状况，即健康状况下降的时候，有请求获得治疗，使健康状况达到完好状态或者恢复到原有状态的权利。病情危重患者所患疾病严重危及其身体健康和生命安全，如不采取紧急医疗手段，患者可能有失去生命之虞。因此，病情危重患者理应享有获得紧急抢救的权利，这种权利应该是无条件的，而且优先于一般患者权利。根据我国《执业医师法》的规定，"对急危患者，医师应当采取紧急措施及时进行诊治；不得拒绝急救处置"，实际确认了病情危重患者无条件获得紧急抢救的权利，即不管患者是否支付足够的医疗费用，也不管病情是否比较复杂，医务人员为此承担巨大风险，医疗机构及其医务人员都必须全力以赴地施救，不得以任何理由推脱责任。此外，一般而言所有患者在权利的享有上是平等的，但是在权利的行使上则应该是有顺位的，获得紧急抢救权无疑应该是一种优先权，因为如果稍有延误，就可能危及患者生命，或者给患者带来无可挽回的灾难性后果。获得紧急抢救权对于病情危重患者的重要性显而易见，必须引起足够的重视，充分保障其得以实现。

需要指出的是，有时候病情危重患者继续手术治疗，但是患者家属拒绝在手术同意书上签字，或者难以找见患者家属，获得紧急抢救权如何得以实现？根据1994年卫生部颁布的《医疗机构管理条例》规定，"医疗机构施行手术、特殊检查或者特殊治疗时，必须征得患者同意，并应当取得其家属或者关系人同意并签字；无法取得患者意见时，应当取得家属或者关系人同意并签字"，患者可能因家属拒绝签字而被拒绝手术，遂导致前面所述 2007 年北京某医院"丈夫拒绝签字，产妇母子双亡"事件的发生。为此，2010 年实施的《侵权责任法》规定，"因抢救生命垂危的患者等紧急情况，不能取得患者或者其近亲属意见的，经医疗机构负责人或者授权的负责人批准，可以立即实施相应的医疗措施"，进一步完善了法律规定，通过确认"医疗机构负责人或者授权的负责人批准"的途径保障了获得紧急抢救权的实现。

自主决定权。危重患者病情十分沉重，治愈难度较大，甚至可能处于死亡的边缘，而且往往在生理上备受折磨，在心理上痛苦不堪。病情危重的患者是否进行救治，通过何种方法救治，应该由谁来决定？显然，一般意义上应该由患者本人做出选择，而不能由其他人越俎代庖地决定患者的生死。在患者具备完全行为能力、意识清醒的情况下，任何人（包括近亲属）不能代替患者行使决定权。但是，当患者没有行为能力，或者是限制行为能力人时，或者在其意识不清醒的状态下，例如对于年龄幼小的患儿、昏迷不醒的患者，决定权由谁行使？这是一个有待进一步探讨的问题。在实践中，通常由患者的家属行使这一权利，即便是医生，也对全力抢救与否几乎没有任何发言权。但是，患者家属真的能够完全代表患者的利益吗？特别是在医学上具有较大的治疗价值，家属却以医务人员已经尽力而病情无转机、不愿意无谓地延长患者的痛苦、医疗费用高昂而家庭无法承受等理由决定放弃治疗时，医疗机构应该如何决策？事实上，此种情况下应视为家属不能代表患者的根本利益，应该依据前面所述《侵权责任法》相关规定，由医疗机构负责人决定直接实施相应的医疗措施。

即便是患者本人所做的一切决定，是否需要医务人员无条件服从？答案也并非都是肯定的。有的患者患病多年，不想因为自己拖累家人，使家庭背上沉重的经济负担，提出拒绝治疗的请求，并不是他真实意思的表示，其实是无奈之举，担负着治病救人的神圣职责的医疗机构应该从人道主义出发予以救治，而不能坐视生命的陨落。还有的患者，多年备受疾病的折磨，在治愈无望的情况下，失去了活下去的勇气，要求放弃治疗，寻求通过"安乐死"的方式求得解脱。尽管不少学者主张，"没有生命质量和生命价值的生命存在已经不再是人的生命存在，失去了生命的意义，没有继续维持下去的必要"[①]，但是在伦理道德上仍然存在诸多争议，包括我国在内的绝大多数国家并没有认可安乐死现象的合法存在。患者在此类问题上也不能享有自主决定权。因此，在通常情况下，患者对于自身疾病的治疗享有自主决定权，但是这种权利又不是绝对的，必须受到一定的限制和约束。

高质量的护理权。病情危重的患者一般呈现出以下特征：病情严重，身体虚弱；病情变化较快，有时候在几分钟内即可能死亡；大多数人存在不同程度的意识障碍；一般都是卧床病人，需要无微不至的照料与关怀；一般都有体温、脉搏、呼吸或血压的变化，需要随时关注、密切关注；多有食欲不振或不能进食等现象。无论是由于患者的病情原因，还是出于人道主义考虑，都应该对病情危重患者进行高质量的护理，尽可能促进其实现康复，维护其做人的基本尊严。这是他们应该享有的一项基本权利。为此，在各医院的重症监护室（ICU），配备的护士与患者比例一般应该达到3∶1，才能保障患者得到高质量的护理。

对于病情危重患者的护理要点主要包括：（1）密切观察患者的生命体征与意识状态，做好详细记录。护理人员对患者的体温、脉搏、呼吸、血压等生命体征需要进行动态观察，每15～30分钟检测一次；同时还要加强心电监护、中心静脉压及末梢循环的观察，根据生命体征的变化、心电监护的情况、中心静脉压的数值及末梢循环的好坏程度及时采取必要的措施。此外，对心脏骤停的患者需要采取心、肺、脑复苏的手段。（2）保持呼吸道通畅，使昏迷患者头部侧向一边，经常用吸引器吸出呼吸道分泌物。正常人呼吸道分泌物可通过咳嗽排出体外，但昏迷患者因神志不清呼吸道分泌物不能顺利排出，时间一久这些分泌物就会积聚喉头而

---

① 曾志中：《论特殊患者的权利保护》，硕士学位论文，大连海事大学，2009。

引起呼吸困难或窒息。护理人员对昏迷患者应该尽量使其头部侧向一边，而且经常用吸引器吸出分泌物，还要注意大小便情况，有尿潴留者可按摩下腹部或使患者听流水声以助排尿，必要时可进行导尿。（3）加强生活护理，预防并发症。具体地说，对于危重患者应该做到：重视营养；做好口腔护理，保持口腔清洁；做好皮肤护理，预防发生褥疮；对于眼睑不能闭合的患者应涂红霉素眼药膏或盖凡士林纱布保护角膜；保持大小便通畅，如有异常及时处理。（4）注意安全，对意识丧失、谵妄、躁动的患者使用保护具防止摔伤。

当前，我国护理人员的数量严重不足，结构也不合理①，整体更年轻、工作年限更短。护理人员数量的不足，以及整体队伍的快速年轻化必然会带来临床经验不足、职业态度不够端正等一些问题，影响护理质量和安全，对医疗服务质量与水平不可避免地产生消极影响。为保障包括病情危重患者在内的广大患者权益，加强医疗护理队伍建设是当前各医疗机构面临的一项重要而紧迫的任务。

此外，病情危重的患者比较重要的权利还包括：享有资源平等权，即平等地获得优质医疗资源进行及时救治，不能因为所处社会地位、经济因素的不同而受到区别对待，这实际上是一般意义上的患者平等医疗权的具体体现；院内安全权，即患者有权要求医疗机构通过净化环境卫生、规范医疗行为、强化消毒环节等措施，避免疾病交叉感染现象的发生，确保患者的生命健康权不受威胁；被普通科室的接受权，即患者经过在 ICU 抢救与治疗，病情比较稳定后，有回到普通科室继续接受治疗与康复的权利，任何人不得以病情复杂、危险系数高等原因拒绝接受，这实际上是患者享有的治疗权的进一步延伸和体现，必须得到充分的尊重与保障。

---

① 2016 年 3 月 19 日，在华中科技大学举行的《中国医疗卫生事业发展报告 2015——中国公立医院改革与发展专题》成果发布显示，到 2014 年底，我国注册护士人数达到 300.4 万人，每千人口注册护士数达到 2.20 人，距离国际平均水平仍有较大差距，部分发达国家每千人口护士 25 人以上。发展报告指出，我国护士人员结构不合理，配置不均衡，护士年轻化趋势日益严重，2014 年医院 35 岁以上注册护士占比仅为 39.7%。

（二）职业病患者的权利

1. 职业病的界定

什么是职业病？简单讲，就是劳动者在从事职业活动过程中，因接触职业病因素而导致的疾病。[①] 在我国，职业病是指法定职业病，根据《中华人民共和国职业病防治法》的规定，职业病是指企业、事业单位和个体经济组织等用人单位的劳动者在职业活动中，因接触粉尘、放射性物质和其他有毒、有害物质等因素而引起的疾病。由此，职业病必须同时满足四个要件：第一，患病主体是企业、事业单位或个体经济组织的劳动者；第二，疾病产生于职业活动过程中的；第三，因接触职业病危害因素引起的疾病，包括粉尘、放射性物质和其他有毒、有害物质等；第四，必须属于《中华人民共和国职业病目录》中所列的疾病，具有一定的法定性。

本节所称职业病，包括狭义与广义之分，前者即指我国职业病防治法规定的职业病，后者的含义更加广泛，泛指劳动者在从事职业活动过程中，因接触有毒、有害物质而导致发生的疾病。当前，我国职业病的发生发展呈现出以下新特点：职业病高发由大中型企业向中小型企业转移，后者职业病防治经验较少，相关投资也不充分，成为职业病高发的"重灾区"；职业病发病主体由产业工人转向农民工，后者的职业卫生知识和法律意识相对缺乏，成为职业病危害的最大受害群体；新型职业病不断出现，"鼠标手""电脑脸"[②] 以及颈椎病、腰椎病等发病率逐年增加，反映出电脑普及背景下 IT 等新兴行业从业人员遭遇的问题与挑战。

2. 职业病患者的权利

职业病患者的权利就是职业病患者基于其职业身份，在预防、治疗相关疾病方面享有的人身、财产权利。这里的患者权利应作广义的解释，并

---

① 冯燕：《职业病患者的权利保障研究》，硕士学位论文，重庆医科大学，2012。
② 所谓"鼠标手"，又称为"腕管综合征"，是指由于长时间操作电脑鼠标，人体的正中神经以及进入手部的血管，在腕管处受到压迫所产生的症状，主要会导致食指和中指僵硬疼痛、麻木与拇指肌肉无力感。"电脑脸"是指，越来越多的现代人双颊松弛、颈部出现"火鸡纹"、额头与眼周长出皱纹，许多女性尤其明显，这是因为长期对着电脑形成的。

非仅仅限于劳动者患病之后享有的权利，还应该包括在此之前预防疾病发生、保护身心健康等各项权利。

2001年通过，经过2011年、2016年两次修订的我国《职业病防治法》规定，职业病患者享有以下权利。

职业卫生培训权。职业卫生培训是用人单位指导、帮助劳动者掌握基本的职业卫生知识，努力使其达到自身对职业危害的预防。劳动者只有在认清职业危害、掌握如何预防与控制职业疾病等方面的职业卫生知识后，才能够提高自我保护意识，增强预防疾病、维护健康的能力，保障个人的生命健康权。因而，参加职业卫生培训是劳动者的一项基本权利。《职业病防治法》规定：用人单位应当对劳动者进行上岗前的职业卫生培训和在岗期间的定期职业卫生培训，普及职业卫生知识，督促劳动者遵守职业病防治法律、法规、规章和操作规程，指导劳动者正确使用维护职业病防护设备和个人使用的职业病防护用品，发现职业病危害事故隐患应当及时报告。可见，参加职业卫生培训既是劳动者的权利，也是一项基本义务，是保障劳动者的生命与健康，保证企业生产劳动顺利进行的基本要求。

职业卫生知情权。知情权是指劳动者了解职业卫生的相关信息，从而尽可能避免职业病危害的权利，与生命健康权有着密切的必然的联系。职业卫生知情权的范围很广，主要包括劳动者有权获知将要从事的职业活动中可能产生的职业病危害及其后果、职业病防护措施和待遇等。《职业病防治法》对劳动者的知情权作了如下规定：其一，产生职业病危害的用人单位，应当在醒目位置设置公告栏，公布有关职业病防治的规章制度、操作规程、职业病危害事故应急救援措施和工作场所职业病危害因素检测结果。对产生严重职业病危害的作业岗位，应当在其醒目位置，设置警示标识和中文警示说明。警示说明应当载明产生职业病危害的种类、后果、预防以及应急救治措施等内容。其二，向用人单位提供可能产生职业病危害的设备的，应当提供中文说明书，并在设备的醒目位置设置警示标识和中文警示说明。警示说明应当载明设备性能、可能产生的职业病危害、安全操作和维护注意事项、职业病防护以及应急救治措施等内容。向用人单位提供可能产生职业病危害的化学品、放射性同位素和含有放射性物质的材料的，应当提供中文说明书。说明书应当载明产品特性、主要成分、存在的有害因素、可能产生的危害后果、安全使用注意事项、职业病防护以及应急救治措施等内容。产品包装应当有醒目的警示标识和中文警示说明。贮存上述材料的场所应当在规定的部位设置危险物品标识或者放射性警示标识。其三，用人单位与劳动者订立劳动合同（含聘用合同）时，应当将工作过程中可能产生的职业病危害及其后果、职业病防护措施和待遇等如实告知劳动者，并在劳动合同中写明，不得隐瞒或者欺骗。

职业健康权。这里的职业健康权是狭义的，广义的职业健康权几乎可以囊括《职业病防治法》规定的劳动者在职业工作中享有的所有权利，因为这些权利无一不最终指向保障劳动者的生命健康权。根据《职业病防治法》的规定，狭义的职业健康权主要包括：对从事接触职业病危害的作业的劳动者，用人单位应当按照国务院安全生产监督管理部门、卫生行政部门的规定组织上岗前、在岗期间和离岗时的职业健康检查，并将检查结果书面告知劳动者。职业健康检查费用由用人单位承担。用人单位不得安排未经上岗前职业健康检查的劳动者从事接触职业病危害的作业；不得安排有职业禁忌的劳动者从事其所禁忌的作业；对在职业健康检查中发现有与所从事的职业相关的健康损害的劳动者，应当调离原工作岗位，并妥善安置。发生或者可能发生急性职业病危害事故时，用人单位应当立即采取应急救援和控制措施，并及时报告所在地安全生产监督管理部门和有关部门。安全生产监督管理部门接到报告后，应当及时会同有关部门组织调查处理；必要时，可以采取临时控制措施。卫生行政部门应当组织做好医疗救治工作。对遭受或者可能遭受急性职业病危害的劳动者，用人单位应当及时组织救治、进行健康检查和医学观察，所需费用由用人单位承担。用人单位应当为劳动者建立职业健康监护档案，并按照规定的期限妥善保存。职业健康监护档案应当包括劳动者的职业史、职业病危害接触史、职业健康检查结果和职业病诊疗等有关个人健康资料。

获得诊治权。获得诊治权是指劳动者在进行职业劳动过程中，从医疗卫生机构得到诊断与治疗的权利，是保障职业病患者职业卫生健康权的重要手段。当劳动者被疑患有职业病时，用人单位应及时安排患者进行诊断与治疗。《职业病防治法》规定，劳动者可以在用人单位所在地、本人户籍所在地或者经常居住地依法承担职业病诊断的医疗卫生机构进行职业病诊断。承担职业病诊断的医疗卫生机构不得拒绝劳动者进行职业病诊断的要求。用人单位应当及时安排对疑似职业病病人进行诊断；在疑似职业病病人诊断或者医学观察期间，不得解除或者终止与其订立的劳动合同。疑似职业病病人在诊断、医学观察期间的费用，由用人单位承担。

社会保障权。社会保障权即确认患有职业病的患者有要求从保险公司、用人单位获得经济赔偿或从国家获得救助的权利，是职业病患者最为重要的权利之一，使职业病患者及其家人的经济利益得到一定的保障。根据《职业病防治法》的规定，职业病病人的诊疗、康复费用，伤残以及丧失劳动能力的职业病病人的社会保障，按照国家有关工伤保险的规定执行。职业病病人除依法享有工伤保险外，依照有关民事法律，尚有获得赔偿的权利的，有权向用人单位提出赔偿要求。劳动者被诊断患有职业病，但用人单位没有依法参加工伤保险的，其医疗和生活保障由该用人单位承担。职业病病人变动工作单位，其依法享有的待遇不变。用人单位已经不存在或者无法确认劳动关系的职业病病人，可以向地方人民政府民政部门申请医疗救助和生活等方面的救助。地方各级人民政府应当根据本地区的实际情况，采取其他措施，使前款规定的职业病病人获得医疗救治。

此外，劳动者还享有监督权，即对违反职业病防治法律、法规以及危及生命健康的行为提出批评、检举和控告；拒绝不当作业权，即拒绝违章指挥和强令进行没有职业病防护措施的作业；民主管理权，即参与用人单位职业卫生工作的民主管理，对职业病防治工作提出意见和建议；以及对职业病诊断、鉴定存在争议的，有申请仲裁或提起诉讼的权利。

3. 职业病患者权利保护的缺陷与完善

尽管《职业病防治法》奠定了职业病患者权利保护的基础，但是我国目前相关立法仍然存在不少问题，主要表现为以下两个方面。

一是关于职业病范围的规定明显较小，虽然新修订的《职业病防治法》将职业病的种类扩大到 10 类 132 种，但是日常生活中常见的一些因工作导致的慢性疾病，特别是近年来大量发生的疾病，如教师所患的"咽炎"、计算机操作人员所患的"颈椎病"、司机所患的"腰椎间盘突出"等疾病仍然不属于职业病目录范围，患病人员无法依据《职业病防治法》得到应有的保护。

二是用人单位与劳动者法治观念、权利意识淡薄，对于职业病预防缺乏足够的重视。部分用人单位为了实现经济利益的最大化，无视国家法律法规，投入严重不足，防护设施简陋，甚至公然违背安全管理制度施工，致使劳动者的生命健康权利遭遇威胁和侵害。对于广大劳动者来说，多数人员来自农村，文化水平较低，没有接受任何专业知识的培训，对职业安全卫生相关的法律法规及专业知识了解甚少，缺乏自我保护意识，缺乏识别和预防职业危害的基本常识。再加上大量的职业病对劳动者的影响是内在的，很少在外表显现出来，或者存在较长的潜伏期，在相当长的时间里没有明显症状，更加容易被忽视，不能引起社会的关注。因此，当前我国职业病一直处于高发期，甚至在一些地方、一些领域存在愈演愈烈之势。

加强职业病患者权利保护，重点需要做好以下工作。

首先，完善职业病认定程序，扩大职业病种类的范围及诊断认定。针对当前劳动者因工作造成的疾病很多并没有纳入职业病目录范围的实际状况，应该根据经济社会发展的实际，对职业病范围的界定持开放态度，在规定科学的认定程序的前提下适时扩大职业病种类的规定范围，将更多的劳动者纳入职业病患者的范围，使其权利得到更好的保护。

其次，完善职业病防治法律法规。必须建立完善的职业病防治的法律规范体系，实现规范化管理，维护劳动者权益。尤其是进一步完善相关职业病监管制度的法律法规，加强对工作场所职业卫生监督检查工作的力度，严厉查处职业危害事故和违法违规的行为。此外，还应该建立职业病防治责任追究制度，对严重违反《职业病防治法》、造成职业病危害后果的企业负责人要追究法律责任，情节严重、触犯刑法的移送司法部门追究刑事责任。

最后，提升相关主体的权利保障意识。用人单位是保障劳动者生命健康安全的主要责任人，因此在职业病防治工作中必须不断提高法治意识，认真落实安全施工的制度性规定，严格进行企业内部管理。对于劳动者而言，要大力加强法制宣传与权利教育，使他们树立起强烈的自我保护意识。为此，用人单位必须经常对劳动者开展培训与教育，其中培养与增强劳动者的法治观念、权利意识是不可或缺的重要组成部分。

需要指出的是，当前，有些人认为职业病预防主要是企业和个人的事，政府仅仅负责监管，如果用人单位没有发生严重的违法行为、没有发生大的安全事故，劳动者没有举报，政府就不应干涉，这是企业自主权的体现，也是市场经济的基本要求。[①] 这种认识是错误和有害的。随着社会经济的飞速发展，职业病患者的权利保障越来越为人们所关注。政府、社会以及用人单位必须多管齐下，特别是通过完善立法、加强执法、公正司法等途径，推动患者权利保护不断跃上新台阶。这是保障劳动者基本人权的基本理念，是企业顺利生产、健康发展的基本保证，是当今社会走向权利时代的必然要求。

（三）精神障碍患者的权利

1. "精神障碍"的界定

长期以来，我国关于"精神障碍"并没有一个统一的权威的称谓，相关患者通常被笼统地称为精神病人或精神疾病患者。在不同的医学文件与法律文件中称谓各不相同，由此导致了人们在理解上的混乱，也很难确定统一的标准，同时引发了很多争议。1992 年出版的《国际疾病分类手册》第十版（即 ICD—10 系统）中，建议不再使用"精神疾病"这一容易引起误解和争议的名词，而统一使用"精神障碍"[②]。2013 年 5 月 1 日开始实施的《精神卫生法》，使用了"精神障碍""严重精神障碍"两个概念，从而使这一疾病在称谓上实现了统一，结束了过去的混乱与纷争。

① 王宝菊：《职业病患者权利保护的误区与路径》，《中国社会保障》2013 年第 10 期。
② 胡泽卿等：《法医精神病学》，人民卫生出版社，2009，第 90 页。

精神障碍的内涵是什么，人们的理解也不一致。在临床上，精神障碍一词含义广泛，界限模糊，被笼统地界定为：大脑机能活动发生紊乱，导致认知、情感、行为和意志等精神活动不同程度的障碍。精神障碍程度较轻者，例如人格障碍及神经症同正常心理通常只有量的差别，而很少有质的不同。精神障碍程度较重者，常见的有：精神分裂症、躁狂抑郁性精神障碍、偏执性精神障碍及各种器质性病变伴发的精神障碍等。

我国《精神卫生法》对精神障碍做了区分，具体分为两种情形，在此基础上进行解读：本法所称精神障碍，是指由各种原因引起的感知、情感和思维等精神活动的紊乱或者异常，导致患者明显的心理痛苦或者社会适应等功能损害。本法所称严重精神障碍，是指疾病症状严重，导致患者社会适应等功能严重损害、对自身健康状况或者客观现实不能完整认识，或者不能处理自身事务的精神障碍。

2. 精神障碍患者的权利

精神障碍患者作为特殊的患者群体，理所当然地应该享有一般患者的各种权利，诸如平等医疗权、优质服务权、查阅与复制病历资料权、要求赔偿权、提起诉讼权等，但是也享有一般患者并不具备的特殊权利，或者所享有的某些权利具有特殊意义与重要性。

根据《精神卫生法》的规定，精神障碍患者的以下权利尤其需要引起重视，亟须得到充分的保障。

人身自由权。人身自由权是指每个自然人享有支配自身行为、意志等人格利益的权利，是公民的一项基本权利，有不可或缺性、不可取代性、法定性以及普遍性。但是，对于精神障碍患者，特别是严重的精神障碍患者来说，人身自由权却常常得不到应有的尊重，甚至会遭受肆意、粗暴的侵犯。在现实生活中，监护人出于各种目的，对精神障碍患者进行禁锢，对其捆绑肢体，关在潮湿、黑暗的屋中的现象时有发生。"一些无钱医治的患者家庭，常常将病人锁在家里，甚至赶出家门任其自生自灭。专家认为，'关'对精神病人的康复十分不利。"[1] 另外，监护人或利益关系人的

---

① 唐悦等：《对精神病患者要关注，不要关住》，《新华日报》2013 年 10 月 10 日。

强行送治也严重侵犯了精神障碍患者的人身自由权。大多数情况下，监护人或利益关系人带着关怀的心态将患者送医治疗，希望其能够得到系统性的医治，早日康复和回到家庭及社会。但是，有些患者可能病情并不严重，完全可以在社区、在生活中进行医治，却被强行送入医院。极个别情况下监护人或利益关系人基于某种不可告人的目的，将精神障碍患者强行送医，侵权性质就更加恶劣，后果也可能更加严重。部分医疗卫生机构不加鉴别、不区分是否患病以及病情轻重即随意收治，对患者进行监视隔离，更是对人身自由等权利的严重践踏。《精神卫生法》明文规定，任何组织或者个人不得非法限制精神障碍患者的人身自由，否则应当承担法律责任。禁止利用约束、隔离等保护性医疗措施惩罚精神障碍患者。

人格尊严权。人格尊严是指每一位社会成员应该享有的最基本社会地位及社会评价，应当受到社会和他人最起码的尊重。精神障碍患者作为一个人和社会的一分子，理应得到与一般人同等的对待。但是，在现实生活中，他们常常遭到歧视，甚至是人格侮辱。他们在很多情况下被视为"疯子"，遭到他人的异样眼光和言语行为的中伤。他们的名誉权常常受到侵害，他们的隐私权也往往得不到保障，其病历、身体缺陷、健康状况等隐私容易引起他人的好奇心，以及在周围人群中隐私信息的传播和泄露，给治疗及治愈后的生活带来极大困扰。对于以上的侵权情形，《精神卫生法》规定，精神障碍患者的人格尊严不受侵犯。有关单位和个人应当对精神障碍患者的姓名、肖像、住址、工作单位、病历资料以及其他可能推断出其身份的信息予以保密；但是，依法履行职责需要公开的除外。全社会应当尊重、理解、关爱精神障碍患者。任何组织或者个人不得歧视、侮辱、虐待精神障碍患者，新闻报道和文学艺术作品等不得含有歧视、侮辱精神障碍患者的内容。精神障碍的诊断、治疗，应当遵循维护患者合法权益、尊重患者人格尊严的原则，保障患者在现有条件下获得良好的精神卫生服务。

知情同意权。患者的知情同意权是指患者有权在获知有关病情、诊断结论、治疗内容、治疗效果以及如何进行康复训练等信息资料后同意治疗与否的权利。在精神卫生实践中，精神障碍患者的知情同意权很难得到充分的保障。最常见的是对精神障碍患者不区分病情程度而强行剥夺自主权，医生进行强制干涉，监护人对治疗的任意决定，以及利益关系人与医院的利益交易等。为保护患者的知情同意权，《精神卫生法》规定：精神障碍的诊断应当以精神健康状况为依据。除法律另有规定外，不得违背本人意志进行确定其是否患有精神障碍的医学检查。精神障碍的住院治疗实行自愿原则。医疗机构对精神障碍患者实施下列治疗措施，应当向患者或者其监护人告知医疗风险、替代医疗方案等情况，并取得患者的书面同意；无法取得患者意见的，应当取得其监护人的书面同意，并经本医疗机构伦理委员会批准：（1）导致人体器官丧失功能的外科手术；（2）与精神障碍治疗有关的实验性临床医疗。自愿住院治疗的精神障碍患者可以随时要求出院，医疗机构应当同意。当然，由于精神障碍患者是限制行为能力人或者无行为能力人，多数情况下由监护人代表患者做出决定，行使知情同意权。如果患者病情比较轻微，适合他本人亲自行使知情同意权的，监护人则无权代替他行使权利。

就业以及受教育权。由于精神障碍患者容易遭受歧视，无法获得正常的关爱和照顾以及精神障碍本身的外发性，随时会威胁周围人的安全。所以不论是学校或是学生的家人都不愿意接受精神障碍患者在校生活学习。而通常监护人为了避免麻烦，也常常将其困在家中。所以精神障碍患者的受教育权常常无法实现。[①] 同时，患者找工作也不可避免地遇到困难，就业权无法实现。对此，《精神卫生法》规定：县级以上地方人民政府及其有关部门应当采取有效措施，保证患有精神障碍的适龄儿童、少年接受义务教育，扶持有劳动能力的精神障碍患者从事力所能及的劳动，并为已经康复的人员提供就业服务。国家对安排精神障碍患者就业的用人单位依法给予税收优惠，并在生产、经营、技术、资金、物资、场地等方面给予扶持。

获得诊断、治疗及康复权。获得诊断、治疗以及康复，是所有患者最

---

① 刘英：《论精神障碍患者的权利保护》，硕士学位论文，西南政法大学，2013。

基本的权利，对于精神障碍患者而言，因为其自身的特殊性又具有特别重要的意义。《精神卫生法》规定：除个人自行到医疗机构进行精神障碍诊断外，疑似精神障碍患者的近亲属可以将其送往医疗机构进行精神障碍诊断。对查找不到近亲属的流浪乞讨疑似精神障碍患者，由当地民政等有关部门按照职责分工，帮助送往医疗机构进行精神障碍诊断。医疗机构接到送诊的疑似精神障碍患者，不得拒绝为其做出诊断。患者或者其监护人对需要住院治疗的诊断结论有异议，不同意对患者实施住院治疗的，可以要求再次诊断和鉴定。诊断结论、病情评估表明，就诊者为严重精神障碍患者并有下列情形之一的，应当对其实施住院治疗：（1）已经发生伤害自身的行为，或者有伤害自身的危险的；（2）已经发生危害他人安全的行为，或者有危害他人安全的危险的。医疗机构不得因就诊者是精神障碍患者，推诿或者拒绝为其治疗属于本医疗机构诊疗范围的其他疾病。社区康复机构应当为需要康复的精神障碍患者提供场所和条件，对患者进行生活自理能力和社会适应能力等方面的康复训练。医疗机构应当为在家居住的严重精神障碍患者提供精神科基本药物维持治疗，并为社区康复机构提供有关精神障碍康复的技术指导和支持。

获得社会救助权。由于精神障碍患者劳动能力缺失，而治疗疾病的费用高昂，常常使他们经济上陷入困难境地，生活上比较困难，甚至无力支付相应的医疗费用，他们有从社会获得救助的权利。《精神卫生法》规定：县级人民政府应当按照国家有关规定对家庭经济困难的严重精神障碍患者参加基本医疗保险给予资助。精神障碍患者通过基本医疗保险支付医疗费用后仍有困难，或者不能通过基本医疗保险支付医疗费用的，民政部门应当优先给予医疗救助。对符合城乡最低生活保障条件的严重精神障碍患者，民政部门应当会同有关部门及时将其纳入最低生活保障。对属于农村五保供养对象的严重精神障碍患者，以及城市中无劳动能力、无生活来源且无法定赡养、抚养、扶养义务人，或者其法定赡养、抚养、扶养义务人无赡养、抚养、扶养能力的严重精神障碍患者，民政部门应当按照国家有关规定予以供养、救助。前两款规定以外的严重精神障碍患者确有困难的，民政部门可以采取临时救助等措施，帮助其解决生活困难。

《精神卫生法》确认的精神障碍患者权利还有：申请鉴定权、免于劳动权、自愿出院权、通信与会客权、查阅与复制病历权等。

3. 《精神卫生法》的重要意义与不足

《精神卫生法》是我国历史上第一部专门保护精神障碍患者权利的法律，填补了精神卫生领域立法的空白，对于精神障碍患者权利的保护具有重要意义，主要表现在以下三方面。

第一，《精神卫生法》为我国规模庞大的精神障碍患者群体提供了法律保障。根据中华医学会一项调查显示，目前我国各类精神疾病患者已达1亿人以上。根据最新精神疾病流行病学调查，我国精神疾病总患病率高达15%，在疾病总负担中排名首位。[①] 随着我国经济的高速发展和社会压力的加剧，精神障碍患者人数将会进一步增加。面对这种严峻的形势，亟待一部《精神卫生法》为这一群体提供人道主义关怀和法律保障。

第二，《精神卫生法》中的精神障碍患者住院治疗自愿原则，有助于终结"被精神病"事件。一个时期以来，各地多次发生"被精神病"事件。有的地方官员为了"维稳"，竟然将性格倔强的越级上访者或"缠访"者强行送进精神病院，或者有的家庭成员为了争夺家庭财产将亲属送进精神病院。这些行为，是对基本人权的严重侵犯。《精神卫生法》明确规定，除法律另有规定外，不得违背本人意志进行确定其是否患有精神障碍的医学检查；同时，精神障碍的住院治疗实行自愿原则，有助于终结"被精神病"现象，维护公民的权益。

第三，《精神卫生法》彰显了以人为本的精神。《精神卫生法》把以人为本、保护弱者作为基本价值目标，在许多规定中得到体现。例如，在确定住院治疗自愿原则的同时规定了两种例外情况：已经发生伤害自身的行为，或者有伤害自身的危险的；已经发生危害他人安全的行为，或者有危害他人安全的危险的，有利于确保精神障碍患者不会对自己与他人造成伤害的。又如，《精神卫生法》还规定，有关部门应当组织医疗机构为严重精神障碍患者免费提供基本公共卫生服务，其医疗费用按照国家有关社

---

① http：//www. hinews. cn/news/system/2013/10/09/016109626. shtml/2017/01/05.

会保险的规定由基本医疗保险基金支付，仍有困难的或不能通过基本医疗保险支付医疗费用的，民政部门优先给予医疗救助，确保了家庭贫困患者得到及时治疗，闪烁着人性关怀的光辉。

但是，《精神卫生法》也存在一些问题与不足，中国精神病医疗使用者与幸存者网络（CNUSP）发布的《精神卫生法民间评分报告》曾经提出，法律存在七大不足，包括监护人权力过大、诉权缺乏保障、医生解释权过大、社工服务被忽略、心理服务被限制、支持性体系不足、歧视无法避免。[①] 其中最主要的是监护人作用仍然过大：疑似精神障碍患者的近亲属可以将其送往医疗机构进行精神障碍诊断，相关限制性规定过于粗疏，导致"被精神病"依然难以避免。而且，如何追究违法诊断和收治精神障碍患者的责任，怎样约束进行非自愿治疗的部门的权力，都需要进一步做出规定。此外，该法规定精神障碍患者的治疗主要在医疗机构内进行，忽视了社区的作用，实际上剥夺了大多数需要心理治疗服务的患者获得高质量心理治疗服务的权利。因此，修改与完善《精神卫生法》是当前一项重要的立法任务。

（四）艾滋病患者的权利

1. 关于艾滋病的简介

艾滋病的全称是"获得性免疫缺陷综合征"，即英文缩写 AIDS（Acquired Immune Deficiency Syndrome）的音译，是一种由人类免疫缺陷病毒 HIV（Human Immunodeficiency Virus）引起的危害极大的传染病。该病毒主要攻击人体免疫系统中最重要的 T 淋巴细胞，使人体逐步丧失免疫功能，进而容易感染各种疾病，患者病死率极高。

我国首例艾滋病病例于 1985 年被发现，自此艾滋病开始在我国扩散蔓延，如今已经从具有高危行为的特殊人群扩散到普通的社会民众，在人民群众的生命健康、经济发展与进步、社会稳定与和谐等方面给我国带来

---

① 李秋萌：《报告称精神卫生法存七大不足　勉强给其打 60.2 分》，《京华时报》2013 年 5 月 13 日。

了严重的负面影响。截至 2015 年 10 月底，全国报告存活的艾滋病病毒感染者和病人共计 57.5 万例，死亡 17.7 万人。① 而且，目前艾滋病的治疗还是一项世界性难题，虽然已经有很多药物可以用于艾滋病的治疗，但是多数情况下疗效并不显著，在根本上治愈似乎更是遥不可及。人们"谈艾色变"，对患者抱有恐惧、厌恶、歧视心理，甚至做出一些粗暴性伤害行为，在这种形势下需要改善艾滋病患者的生存条件和生活质量，特别是要保障患者平等地享有各种权利。

2. 艾滋病患者的权利

在这里，艾滋病患者的权利应该做广义的解释，包括艾滋病病毒感染者和艾滋病患者应该享有的各种权利。

根据 2006 年 3 月 1 日实施的《艾滋病防治条例》的规定，我国艾滋病患者及感染者享有以下权利。

平等权。任何单位和个人不得歧视艾滋病病毒感染者、艾滋病病人及其家属。艾滋病病毒感染者、艾滋病病人及其家属享有的婚姻、就业、就医、入学等合法权益受法律保护。

咨询、检测和治疗权。县级以上地方人民政府卫生主管部门指定的医疗卫生机构，应当按照国务院卫生主管部门会同国务院其他有关部门制定的艾滋病自愿咨询和检测办法，为自愿接受艾滋病咨询、检测的人员免费提供咨询和初筛检测。医疗卫生机构应当按照国务院卫生主管部门制定的预防艾滋病母婴传播技术指导方案的规定，对孕产妇提供艾滋病防治咨询和检测，对感染艾滋病病毒的孕产妇，提供预防艾滋病母婴传播的咨询、产前指导、阻断、治疗、产后访视、婴儿随访和检测等服务。医疗机构应当为艾滋病病毒感染者和艾滋病病人提供艾滋病防治咨询、诊断和治疗服务。医疗机构不得因就诊的患者是艾滋病病毒感染者或者艾滋病患者，推诿或者拒绝对其进行其他疾病治疗。

隐私保护权。未经本人或者其监护人同意，任何单位或者个人不得公

---

① 《2015 年中国艾滋病人数统计：57.5 万例新增 9.7 万病例》，《经济日报》2015 年 12 月 1 日。

开艾滋病病毒感染者、艾滋病病人及其家属的姓名、住址、工作单位、肖像、病史资料以及其他可能推断出其具体身份的信息。

知情权。对确诊的艾滋病病毒感染者和艾滋病患者，医疗卫生机构的工作人员应当将其感染或者发病的事实告知本人；本人为无行为能力人或者限制行为能力人的，应当告知其监护人。

劳动就业权。县级以上地方人民政府有关部门应当创造条件，扶持有劳动能力的艾滋病病毒感染者和艾滋病病人，从事力所能及的生产和工作。

获得救助权。县级以上人民政府应当采取下列艾滋病防治、救助措施：向农村艾滋病病人和城镇经济困难的艾滋病病人免费提供抗艾滋病病毒治疗药品；对农村和城镇经济困难的艾滋病病毒感染者、艾滋病患者适当减免抗机会性感染治疗药品的费用；向接受艾滋病咨询、检测的人员免费提供咨询和初筛检测；向感染艾滋病病毒的孕产妇免费提供预防艾滋病母婴传播的治疗和咨询。生活困难的艾滋病患者遗留的孤儿和感染艾滋病病毒的未成年人接受义务教育的，应当免收杂费、书本费；接受学前教育和高中阶段教育的，应当减免学费等相关费用。县级以上地方人民政府应当对生活困难并符合社会救助条件的艾滋病病毒感染者、艾滋病患者及其家属给予生活救助。

但是，由于艾滋病自身的传染性及后果的严重性、人们对疾病的误解与偏见等原因，艾滋病患者的权利很难得到完全有效的保护，甚至很多时候会遭到严重的侵犯。最常见的是，患者的平等权难以得到应有的保障。人们出于对艾滋病的恐惧，以及对疾病认识的片面性、不科学性，对艾滋病患者或者艾滋病感染者避之唯恐不及，同时产生了比较严重的歧视心理。具体包括就业歧视、上学歧视、就医歧视。

第一，就业歧视。社会上很多单位不愿意给予患者劳动的权利和机会，毫不留情地将其拒之于门外。例如，2016年公布的《公务员录用体检通用标准（试行）》把艾滋病抗体阳性者挡在了政府部门的大门外。社会上能够接受艾滋病感染者就业的各企业和单位也少之又少，即使有些法律赋予了艾滋病感染者某些就业权利，但当他们的隐私被公开后，单位会

以各种理由予以辞退。

第二，上学歧视。因母婴传播或者血液传播而感染艾滋病的孩子，没有学校愿意接收，孩子们眼巴巴地看着学校的大门而不得进入。广西《南国今报》报道，一名艾滋病孤儿入学后遭到学生家长联名抗议，学校只好拒绝接收这个孩子。① 在河南省固始县，一个孩子只是疑似艾滋病患者，村里和学校就不让他上学了。② 据专家估计，我国各地艾滋病病毒感染者中 14 岁以下儿童约有 8000 人，艾滋病儿童能否享受法律赋予的受教育权成为一个不得不正视的问题。

第三，就医歧视。很多艾滋病感染者或患者的就医权利得不到保证，被医院拒收的事件屡有发生——医生或者医院因为直接的歧视态度，或者间接地来自其他病患方面歧视的态度都造成了艾滋病感染者就医权利得不到保证。有研究表明，47.8% 的医务人员认为 HIV/AIDS 患者不能在普通医院做手术是应该的，而经过教育后也只下降到 40.9%。③ 曾经有一位天津的肺癌患者，因为在进行手术之前被检测出艾滋病阳性而被多次拒绝救治，无奈之下只好篡改了自己的病历资料才得以进行手术。④

此外，艾滋病感染者及患者还要面对社会上其他来自方方面面的歧视，遭遇各种各样的不公平对待，无法与别人处于同样的地位，享有平等的权利，甚至这些歧视和不公是来自邻里、亲戚和家人。

3. 加强对艾滋病患者权利的保护

首先，完善艾滋病患者权利保护的相关立法。目前，我国保护艾滋病患者权利的专门性法律文件《艾滋病防治条例》属于国务院制定的行政法规，权威性不强，效力不高，有待于上升为最高国家权力机关制定的"艾滋病防治法"。在内容上，应该规定合理的社会保障制度，加大对艾滋病救治的投入。大部分艾滋病患者经济状况窘迫，无力先行负担大量医

---

① 王茜：《"所有的阻力来自歧视"——艾滋儿童因社会歧视无法入学》，《南方周末》2011 年 9 月 27 日。

② http://tieba.baidu.com/p/3580368603/2017/01/05.

③ 汤文思：《我要活下去——一个艾滋病患者的生命感言》，中国青年出版社，2003，第 12 页。

④ 严谨、肖水源：《艾滋歧视研究进展》，《中国临床心理学杂志》2007 年第 1 期。

疗费用，尽管政府采取各种措施进行救助，但是总体上仍然不能使患者免于沉重的经济负担，难以保证他们得到及时、有效的治疗。加大投入是解决各种问题的基本前提与保障。对于某些医疗机构及其医务人员拒绝收治艾滋病患者、泄露患者的隐私以及其他侵害患者权益的行为，法律应该明确规定责任人应该承担的法律责任，对其进行相应的处罚。同时，通过法律规制，努力杜绝或减少社会上歧视艾滋病患者、侵犯其合法权益的现象。

其次，建立社区支持制度，鼓励非政府组织参与。社区支持可以为艾滋病患者提供生活援助、心理辅导、矫正行为、营造良好环境、开展知识培训。目前，艾滋病患者的社区支持工作缺乏规范指导和统一的制度。政府应当加大对社区服务的人财物投入，保证艾滋病患者社区支持的顺利实施，可以通过购买服务等形式，招募社会工作者、指导志愿者开展相关工作。此外，非政府组织以其灵活性、有效性、公益性在防治艾滋病工作中具有优势——由于直接面对基层，运作成本低，工作效率高，效果显著，同时因为其具有公益性，能够取得民众的信任，能够接触到政府难以接近的群体。而且，一些非政府组织的成员是由艾滋病患者或其亲属构成的，现身说法对其他艾滋病患者更有说服力。[①] 应当充分发挥他们的作用，才能真正打造对艾滋病群治群防的有利态势和稳固防线。

最后，塑造良好的防治艾滋病的社会文化环境。长期以来，我国对艾滋病防治的宣传教育，采取一种不科学的、恐吓或污名化的宣传策略，试图以此引起人们的重视与警觉，结果导致了人们对艾滋病患者的歧视、误解与偏见。在多数公众眼中，艾滋病患者大多有吸毒、不洁性行为（同性恋、卖淫嫖娼等），在社会上属于被道德贬斥的角色。因为内心的厌恶和恐惧，人们对艾滋病患者歧视和排斥，严重不利于艾滋病防治事业健康发展。政府部门应该加强政策方面的引导，更新传播和道德教育的内容，增加对艾滋病患者人文关怀的内容和报道，树立平等对待艾滋病患者的积

---

① 褚宸舸、范文伯：《中国艾滋病患者权利的法律歧视问题研究》，《云南大学学报》（法学版）2014 年第 4 期。

极、健康的社会文化观念，才能为有效防治艾滋病营造良好的社会氛围，奠定坚实的社会基础。

（五）未成年患者的权利

1. 未成年人的概念

未成年人是一个比较笼统的概念，是指因未届满成年年龄而欠缺法律行为能力或缔约能力的人。[①] 关于成年的年龄，世界各国的规定不尽相同，我国《未成年人保护法》明确规定："本法所称未成年人是指未满18周岁的公民。"

未成年人具有独特的生理特点和精神世界，生理和心理都还不够成熟，在自我保护、维权意识和能力上有很大的欠缺。根据民事行为能力的不同，《民法通则》将未成年人分为三种情况：一是不满10周岁的未成年人是无民事行为能力人，由他的法定代理人代理民事活动。二是10周岁以上的未成年人是限制民事行为能力人，可以进行与他的年龄、智力相适应的民事活动；其他民事活动由他的法定代理人代理，或者征得他的法定代理人的同意。三是16周岁以上不满18周岁的公民，以自己的劳动收入为主要生活来源的，视为完全民事行为能力人。笔者所说未成年人，主要是指前两种情形，即无民事行为能力人与限制民事行为能力人。

总的来说，在医患关系中患者处于弱者地位，而未成年人相较于成年人又属于弱势群体，因此未成年患者的权利尤其应该引起重视，需要得到格外的关注与尊重。

2. 未成年患者的权利

未成年患者一词由"未成年"与"患者"两部分组成，这里是指未满18周岁，接受医疗服务，处于医患关系中的无民事行为能力人或者限制民事行为能力人。

未成年患者的权利是医疗关系中未成年人应该享有的各种权利，也可以说是未成年人基本权利在医疗关系这个特殊领域中的具体化。未成年人

---

① 杨赛：《我国未成年患者的权利及其保障研究》，硕士学位论文，重庆医科大学，2009。

基于患者身份，自然享有与成年患者相同的权利，诸如平等医疗权、人格尊严权、获得优质服务权、知情同意权、自主医疗权、个人隐私权、人身与财产安全权、医疗文书查阅与复制权等。但是，由于未成年人在生理、心理、智力与能力等方面的特殊性，他们所享有的这些权利又带有自身的特点，在行使权利过程中也存在一些特有的问题。尤其以下几种权利需要引起高度的重视。

平等医疗权。平等医疗权是指每个患者，不分性别、职业、民族、种族、宗教、阶级、党派、社会地位，在医疗资源的占有与使用上一律平等，绝不允许任何特权患者优先占用医疗资源，也不允许歧视某些患者现象的发生。相对于成年人，未成年患者身体抵抗力与免疫力低下，依靠自身力量战胜病魔比较困难，一旦患病，危险系数高、风险大，平等地享有医疗资源和得到及时、有效的治疗显得尤为重要。由于我国医疗卫生资源分配的不均衡，特别是西部与东部、农村与城市卫生资源分配存在巨大差别①，不同地区的未成年人根本无法享有平等医疗权。2016 年 11 月 3 日，国家统计局发布的《中国儿童发展纲要（2011—2020 年）》中期统计监测报告显示：2015 年，全国城市婴儿死亡率仅为 4.7‰，农村婴儿死亡率为 9.6‰，农村高于城市 1 倍多。5 岁以下儿童死亡率城市为 5.8‰，农村为 12.9‰，农村高于城市 1.2 倍。② 报告显示的数据足以表明，享有平等医疗权对于未成年人的极端重要性。

生命健康权。生命健康权是指人们对自己的生命安全、身体组织器官完整以及身体的生理机能和心理状态的健康所享有的权利，是一个人最基本、最重要的人格权。对于一个患者来说，生命健康权是指其身体遭受伤害之后，有获得救治、维持生命与身体健康的权利。现实生活中，未成年患者生命健康权遭受侵犯的一个突出表现是弃婴现象的大量发生。多数情况下，这些被抛弃的婴儿身上带有不同程度的缺陷或患有这样那样的疾病，被抛弃后健康状况会进一步恶化，生命遭受严重威胁，是对生命健康

---

① 《2014 年中国卫生年鉴》显示，2012 年全国共有三级甲等医院 1079 家，而东部共有 854 家，占了全国三甲医院的 79%。

② 陈炜伟、张兴军：《全国婴儿死亡率降至 8.1‰》，《中国妇女报》2016 年 11 月 4 日。

权的肆意侵犯。此外，某些未成年患者身患疑难重病，治愈前景渺茫，或者加之受到经济原因的困扰，医疗机构及其家人不负责任的放弃治疗，坐视生命的陨落，也是一种不负责任的行为，侵犯了未成年患者的生命健康权。

知情同意权。患者的知情同意权是指患者了解自己所患病情、治疗措施、预后效果等情况，同意采取一定的治疗措施、实施某种治疗方案的权利。未成年患者属于无民事行为能力人或限制行为能力人，智力状况、理解能力以及知识经验的缺乏决定了他们无法独立行使知情同意权，通常需要依靠监护人来实施。但是，事实上未成年人并非一概无法认知自己的病情，至少部分患者在一定程度上可以理解和接受。如果不加辨别地将未成年患者所有的知情同意权完全交给监护人行使，而忽视患者自身的存在，在一定意义上实际上是一种侵权行为。未成年患者知情同意权的缺失主要表现为：部分医务人员根深蒂固的观念意识使其漠视未成年患者的知情同意权；医务人员主观转移患者知情同意权，致使告知主体错位；医务人员未能从未成年患者的角度充分履行告知义务。台湾地区著名法学家黄丁全指出："须视有无理解同意之内容的能力以为断，即有理解同意之内容、意义和效果之能力，不须限于成年人"，"有无同意能力应个别就其具体情况，对同意内容能否理解与判断而为决定，殊不能以患者为未成年人或精神病患，即一概谓其无同意能力"。[①] 因此，如何行使未成年患者知情同意权，必须根据个案的具体情况来分析，不能机械套用民法中关于民事行为能力的规定，一概而论地交给监护人行使。

个人隐私权。个人隐私权是指社会成员享有的私人生活信息依法受到保护，不被他人非法侵扰、知悉、搜集、利用和公开的一种人格权。任何人都应该享有个人隐私权，未成年人自然也不例外。由于未成年人在生理和心理上的不成熟、不完善，对保护个人隐私缺乏足够的意识与能力，因而更需给予特别的保护。"未成年人的年幼及智力等因素只会影响其行使隐私权的行为能力，这不仅不应成为其享有隐私权的障碍，反而更应当对

---

① 黄丁全：《医事法》，中国政法大学出版社，2003，第 270 页。

未成年人隐私给予特别保护"。① 但是，在传统观念中，似乎"小孩"的隐私并不重要，对于生理缺陷、隐私部位以及疾病史等方面，医务人员常常不能像对待成年患者那样给予严格的保护，有些监护人也缺乏强烈的保护意识和严密的保护措施。甚至，有的未成年患者治疗某些疑难疾病的经历被作为广告到处宣传，成为某些医疗机构推销营利的手段，丝毫不顾忌对患者隐私权的侵犯问题。

3. 加强未成年患者权利保护的措施

首先，政府加大投入，特别是增强对广大农村与西部地区未成年患者治疗的支持。政府应该在未成年患者权利保护中起主导作用，其中一个方面就是增加投入，加大资金支出力度。特别是在医疗卫生条件落后的农村与西部地区，通过兴办更多的医疗机构、扩大现有医疗机构规模、培养更多医疗人才、提高医疗服务水平等措施，尽快改善医疗条件，为广大人民群众提供尽可能高质量、高水平的服务。尤其是要加大对儿科医生的培养，从根本上解决儿科医生数量不足、质量不高等问题，从根本上奠定未成年患者权利保护的基础，确保每一名患者平等地得到救治。

其次，完善法律法规，加大对侵犯未成年患者权益行为的惩罚力度。针对医疗实践与现实生活中侵犯未成年患者权益的现象，需要进一步完善法律法规，堵住权利保护中的漏洞，对侵权行为严加惩处。特别是有待于制定与完善患者权利法，对未成年患者各项权利需要做出专门性规定。其中，对于侵犯未成年患者生命健康权、个人隐私权等权利的行为，应该严格禁止；对于未成年患者如何行使知情同意权，需要进一步规范与完善。在法律制度保驾护航下，使未成年患者权利更好地得以实现。

再次，开展宣传教育，提升社会对未成年患者权利保护的意识。鉴于传统观念中忽视未成年患者权利保护的现象，需要通过电视、报纸、网络等媒体大力宣传未成年患者权利保护的重要性，介绍相关的权利保护知识，不断强化人们的权利观念与法治意识，在全社会形成尊重权利、保护权利的良好风气。对于医学生与医务工作人员，也需要加强卫生法制与医

---

① 周巍：《未成年人隐私权的民法保护》，硕士学位论文，湖南大学，2007。

学伦理教育，提高他们的综合素质，使其充分认识到未成年患者权利保护的重要意义，树立科学的行医观念，从而奠定权利保护的思想基础。

最后，进行医德医风建设，落实对未成年患者权利的保护。保护未成年患者的权利，医务人员扮演着最主要的角色，应该发挥最为主要的作用。除了需要加强宣传教育、在全体医务人员中树立保护未成年患者权利的意识以外，还应该大力加强医德医风建设，通过建立、完善医疗工作制度与工作机制，采取激励与约束措施，大幅度提升医务人员的医学人文素养，使重视权利、尊重权利、保护权利蔚成风气，在工作作风上为实现与保护未成年患者权利提供有力保障。

第二编　患者权利的多维审视

第六章
患者权利是一种道德权利

自古以来，人与人之间的关系首先是伦理意义上的，依靠伦理道德原则与规范来调整。在人类社会产生之初，法律尚未出现，道德与习惯成为调整社会关系、维系权利义务的主要手段。后来，即便有了国家与法律，道德依然是重要的存在，它既是制定法律规范、保证法律正当性的依据，也是法律实施的有力奥援与重要补充。在这个意义上，人们的权利必然表现为一种道德权利。医患关系在本质上首先是一种道德关系，患者权利的确认与维护离不开伦理道德的支撑，从而属于道德权利的范畴。从伦理道德维度探讨患者权利问题，有其理论合理性与现实重要性。

一 道德权利概论

在传统的中国道德文化中，几乎看不到权利范畴的存在，对义务的重视与强调遍及所有的领域，讲道德就意味着责任与牺牲，形成了色彩鲜明的义务本位主义。直到 20 世纪 80 年代，受西方国家哲学与伦理思想文化的影响，我国学术界开始确认道德权利的存在，并逐渐成为一种主流观点。"在社会主义市场经济不断发展完善和构建社会主义和谐社会的新形势下，随着人们权利意识的觉醒和增强，道德权利问题逐渐成为研究和探讨的热点"。①

（一）道德权利的定义

20 世纪 80 年代中期，道德权利问题开始进入我国伦理学界研究的视

---

① 杨义芹：《道德权利问题研究三十年》，《河北学刊》2010 年第 5 期。

野。最早是 1984 年《哲学研究》杂志发表了中国社会科学院程立显的一篇文章《试论道德权利》，揭开了我国道德权利问题研究和争论的序幕。文中指出：我们可以把社会权利大体上区分为道德权利、法律权利（由法律所规定的权利，首先是政治权利）、宗教权利（由宗教教义或戒规赋予其教徒的权利）等三大类别。所谓道德权利，系指人们在道德生活——社会生活的最为广泛的方面——中应当享有的社会权利；具体地说，就是由一定的道德体系所赋予人们的，并通过道德手段（主要是道德评价和社会舆论的力量）加以保障的实行某些道德行为的权利。① 这是关于道德权利概念内涵最早的界定之一。

之后，学者们纷纷发表文章，对道德权利的内涵进行解读，推动相关研究不断走向深入。张开诚教授结合自己多年的研究成果，认为道德权利就是依据道德应该得到的东西，是作为道德主体的人应享有的道德自由、利益和对待。2002 年上海辞书出版社出版的由著名伦理学家朱贻庭主编的《伦理学大辞典》也收录了道德权利这一词条，指出："道德权利，现代西方伦理学和经济伦理学术语。与法律权利不同，通常指由道德体系所赋予的，由相应的义务为保障的主体应得的正当权利。它独立于法律权利而存在，形成批判或确证法律权利的基础。"② 此外，余涌认为："道德权利是道德主体者基于一定的道德原则、道德理想而享有的能使其利益得到维护的地位、自由和要求。"③ 丁媛媛认为："道德权利指的就是道德主体依据道德所应享有的人格、尊严和某种资格、利益或主张。"④ 许冬玲则把道德权利定义为"道德权利主体在社会生活中基于人而应当平等享有的，并应由道德来伸张和保障的地位、自由和要求"⑤。

本书认为，以上各种界说确认了道德权利存在的合理性，对于道德权利内涵或进行初步阐释，或从某一角度进行了比较深入的解读。然而，其

---

① 程立显：《试论道德权利》，《哲学研究》1984 年第 8 期。
② 时统君：《道德权利问题研究三十年》，《理论界》2011 年第 6 期。
③ 余涌：《道德权利研究》，中央编译出版社，2001。
④ 丁媛媛：《道德权利浅析》，《哈尔滨市委党校学报》2005 年第 2 期。
⑤ 许冬玲：《论公益伦理主张的权利——兼论道德权利的含义》，《伦理学研究》2008 年第 4 期。

中也存在一些不足与缺憾。因为，与法律具有一元性、统一性的特征不同，任何国家或社会不同的阶级、阶层、社会集团都有自己的利益需要，并由此建构起各自的道德体系，尤其是在阶级社会，道德具有鲜明的阶级属性，对于同一行为善与恶、道德与不道德的评价存在较大差距。一个社会群体视为自身当仁不让的正当权益，可能遭到另一社会群体的强烈抵制与反对；一种道德理念所拥趸的权利观，可能与另一种道德原则、道德主张背道而驰。因而，将道德权利笼统地界定为"依据道德应该得到""由道德体系所赋予"有失严谨，有些似是而非；主张该权利"由一定的道德体系所赋予""基于一定的道德原则、道德理想而享有"，也显得语焉不详。在这种情形下，美国学者庞德提出的"当一项主张可能为共同体的一般道德感所承认并为道德舆论所支持，这时我们称它为一项道德权利"[①]，给我们以深深的启发。本书对道德权利概念解读为：每位社会成员作为一个人，基于生存与发展等人的本性需求，根据社会公众普遍认同的道德理念、原则与规范应该享有的权利。这些权利依靠伦理道德享有，并主要依靠道德力量得以伸张与维系。在现实语境中，道德权利常常表现为弱势群体理应享有的诸多权利，例如在公交车上老人、孕妇享有他人让座的权利，身处困境的人享有从社会获得帮助的权利，疾病患者在医院享有获得平等对待以及优质服务的权利等。

（二）道德权利存在的正当性

一直以来，人们否认道德权利的存在，即便到 20 世纪 80 年代，我国部分学者仍然认为道德权利不是一个科学的伦理学范畴。比较有代表性的是，马尽举先生认为：道德发展的历史和现实没有提供道德权利存在的根据；道德的实行并不依赖于道德权利；所谓道德体系中义务与权利相对应的说法，缺乏事实根据和理论根据。"道德权利论在理论上和实践上都有一定的危害"。[②] 历史发展到今天，道德权利存在的正当性与合理性越来

---

① 〔美〕庞德：《通过法律的社会控制法律的任务》，商务印书馆，2010，第42页。

② 马尽举：《道德权利不是科学的伦理学范畴》，《河南大学学报》（哲学社会科学版）1989 年第 3 期。

越被人们所认识。

首先，道德权利存在的正当性，归根结底来源于道德作为调整社会关系的一种重要手段，最基本的功能是尊重与维护人们的正当权益，促进社会和谐与稳定。如果否认权利，道德就丧失了存在的依据——没有权利的区分，就没有道德调节的可能；没有权利的冲突，就没有道德调节的必要；没有对人们权利的尊重和维护，就不能维持基本的社会道德秩序；没有权利的区别和界定，也就无法理解利己、互利、利他等道德范畴。[①] 在这个意义上，道德范畴与道德理论自从产生之日起，本身就暗含着对权利的认可、尊重与保护，权利是道德体系建构的基本前提与不可或缺的重要组成部分。从历史维度看，原始社会时期，权利与义务并无明确的区分，原始人同一行为往往既表现为权利，又表现为义务。由于法律尚未出现，这些权利或义务依靠习惯与道德的力量得以实现，称之为习惯权利与道德权利。进入阶级社会后，在漫长的历史发展过程中，统治阶级利益主要通过法律形式予以保障，他们的权利成为法律权利，被统治阶级的权利则主要依赖于道德力量来维系，表现为道德权利。当历史发展到今天，正如罗尔斯和诺齐克的正义理论所揭示的，公平与正义是调整人际关系的基本准则。公平与正义所表征的是对权利义务的合理分配，能否实现取决于人们是否承认、尊重他人的权利并自觉履行自己的义务。确认每个人拥有人之所以为人应该享有的各种权利，即平等的道德权利，成为当代社会发展的必然要求。

道德权利存在的合理性与正当性还表现在，一个社会的权利体系应当具有普遍的伦理本质，其核心或奠基性的环节乃是道德权利的存在。如前所述，现代社会任何一种正当权利都具有普遍的伦理本质。以法律权利为例，由于道德在逻辑上优于法律，法律本身的合理性根据需要从道德中去寻找，道德权利成为法律权利的来源与基础。离开了道德权利，任何法律权利都只能是空中楼阁，不接地气而缺乏合理依据。所以，康德的法哲学建立在他的伦理学基础之上，提出权利（这里指法律权利）体现和保障

---

① 魏长领：《道德权利的特点探析》，《中州学刊》2013 年第 2 期。

先验理性（以道德权利为核心），法律权利应该是先验权利或"自由"的社会化、对象化，政治或实在法应当依据最高伦理原则或道德法则为人们实际划定其各自权利的范围和界限。米尔恩在评论道德与法律的关系时指出："一项要求服从法律的法律将是无意义的，它必然以它竭力创设的那种东西的存在为先决条件，这种东西就是服从法律的一般义务。这种义务必须，也有必要是道德的。"① 这段话同样说明了道德权利的重要性：道德是法律的基础与源头，人们只有出于对道德权利的尊重和对道德良知的谨守而立法、守法时，法律的正当性才得以体现。

（三）道德权利的特征

在社会生活实践中，虽然人们的权利表现为政治权利、经济权利和文化权利等方面，但它首先是一种道德权利——得到道义上的支持与维护的权利。然而，道德权利作为人们应该享有的一种基本权利，却长期以来遭受忽视，很少引起人们的关注，以至于"权利"几乎成了法律权利的同义语。导致这一现象的原因是多方面的，其中十分重要的一点是与道德权利的特征密切相关。

道德权利的特征就是道德权利相较于其他种类的权利（主要是法律权利）而言具有的一些特殊性，主要表现在以下几个方面。

1. 产生的自发性与多元性

现实生活中的一切权利，都是依靠一定的原则与规范来确认和保障的，其产生的方式及特征不可避免地受到这些原则、规范的制约与影响，体现它们的特性与要求。法律集中反映了统治阶级的利益，由专门的国家机关制定和认可，主要以具体、明确的条文形式而存在，相关内容的规定十分清晰而严格；道德规范则是不同社会地位、不同利益诉求的人们基于生存、发展等需要，在社会生活中约定俗成的各种规定，在形式上缺乏刚性与确定性，在内容上也比较原则、抽象、模糊。

---

① 〔英〕米尔恩：《人的权利与人的多样性——人权哲学》，夏勇、张志铭译，中国大百科全书出版社，1996，第148页。

因此，道德权利的产生也具有自发性特点。道德主体应该享有什么权利，权利的内容有哪些，权利保护的重要意义以及应该如何得到保护，都是在人们长期的社会生活实践经验中自发地形成的。"就道德主体而言，个体道德观的形成，不是外在强制力的结果，而是其社会经验的积累，对人生目的、人生价值体悟的结果"。① 这一点与法律权利存在的区别是显而易见的，"假设法律通过某年某月某日起公民有权利做某某事情，那么，一项法律权利便告成立，这项权利的内容、界定、由何种机构来负责保护等都是具体而明确的。但我们很难设想能有某种机构或通过某种程序宣布自某年某月某日起人有做某某行为的道德权利，因为道德意识的变化、新的道德规范的形成不可能像改变或确立某种法律规范那样借助某种'权威'或'程序'"。②

道德权利还是一种多元性的存在。法律权利，即由国家法律确认与保障的个人权利，它的产生实际上是统治阶级通过国家政权机关确立或认可的产物，一个完整主权的国家不可能允许多个相互矛盾的法律规范体系的存在，因而法律权利只能是一个完整、统一的法律规范体系的产物，无可置疑地具有一元化特点。但是，道德权利建立在一定的道德理念与道德规范基础之上。道德是人们在长期的共同生活中基于维护或创造共同生存和发展条件的必要性所形成的共识，实际上是一定社会共同体的人们对其共同利益和共同生活条件的确认。不同地域以及在经济社会中处于不同地位的人群，在意志与利益上必然存在差异，所提出与倡导的道德规范、道德要求也会存在较大的不同，道德利益不同或者对立的人们会提出不同的或者对立的道德观。尤其是进入阶级社会以后，随着人类群体的分化和利益根本对立的阶级关系的形成，道德的分化明显，不同社会集团、不同阶级之间形成了区别鲜明的道德标准。除此之外，道德领域的价值认同，还与人们的兴趣爱好、社会经验、家庭背景、生活环境紧密相关，带有很大的主体性特征。因而，不同的规范体系决定了道德权利的内容、种类与要求

---

① 魏长领：《道德权利的特点探析》，《中州学刊》2013 年第 1 期。
② 余涌：《道德权利研究》，中央编译出版社，2001，第 60 页。

也是多种多样的，道德权利展现出多元性特征是一个合乎逻辑的结果。

2. 权利与义务的非直接对应性

马克思指出"没有无义务的权利，也没有无权利的义务"，表明权利与义务是一对不可分割、相互对应的范畴，权利与义务中的任何一方都无法离开对方而存在。但是，在道德关系与法律关系中，权利与义务的对应性存在明显的不同。在法律关系中，特别是私法领域，权利与义务之间的对应性是一目了然的：人们尽了某种义务，就相应地享有一定的权利；或者享有某种权利，就必须相应地履行一定的义务。例如，消费者有从商家获得某种商品或享受一定服务的权利，同时有义务支付相应数额的金钱作为购买这些商品或服务的对价，两者是一一对应的关系。但是，在道德关系中，权利与义务的对应性并不明显。对于具体的行为主体来说，并不都是直接的对应关系，而往往表现为间接的隐性的对应关系。美国著名伦理学家弗兰克纳曾经指出："一般说来，权利和义务是相关的。如果说 X 对 Y 有一种权利，那么，Y 对 X 就有一种义务。但我们已经看到，反过来却不一定正确，Y 应对 X 仁慈，而很难讲 X 有要求这一点的权利。"[①] 比如，一个人不仅孝敬自己的父母，而且还孝敬别人的父母，每个月都给别人的父母以经济援助，这是一种善举，但这并不构成别人的父母对行为者的权利，当行为者一旦停止了对别人的父母的经济援助，别人的父母没有要求行为者继续经济援助的权利，更不享有指责或控告对方不作为的权利。再比如，两人在公交车上，按照先来后到的规则得到座位的一个人为另一个人让座，并不成为对方要求让座者必须让座的权利，更不能因为不让座就对其施以惩罚。[②] 可见，道德领域的权利与义务关系绝非像在法律领域那样，直接表现为一一对应的关系，双方之间的关系似乎显得那么疏离，那么缺乏关联性。

但是，需要指出的是，有的学者因此主张道德领域权利与义务之间不存在对应关系，并试图以前面两个例子作为支持其主张的理由，并不妥

---

① 〔美〕弗兰克纳：《伦理学》，关键译，三联书店，1987，第 123 页。
② 魏长领：《道德权利的特点探析》，《中州学刊》2013 年第 1 期。

当，缺乏严谨性与合理性。"没有无义务的权利，也没有无权利的义务"的论断适用于一切权利义务关系，也包括道德权利与道德义务之间。因为，道德权利与道德义务在逻辑上相伴相生，是一个事物的两个方面。所有道德义务的内容与要求都指向尊重、维护某种权利，失去道德权利，道德义务就会缺乏存在的依据；所有道德权利都必须依靠履行一定的义务才能得以实现，离开道德义务，道德权利就是虚无缥缈的镜中花、水中月。道德领域的权利与义务没有严整的对应性——如生活实践中的慷慨和施惠，表现为施惠人的一种道德义务，却没有人可以拥有提出这样要求的道德权利，仅仅对于某一具体道德主体而言具有合理性。具体的个人没有要求他人慷慨或施惠于自己的道德权利，而对于一般意义上的整个人类来说，却拥有这种权利或资格。就上述两个事例而论，别人的父母没有要求行为者提供经济援助的权利，但却享有从整个社会获得物质帮助的权利，而社会正是由一个个单个的人组成的；年老或体衰的乘客很难说有权利要求哪一位具体的乘客给自己让座，但是依据道德原则却拥有从所有年轻力壮的乘客那里得到座位的权利。否则，道德价值与功能如何体现出来？道德的意义何在？彰显与维护每一个人的正当权益，闪烁着人性的光芒，这正是道德存在的价值与意义。

3. 实现方式的非强制性

一种权利的实际价值与意义大小，在很大程度上取决于它在多大程度上得到人们的重视与尊重，以及它的实现程度。法律权利普遍引起人们的重视，具有较高的权威与效力，是因为它由法律确认，而法律由国家制定和认可并依靠国家强制力——军队、警察、法庭、监狱等行使强行约束、制裁、管理、调整的力量来保障实施。如果有人胆敢以身试法，为了一己之私利而侵害他人的由法律所确认与保护的正当权益，必然会受到法律的严惩，导致其人身权利与财产权利必然会受到实实在在的减损。于是，人们对法律望而生畏，通常情况下对法律权利抱有敬畏之心，从而保证了它在一般情况下能够得到较好的保护与实现。所以，依靠法律调整医患关系，保障患者权利，越来越成为世界各国的一种潮流与趋势。

与法律权利不同，"道德权利主要是一种无形的、非程序化的精神力量，它深藏于人的品性、意向之中"①，实现手段也无强制性可言。因为，道德权利的实现主要依靠道德力量，而道德功能的发挥需要依靠社会舆论、传统习惯、内心信念等途径与方式，这三种途径与方式均不带有强制性色彩。具体而言，社会舆论是公众对某种社会现象、事件和行为的看法与态度，它通过对符合主流价值观的行为进行支持与褒扬、对违背主流价值观的行为进行否定与抨击，从而起到维护或矫正的作用，由此促进人们道德权利的实现与保障。传统习俗是人们从历史上沿袭下来的对某种或某一问题的惯例和常识性看法，它是对人们行为进行道德评价的最初、最起码的标准，自觉不自觉地对人们的行为产生影响，包括维护符合一般道德标准的各种权利，促进它的实现与保护。内心信念是指人们在实践中形成的对于道德义务的真诚信仰和强烈的责任感，是一个人对自己行为进行善恶评价的精神力量，它主要是作为道德评价的重要方式在维护主流价值目标、保障人们的权利方面发挥作用。有些时候，道德力量固然可能强大到可以置人于死地的程度，例如"人言可畏，众口铄金"，但是总的来看，由于实现手段没有强制性，当某些人没有了羞耻感，丧失了良心，在道德谴责面前感到无所谓时，人们的正当权利（道德权利）就陷入了危险境地。所以，道德常常显示出一种无力感，致使道德权利保护的效力大打折扣。

4. 实践生活中的易忽视性

在实践生活中，道德权利容易被忽视，远没有法律权利地位崇高，除了它的实现手段没有强制性，道德缺乏较高的权威与效力之外，至少还有以下两个方面的原因：一是道德权利的弱确定性。"道德权利的确定不如法律权利那样明确，在既定的社会生活条件下，法律权利由立法机关以法律的形式予以确认，有关该权利的内容、权利的边界、权利的保护、侵权的防范与处罚、权利的救济及寻求救济的机构都是明确而具体的。相反，道德权利的调整标准或准则是模糊的，虽然也具有规范性，但这种规范性

---

① 林心雨：《浅析道德权利的本质》，《宁德师专学报》（哲学社会科学版）2004 年第 1 期。

很弱，它甚至不是文本的而是存在于人们的意识和生活经验之中"。① 这种弱确定性使得人们对于道德权利认识不够清楚，难以引起高度的关注。二是"道德权利很多时候显得'微不足道'，容易被'忽略不计'。患者的道德权利，例如：享有优质服务权（获得医务人员热情、微笑、耐心、细致的高质量服务等），对医院、医务人员相关信息知情权，人身与财产安全保障权，对医务人员监督、建议、批评权等权利，相对于平等医疗权、危急病人获得急救权等法律权利而言，重要性似乎相形见绌，常常得不到应有的重视"②。

（四）道德权利的内容

道德权利指依靠道德力量确认与保障的个人权利的统称，对于它在内容上包括哪些具体的权利，在学术界一直存在较大争议。当前，学者们比较认可的是李建华提出的"四要素说"，即认为道德权利包括行为自由权、人格平等权、公正评价权及请求报答权四个要素，或者在此基础上稍微做了一些修改。但是，无论如何，该观点不失为目前比较有权威性的观点，本书在此基础上开展探讨。

第一，行为自由权，也即行为选择的自由权，是指道德主体面对不同的道德体系，有权依照自己的意愿做出取舍，依照一定的价值目标与价值准则确定自己的行为。"全部伦理学问题都起源于人的自由。假如人本来没有自由，人的活动就只是盲目遵循自然规律和行为规范的活动"③。在道德意义上，任何人作为具有能动性、独立性的行为主体，有资格在多种可能性中根据自己的需要、信仰和理想而不是屈从于外力做出选择，决定自己的生活方式、行为方式，实现自身的德行和价值追求。当然，这种自由权的行使不可能是绝对的，只能在不是面临人们强制性道德义务的时候所进行的行为选择。博登海默提出："在道德价值的这一等级体系中，我

---

① 余广俊：《论道德权利与法律权利》，《山东社会科学》2009 年第 10 期。
② 王晓波、张新华：《医患关系失和与患者道德权利保护》，《医学与哲学》2013 年第 2 期。
③ 赵汀阳：《论可能生活》，中国人民大学出版社，2010，第 107 页。

们可以区分出两类要求和原则。第一类包括社会有序化的要求，它们对于有效地履行一个有组织的社会必须应付的任务来讲，被认为是必不可少的、必需的或十分合乎需要的。避免暴力和伤害、忠实地履行协议、调整家庭关系，也许还有对群体的某种程度的效忠，均属于这类基本要求。"①显然，避免暴力和伤害现象发生、诚实守信地履行协议、对家庭承担一定的责任与义务以及对群体的某种程度的效忠等，都是具有强制性要求的道德或法律义务，行为人是没有自由选择权的，或者说他的自由选择必须受到一定的限制。

第二，人格平等权。著名的美国《独立宣言》提出"人人生而平等，造物者赋予他们若干不可剥夺的权利"，旗帜鲜明地表明了对平等权的肯定与强调，其中也暗含着尊重与保障人格的平等。所谓人格，就是人之为人的资格，在内容上包括一个人做人的尊严、价值和品质等方面的总和，是一个人在一定社会中的地位和作用的统一体现。人格平等权是每一个道德主体，因其作为人所拥有的平等人格和高贵尊严，以及平等地受到他人和社会尊重的权利。具体来说，就是任何人，不管其地位高低、能力大小、财产多少、职业尊卑以及民族、种族、家庭出身、宗教信仰等因素如何，在人格上完全平等，不存在高低贵贱之分。西方国家自从启蒙运动以来，确立了"天赋人权"的理念，提出人们基于上帝的赋予而平等地享有人格权。在今天的西方社会，这种观念可以说已经深入人心。在我国古代社会，也不乏人格平等的文化资源，例如：孔子讲的"己所不欲，勿施于人"（《礼记·中庸》），"己欲立而立人，己欲达而达人"（《论语·雍也》），在一定程度上体现了人格平等的精神，墨子讲的"无大小国，皆天之邑也；人无幼长贵贱，皆天之臣也"（《墨子·法仪》）也包含着人格平等的意蕴，但是，总的来说，等级森严的中国封建社会不可能真正孕育出"人人平等"理念，人格平等在现实生活中的实现存在种种障碍，例如，儒家思想突出两种相反的人格即君子人格与小人人格的差别，人格歧视现象屡见不鲜。

这种传统文化一直影响到今天，致使道德主体在历史和现实的原因影

---

① 〔美〕博登海默：《法理学——法哲学及其方法》，华夏出版社，1987，第316页。

响下，人格平等权往往得不到维护，比较突出的表现：一是在某些道德关系中缺乏人格平等色彩，妇女、老人、残疾人等弱势群体遭受歧视现象突出。例如，不少用人单位拒绝或限制招收女性职工，有的单位对招录对象提出身高、相貌等不合理的限制性要求。甚至，某单位发生男子因相貌遭歧视年终奖被缩水的咄咄怪事。① 二是传统的单向尊重模式，缺乏双向互动的人格平等。例如在领导与下属之间，常常只有下属尊重领导；在老师与学生之间，少数老师对学生缺乏足够的尊重；在医务人员与患者之间，更多的是患者尊重医务人员，后者在态度上远不如前者热情和恭敬。至于有些人因为掌握权势或较多财富等资源（所谓"官二代""富二代"等）而把自己凌驾于别人之上，炫耀自己、蔑视他人的现象更是经常见诸报端。所以，在当前实现人格平等仍然任重而道远。

第三，公正评价权。该权利是指道德主体在做出某种道德行为以后，依据道德准则与要求获得社会和他人对其行为进行公正评价的权利。这里的评价是道德评价，即人们在社会生活中，依据一定社会或阶级的道德规范准则体系，对自己或他人的行为所做的善或恶、正或邪、道德或不道德的价值判断，以达到"褒善贬恶""扬善抑恶"的目的。例如人们对助人为乐的行为给予支持和赞扬；对损人利己的行为给予谴责就是一种道德评价。② 获得公正的道德评价具有重要意义。对于道德主体个人而言，履行某种道德义务是出于自我奉献的精神，并不一定是为了求得什么回报。但是，从社会和他人的角度而言，则应当对其道德行为给予肯定和褒奖，对尽了道德义务的人做出客观、公正的评价。只有这样，道德主体才会因为行为的高尚动机和社会的公正评价而产生崇高感、自豪感，产生被尊重的愉悦和自身的价值得以实现的满足。相反，如果道德主体在履行道德义务后，得不到积极的评价和认可，就会出现权利与义务相脱离的现象，既是对行为人的不公，挫伤他的积极性，也严重不利于社会道德建设。

在我国现实生活中，近些年来道德滑坡是不争的事实，导致了道德主体

---

① http：//news.qq.com/a/20150213/024541.htm/20170110.
② 周蓉：《论道德权利》，硕士学位论文，中南大学，2003。

常常难以得到公正评价。2013 年 6 月 15 日，家住四川达州城区的一位老婆婆摔倒在地后，声称是三个小朋友撞倒了她，还一度住进其中一个小孩的家里"讨说法"，声称"如不赔偿就不离开"。事实上，三个孩子当时是去搀扶老人却被诬陷。在事情发生后，孩子们在心理上受到了伤害，在社会上也产生了十分恶劣的影响。其实，近年来类似的事件已经发生过多次①，折射出我国道德建设面临的困境，反映出道德主体"好心没好报""英雄流血又流泪"的尴尬境地。道德评价的不公必然反过来挫伤人们做好人好事的积极性，影响良好社会道德面貌的形成，严重破坏道德建设。2011 年 10 月 13 日，在广东佛山市，两岁的女孩小悦悦被汽车撞到碾压，连续 18 名路人从她的身旁路过却没人施以援手，反映了许多人"事不关己高高挂起"的不良心态和世态炎凉的悲哀，而生活中的"小悦悦"又岂止一个两个？可见，在今天的中国，道德主体获得公正评价权的实现具有极其重要的现实意义。

第四，请求报答权。自古以来，在中国传统文化中一直宣扬见义勇为、施恩不图报，以此作为一个人具有的值得褒扬的美德和节操。这也似乎已经成为伦理学领域的一项重要特征，即所谓道德权利和道德义务没有明显的对应性，并被视为道德权利与法律权利的重要区别。但是，这是否意味着要求得到报偿一概都是错误的？只有一味地无私奉献，没有任何的个人索取才值得肯定？面对复杂的现实生活，答案应该是否定的。一方面，履行道德义务的人不应该以获得报偿作为前提条件，也并非一律享有请求报答的权利。比如，见义勇为是不能以获得报偿为前提的，带有鲜明的义务论特点，而且如果将获得相应或较大的报偿作为见义勇为的先决条件的话，就会使得见义勇为成为不可能。又比如，帮助一个萍水相逢且丧失行为能力的孤寡老人，或者为救别人很可能连接受报偿的条件——自己的生命都牺牲掉，在这些情况下，报偿至多是作为一种渺茫的可能性存在。② 如果行为主体都以获得报偿作为见义勇为必要的先决条件，那么很多见义勇为行为就不会发生，或者不可能发生了。另一方面，履行道德义

---

① 2014 年 7 月 23 日，北京《法制晚报》披露了 5 年来发生的 16 起见义勇为被诬陷事件。
② 魏长领：《道德权利基本内涵探析》，《郑州大学学报》（哲学社会科学版）2013 年第 1 期。

务不求回报，并不意味着行为人完全没有理由要求社会和受益者给予褒奖或报答，特别是当行为人在履行道德义务过程中遭受较大损害而受益人完全具备报答的条件时更是如此。比如，行为人为抢救落水儿童而献出了生命，其家人有权利要求获救儿童的父母给予一定的补偿，这既是法律中对待无因管理行为做出的明确规定，也符合"常怀感恩心，知恩图报""滴水之恩，当以涌泉相报"的传统美德。如果完全否认行为人有要求受益者和社会予以适当补偿的权利，势必导致"英雄流血又流泪"的道德悲剧，甚至成为某些忘恩负义者冠冕堂皇的借口，对个人的道德热情是重大的伤害，对社会道德建设带来严重的负面影响。

当然，道德权利范畴在内容上十分广泛，其涵盖决不限于以上四种权利。只要是每位社会成员作为一个人，基于生存与发展等人的本性需求，根据社会公众普遍认同的道德理念、原则与规范应该享有的权利，就属于道德权利范畴。

二 患者权利是一种道德权利

患者权利是患者作为一个人基于生存与发展的需要应该享有的各种权利，彰显着伦理道德的精神，通过道德力量得到体现与保障，首先表现为一种道德权利。患者的道德权利，即伦理学意义上的患者权利，是指根据社会公众普遍认同的道德原则与规范，患者在接受诊疗过程中应该享有的各种权利的总称。认清患者权利的道德属性，是厘清患者权利保护中的各种问题、建构和谐医患关系的基本前提，是医疗机构处理医患关系的基本出发点。

（一）伦理道德对患者权利的保护

李霁先生指出，一种理想的状态是：一切医学行为在医生的道德义务感支配下实施，尊重了患者所有的道德权利①，说明患者道德权利实现与

---

① 李霁等：《患者权利运动的伦理审视》，《中国医学伦理学》2007 年第 6 期。

保护的重要意义，也显示了伦理道德在患者权利保护中的重要作用。

医学领域的伦理道德主要是医学伦理，即医务工作者在职业工作中应该遵守的伦理原则与规范，它对于患者权利保护的作用主要表现为以下三个方面。

一是医学伦理彰显患者的正当权利，反映患者的利益诉求，规范医务人员的行为方式。医学伦理是随着医疗行业的出现而形成的规范医务人员行为的规则，主要任务与目标是要求医务人员最大限度地维护患者的生命健康利益，尽可能地为患者提供优质服务。无论是我国古代的医学名著《黄帝内经》提出的"人命关天，不可粗枝大叶"、《备急千金要方》提出的"大医精诚"、《外科正宗·医家五戒十要》提出医德规范的若干要求，还是古代西方医德名著《希波克拉底誓言》提出的医生应该以遵守"为病家谋利益"为信条、阿拉伯著名医德文献"迈蒙尼提斯祷文"提出的医生应该"无分爱与憎，不问富与贫，凡诸疾病者，一视如同仁"，还是今天我国医学生誓言提出的"竭尽全力除人类之疾痛，助健康之完美"，无不强调了患者的根本权益，对医务人员提出了严格的要求。如果说法律是现代人类社会人们主要的行为规范，伦理道德则自古以来就是医学领域最基本的行为规则要求。

今天，随着现代科学技术的不断进步，许多既往无法解决的医学难题均得到解决或出现了可被攻克的可能，给我们带来了福音，但是也带来了许多困惑：哪些新兴的技术可以应用，哪些超前的成果可以实施，哪些高端的手术可以开展，有赖于道德与法律做出回答。由于法律的滞后性，不适合在条件尚未成熟时做出统一的刚性的规定，伦理道德成为科研人员以及医务工作者应该遵守的首要的行为规范。这些规范的主要内容无不以尊重患者权利、保障患者利益为基本精神，也就是说，医学伦理在高端的前沿性医疗技术运用中扮演着捍卫患者权利的角色，是患者权益的保护神。

二是医学伦理提升医务人员的职业道德，铸造医务人员的综合素质，提高医疗服务的质量与水平。实现与保护患者权利的责任主体主要是医疗机构及其工作人员，他们的职业道德素养与人文素质如何直接关乎医疗服务的水平、质量以及患者权利的实现程度。医学伦理建设是提升医务人员职业道德与人文素质的关键，是实现与保护患者权利的重要举措。长期以来，我国医患关系一直处于紧张状态，很大程度上就是由于部分医疗机构及其医务人员职业道德低下，严重侵害患者的正当权益。例如，过度医疗现象严重侵害了患者的经济利益，一直受到全社会尤其是患者及家属的诟病，通常是由于三方面的原因造成：（1）医疗机构为了发展业务、增加收入或者医务人员为了获得更多的报酬；（2）医务人员为了防止漏诊或误诊，希望借助于医疗仪器设备的作用，避免医疗事故的发生；（3）部分医生诊断思维水平存在下降趋势，越来越多地依赖于各种医疗仪器设备的作用。其中，医生职业道德问题扮演的角色不容忽视——唯利是图、敷衍塞责等现象导致社会公众的极度不满。又如，由于医疗资源分配不均衡、优质资源稀缺等原因，也因为某些医务人员责任感不强，他们只满足于诊治的数量，而忽视诊治的质量，更忽略了沟通的价值，对于患者所患疾病是什么、疾病能否治好、手术怎么做、手术可能会出现的意外等问题，缺乏充分的告知。某一省级三甲医院胸外科主任医师，对于趋之若鹜的就诊者，总是三句话："诊断明确吗（是不是肿瘤）？要不要开刀？等床！"[1] 其中存在的问题也是不言而喻的，患者权利得不到充分的尊重，也埋下了医患冲突的隐患。一些发达国家的情况要好得多。例如，在日本，医生巡视病房就像亲友探视一样与患者沟通，观察病情和了解情绪，同时也非常礼貌地问候家属，与之沟通、求得配合。医护人员给患者做任何一项医疗处置，都要事先做出解释，处处体现出对患者的关爱与尊重[2]，医患关系和谐而美好。

三是医学伦理作为法律的奥援，保障患者权利免受侵害。20 世纪末以来，依靠法律保护患者权利成为世界各国的普遍做法，患者权利越来越表现为一种法律权利形式而存在。而且，由于法律以国家强制力做后盾，具有较高的权威与效力，的确可以较好地承担起维护患者权益的重任。但

---

① 顾掌生：《半个月 5 起医患冲突，我们还能怎么办？》，http://dxy.com/column/8206，2016 - 12 - 15/2017 - 01 - 20。

② 顾竹影：《日本医院人性化管理的启示》，《中国医院》2005 年第 10 期。

是，这绝不意味着伦理道德在患者权利保护方面所扮演的角色无足轻重，甚至被视为无所作为。无论中国还是外国，在维护患者权利、建构和谐医患关系方面，医学伦理都是法律的重要补充，作为法律调节的强有力奥援。因为，法律存在的弊端与局限性是显而易见的，具体包括：法律具有保守性与抽象性，法律的作用存在盲点，立法不够完备等。而且，法律调整范围比较有限，远不如道德广泛。很多问题不适于通过法律规定的方式做出统一的规定与要求，或者是法律无法对其进行规范与调整，寻求道德调整方式就是不二的和理想的选择。

就患者权利的实现与保护而言，对患者至关重要的许多权利，诸如医务人员生活方式上的良性引导、言语上的和蔼与委婉、动作上的轻柔与呵护、心理上的安慰与暗示等，单纯依靠法律的规定根本无法得到体现与保障。如果过多地强调患者权利法律化还会导致医务人员道德义务与责任感降低。① 因此，加强医学伦理建设，提升医务人员道德素质及人文执业能力是弥补制度性规定之不足、促进患者道德权利实现的重要保障。首先，医疗机构应该开展行之有效的医德医风教育，大力培养医务人员职业道德品质；加强医学人文素质教育，树立"以人为本"思想，提高人文医学执业技能等。多年来，由于科学主义思想的泛滥，医德教育与人文医学素质教育长期被忽视，是导致医疗侵权与医患纠纷发生的重要原因——绝大多数患者是否满意并不在于医务人员医术水平有多高，而是看他们对患者是否抱着深切的同情，是否怀有足够的耐心，是否尽了最大的努力。此外，还应该通过建立健全考核与评价机制、患者反馈机制、监督与奖惩机制，提升医务人员的素质与能力，确保服务的质量，奠定患者权利实现的坚实基础。

（二）患者权利作为道德权利的体现

患者权利是一种道德权利，首先在于伦理道德是最基本的医疗行为规范，患者权利依靠道德得以实现与维护。自从有了医疗行业，从业者无不

---

① 李霁、张怀承：《患者权利运动的伦理审视》，《中国医学伦理学》2007 年第 6 期。

以救死扶伤、防病治病的道德原则为基本宗旨，患者权利保障无不以医务人员的道德与良心作为最基本的维系手段。在古代西方国家，《希波克拉底誓言》等著名文献对医疗工作者提出了十分严格的道德要求，希波克拉底、盖伦、迈蒙尼提斯等人是践行医德医风的表率。在我国古代社会，"医者仁心""医乃仁术"一直是医学的基本命题，历代医者依靠医学伦理道德规范自己的行为，名垂青史的大医、名医更是践行医学伦理道德的典范。扁鹊、张仲景、华佗、董奉、孙思邈、李时珍等人悬壶济世、仁爱救人的事迹至今仍然传为佳话。时至今日，医学伦理的重要性更加受到认可。1969 年，世界医学大会形成的《日内瓦宣言》对医务人员提出："我将用我的良心和尊严来行使我的职业"，在这个意义上，医患关系是依靠医德意识与医德规范维系的一种特殊社会关系，即道德关系。此外，医疗工作的职业特征也决定了伦理道德对患者权利保护的重要性。医患双方对信息的占有严重不对称，患者往往对于医学知识一窍不通，疾病治疗方案的确定、治疗方法与手段的选择，甚至治疗费用的高低完全由医务人员掌控，患者只能被动地接受医生的安排。唯有医务人员具备高水平的职业道德修养，才能胜任"生命所系、健康所托"的神圣职责。而且，患者的康复，离不开医患之间情感的交流、心与心的互动，需要医务人员精神的慰藉、情绪的稳定、人格的尊重，必须依靠医务人员具备较高水准的道德素养与人文素质来实现。正是基于伦理道德在患者权利实现与保护中的重要作用，患者权利表现为一种依靠道德力量维系的权利，即道德权利。

具体而言，患者权利是道德权利，表现为两种情形。

一是狭义上的患者道德权利，主要指在医疗实践中患者依据医学伦理原则、规范应该享有而尚未得到法律保障的权利。常见的患者道德权利有：平等医疗权、优质服务权、知情同意权、避免过度医疗权、安全保障权以及监督、建议、批评权等。这一类患者权利具有两个显著的特点。

其一，符合医学伦理的基本原则与精神，得到医学伦理规范的支持与维护。无论是平等地接受医疗服务、获得优质医疗服务，还是避免过度医疗、人身与财产获得安全保障，还是患者了解自己的病情并做出相应的决定，以及对于医疗服务提出批评与建议，都是患者基于生存与发展的需要应该享有的权利。医学伦理的基本宗旨就是捍卫患者作为一个人应该享有的尊严与权利，要求医务人员最大限度地为患者提供优质服务，对医务人员的行为提供指导与进行约束。正是由于符合医学伦理的原则与精神，患者权利的实现与保护才有正当性、合理性，患者权利才能作为一种道德权利得到支持与保障。康德曾经说过，世界上有两种东西，我们愈是思索就愈是有加无已的赞美：一个是头上的灿烂星空，一个是心中的道德法则。患者道德权利因为得到医学伦理道德的支持而美好，理应得到关注与尊重。

其二，患者道德权利尚未得到法律的保障。这是道德权利与法律权利最重要而明显的区别所在。尽管法律具有较高的权威与效力，是保护患者权利最为行之有效的手段，但是，如上所述，由于法律自身的局限性，对患者至关重要的许多权利无法依靠法律得到体现与保障，这些权利只能作为道德权利而存在，依靠道德力量维护与保障。例如，获得优质服务权是患者应该享有的一项基本权利，但是应该如何界定优质服务的内涵，什么样的服务才算是优质服务，很难以具体、明确的法律条文形式做出规定。如1984年日本的《患者权利宣言》，尽管规定了患者享有接受最佳医疗的权利，但是也未能对此做出详细的解释。单纯地依靠法律保障这一权利是不切实际的。有的患者权利，尽管法律明确予以确认，但是同时限定了这些权利存在的具体范围，只有在某些活动范围内才得到法律的保护。例如，我国《执业医师法》《侵权责任法》等法律法规确认了患者在接受手术治疗、实验性临床治疗、特殊检查与特殊治疗时的知情与同意权，而在其他情况下，包括对于常规性的治疗措施却没有规定患者的知情同意权。也就是说，患者对于了解常规性医疗服务等其他信息并同意接受服务的权利，并未得到法律的认可与保护，仍然属于道德权利的范畴。在法律缺席的情况下，道德自然而然地挑起了捍卫患者权利的重担。

二是广义上的患者道德权利，既包括狭义的患者道德权利，又包括法律已经认可与得到保障的患者权利。当前我国伦理学界有为数众多的学者研究道德权利问题，涌现出大量的学术论文与著作，而研究患者道德权利的学者却似乎寥若晨星，相关论著也似乎凤毛麟角。从研究成果来看，并没有将患者的道德权利与法律权利进行明确的区分，而是常常混为一谈。

例如孙慕义主编的《医学伦理学》（高等教育出版社 2004 年版）将患者权利归纳为：平等医疗权、疾病认知权、知情同意权、保守个人秘密权、监督医疗过程权、医疗赔偿权、免除一定的社会责任和义务权；袁俊平等人主编的《医学伦理学》（科学出版社 2012 年版）提出患者权利包括：生命健康权、医疗保障权、疾病认知权、知情同意权、隐私保护权、医疗服务选择权等。显然，这些患者权利一方面符合医学伦理的原则与精神，得到道德的支持与维护，属于道德权利的范畴；另一方面，患者的保守个人秘密权、医疗赔偿权、免除一定的社会责任和义务权、生命健康权、医疗保障权等权利早已得到法律的确认和保障，从而转化为法律权利。也就是说，对于学界列举的许多患者道德权利来说，同时也是法律权利，它们兼有道德权利与法律权利的双重身份。

实际上，这里的患者权利就是广义的患者道德权利。首先，根据社会公众普遍认同的道德原则与规范，患者应该拥有这些权利，它们毫无疑问地属于道德权利范畴。这一点与狭义的患者道德权利并没有丝毫的不同。其次，许多患者权利除了得到道德力量的支持，更主要是依靠法律手段进行保护，因而也属于法律权利，与狭义的患者道德权利存在显著的差异。但是，无论如何，我们可以称这些权利为广义的患者道德权利。这是由道德权利与法律权利共同的价值目标所决定的。无论何种正当权利，都必然蕴含了符合社会历史发展方向的一般趋势和价值诉求，是社会成员主体身份的价值确证与人格尊严的体现。具体到患者道德权利与法律权利的关系上，法律本身的合理性根据只有从道德中去寻找。任何一种患者法律权利都不可能是空中楼阁，而是必须建立在医学伦理基础之上，或者说是以法律形式规定的患者道德权利——基于法律具有较高的权威与效力，为更好地保护患者权利，将部分道德权利转化为法律权利。在这个意义上，患者的若干法律权利也是道德权利，属于广义的患者道德权利。

（三）患者权利保护是一个从依靠道德到依赖法律的过程

自从有了人类，就有了疾病与伤亡。俗话说，人吃五谷杂粮哪有不生病的，在自然条件恶劣的原始社会更是如此。此外，在进行生产劳动，同自然界相抗争，以及部落与氏族间的争斗过程中，疾病与伤亡难以避免。于是，患者也就不可避免地成为一种存在。患者权利也相伴而生，尽管在原始人那里权利与义务并无明确的区分，同一行为往往既表现为权利，又表现为义务。那个时候，由于法律尚未出现，人们的权利或义务依靠习惯与道德的力量得以实现，因而称之为习惯权利与道德权利。进入阶级社会后，统治阶级利益主要通过法律形式予以保障，他们的权利成为法律权利，被统治阶级的权利则主要依赖于道德力量来维系，表现为道德权利。但是，直到近代社会以前，伦理道德一直是调整医患关系、维护患者权利的主要手段，法律没有扮演重要角色，患者权利仍然主要表现为一种道德权利。

需要指出的是，在近代社会以前，无论中国与外国，人们对患者权利的认识比较模糊，对于权利的保护处于自发状态，或许是影响对患者权利进行法律保护的重要原因。人们所津津乐道、大加褒扬的是历代名医的高尚医德，希波克拉底、盖伦、张仲景、华佗、孙思邈等人在各自的国家名垂青史。同时，一大批医德高尚、医术精湛的大医、名医也纷纷涌现出来，严于律己地依靠自己的职业良心与高尚节操行医立世、治病救人。例如，孙思邈强调医生对患者须有"大慈恻隐之心，誓愿普救含灵之苦"；明代著名医生龚廷贤认为医生应该"一存人心，乃是良箴"；盖伦认为："作为医生，不可能一方面赚钱，一方面从事伟大的艺术——医学"；古印度医生妙闻指出，医生要有一切必要的知识，要洁身自好，要使患者信赖，并尽一切力量为患者服务；18世纪德国著名的医生胡弗兰德《医德十二箴》提出："医生活着不是为自己，而是为了别人，不要追求名誉和个人利益，而要用忘我的工作来救治别人，救死扶伤，治病救人。"在这样的背景下，似乎维护患者权益只是医务人员的事情，却与患者本人无关。直到18世纪末法国大革命时期，由于医疗机构十分恶劣的条件引起了患者与社会的强烈不满，革命政府做出保护患者权利的规定，明确要求保护穷人的就医权，提出每张病床只能睡一名患者，且两张病床之间要间隔90厘米，在欧洲各国得到了响应，掀起了声势浩大的患者权利运动。英、法等国还制定法律，要求"医疗要郑重、凡事要患者同意、保守患者秘密"，患者权利从此实现了由道德权利向法律权利的转变。20世纪六七十年代，发生了肇始于美国而迅速波及全世界其他国家的患者权利运动，对患者权利的保护发展到了一个全新的历史阶段。许多国家制定了专门的患者权利法，通过立法保护患者权利成为世界各国医疗卫生事业发展的普遍做法与成功经验。由此，患者权利被割裂为道德权利与法律权利。由于法律具有较高的权威性和具有强制性，人们习惯于更多地关注作为"硬权利"的患者法律权利而忽视常常作为"软权利"的道德权利，甚至将法律权利视为患者权利的全部内容，在二者之间画上等号。同时，患者权利又不可能都以法律权利的形式而存在。现代社会完整意义上的患者权利，"既有法律学的意义，更有伦理学的意义……在患者权利中，还有相当一部分属于道德权利，如知情同意权、拒绝治疗的权利等。这一部分缺乏足够的法律保护，但却得到伦理学辩护"。①

三　保护患者道德权利的价值与意义

"在20世纪80年代中期以前，道德权利问题几乎未被纳入我国政治学、伦理学和法社会学研究的范畴；从80年代中期开始，道德权利问题才逐渐受到伦理学界的关注。"② 今天，人们越来越认识到："道德权利渗透人类社会生活的各个方面，贯彻人类社会的始终"，"道德的基础是对人们正当权利的尊重和维护"，"没有对人们权利的尊重和维护，就不能维持基本的社会道德"。③ 对于患者的道德权利而言，即便到了今天似乎也未能引起人们的充分关注。在许多人眼中，患者权利就是患者法律权利的代名词，患者道德权利并不存在，或者仅仅是一种无足轻重、可有可无的权利。事实上，患者道德权利是道德权利的特殊形式，唯有充分认知与高度重视患者道德权利的价值与意义，广大医疗机构及其工作人员才能实

---

① 孙慕义：《医学伦理学》，高等教育出版社，2005，第67页。
② 陈玲、征汉年：《道德权利基本问题研究》，《西南交通大学学报》（社会科学版）2006年第5期。
③ 时统君：《道德权利问题研究三十年》，《理论界》2011年第6期。

现"医乃仁术"的回归，才能真正践行"治病救人、救死扶伤"的医疗宗旨。

具体而言，患者道德权利的重要价值与意义主要表现在以下三个方面。

第一，患者的道德权利是患者权利的重要内容，是基本人权的重要体现。

没有法律，权利依然存在，这是一个无可辩驳的客观事实。因此，法律权利只是权利的一种形式，除此之外，还有道德权利和习惯权利，这一点当然适用于医疗工作领域。当代社会的法律功能空前强大，医患关系在法律的调整下呈现法律关系的特征，患者权利因为受到法律的确认与保护，越来越多地成为法律权利。但是由于医患关系千变万化、纷繁复杂，一个国家的法律制度再详备，也不能做到事无巨细，囊括无遗，致使法律不可能完全取代道德的作用，患者权利不可能完全成为法律权利。尤其是由于法律具有严谨、保守、规范性等特征，决定了具体的法律规范难以与医务人员的行为表现实现完全对接，许多患者权利，诸如患者在治疗过程中的人格尊严权、获得优质服务权、对疾病及相关信息的知情同意权、避免过度医疗权等权利，无法依靠法律得到最大限度的保护，而是只能表现为道德权利形式，依靠道德力量得以维系。而且，尽管改革开放以来，我国初步建立起一套自己的卫生法律法规体系，为患者权利的实现与保护奠定了基础，但是总的来说当前相关法律制度依然不够健全，特别是缺乏一部全面、系统地保护患者权利的专门性法律，在调整医患关系、保护患者权利方面的功能大打折扣。当法律力有不逮之时，诉之于道德便是理想的选择，由此为道德作用的发挥提供了更大空间，使大量的患者权利作为道德权利形式存在。

患者权利在整体上属于基本人权范畴，他们的生命权、健康权、身体完整权、人格尊严权等权利都是一个人的生存与发展必须具备的权利，而其他权利也都是附随性权利，直接或间接地为患者的生存与发展提供保障。因而，保护患者权利就是保护患者的人权。患者道德权利作为患者权利的重要内容和重要组成部分，是患者基本人权的体现。实践生活中，患者的人格尊严权、获得优质服务权、知情同意权常常得不到应有的尊重与

保护，是对患者人权的侵犯与践踏。特别是在患者法律权利日益得到重视与尊重，而道德权利仍然关注程度不够的背景下，保护患者道德权利成为保障患者人权最重要的任务。

第二，患者道德权利为法律权利奠定基础。

一个社会的权利体系应当具有普遍的伦理本质，其核心或奠基性的环节乃是道德权利的存在。道德权利是在人类的历史发展过程中，人类存在与发展的本质需求，是"人之为人"的基本价值诉求。法律权利只有建立在道德权利之上才具有正当性与合理性，离开道德权利的法律权利就只能是空中楼阁。因为法律权利所保护利益的存在基础，仍然是一个道德上的正当性标准。人们只有出于对道德权利的尊重和对道德良知的谨守而去自觉守法时，法律的正当性才得以体现。① 因为，"没有法律可以有道德，但没有道德就不会有法律。这是因为，法律可以创设特定的义务，却无法创设服从法律的一般义务。一项要求服从法律的法律将是无意义的，它必然以它竭力创设的那种东西的存在为先决条件，这种东西就是服从法律的一般义务。这种义务必须，也有必要是道德的"。②

作为一个道德权利与法律权利关系的典型范例，患者的法律权利以道德权利为基础，建立在道德权利之上。任何医事法律法规的制定无不符合医学伦理学的原则与精神，具有深厚的道德基础。通常情况下，凡是受到法律确认与保障的患者权利，同时也得到医学伦理道德的支持，符合医学伦理原则与规范的要求。如前所述，从法律对患者权利进行保护的历史看，患者权利一开始受到道德的保护，并以医生的职业道德予以保障，只是到了近代社会，在人们权利意识高涨的背景下，才借助于法律形式加大了保护的力度。可以说，人类患者权利保护的历史就是一部道德权利法律化的历史。即便在今天，患者的道德权利法律化仍然是一种司空见惯的现象——当一种道德权利的重要性发展到这样的程度：其权利主体如果不享

---

① 方兴、田海平：《道德权利如何为正当的权利体系奠基》，《南京社会科学》2012 年第 2 期。

② 〔英〕米尔恩：《人的权利与人的多样性——人权哲学》，夏勇等译，中国大百科全书出版社，1995，第 148 页。

有就会受到实质性的伤害，以致如果不加以法律保护就会造成人与人之间的关系、人与自然的关系的紧张以及社会秩序的紊乱，同时，当权利主体享有此项法律权利的时候又不会造成不同法律权利间关系冲突，整个法律权利体系混乱的时候，就有必要将这种道德权利制度化为法律权利了。①

第三，患者道德权利的实现是建构和谐医患关系的关键。

近年来，我国政府与社会为了破解医患关系困局进行了积极探索，采取了各种各样的措施：高度重视医闹的治理，打击医闹每年都有新花样；成立医疗纠纷人民调解委员会，建立第三方调解机制；出台《医疗纠纷预防与处理办法》明确处理程序与各部门的职责，强化医疗行为的监督与管理；推行医疗责任保险制度化解医院的医疗风险；规定医闹者入刑。但是，所取得的实际效果仍然难如人意，甚至最近一两年医患关系恶化出现了加剧的势头。建构和谐医患关系依然是我国医疗行业面临的一个重要而艰巨的任务。

医患关系失和，纠纷频繁发生，最根本原因在于患者权利得不到充分的保障。当患者的正当权益得不到应有的尊重与维护时，心中的愤懑不能自制，最终会演化为言语的不满、行为的攻击，医患矛盾与冲突于是不可避免。需要注意的是，患者的权益绝不仅仅是物质层面的，还包括许多精神文化的内容。特别是随着人类社会的进步与发展，传统的生物医学模式转变为现代"生物—心理—社会"医学模式，为患者提供全方位、最优质的服务，保障与实现患者人格权、隐私权、知情同意权等各项权利，使患者在获得救治的同时得到精神的安慰、心灵的呵护，成为医疗工作的重要内容和要求，这些内容和要求大都表现为患者道德权利的主张与诉求。在我国整个社会的法治观念不断增强的背景下，在患者的所有权利中，法律权利逐渐得到较好的保护，主要是因为法律规定清楚、明确而有刚性，当侵犯这些权利时侵权人一般要付出较大的代价。道德权利往往不能引起人们的高度重视，主要原因是很多权利内容不清楚、边界不清楚、有些权利看起来似乎无足轻重。尤其是道德作为这些权利的维系手段，没有强制

---

① 赵宗亮：《道德权利与法律权利浅论》，《唯实》2008 年第 7 期。

性，即便遭受侵害，侵权人一般也无须付出多少代价。例如，部分医务人员对待患者态度冷淡、敷衍塞责，不尊重患者正当、合理的意愿与要求等现象屡见不鲜，使患者的人格尊严、获得优质服务等权利无法得到保障，成为导致医患关系紧张的重要原因。患者长时间积累起来的对"看病难、看病贵"的无奈与愤懑，常常在其"不起眼"的道德权利受到侵害时集中爆发出来，促使医患矛盾迅速激化，甚至导致伤医、杀医等悲剧事件的屡屡发生。

患者权利是一种道德权利，在根本意义上取决于医患关系的道德属性。医患关系是人们为了维护身体健康、提高生命质量，以患者身份与实施医疗行为的医护人员之间产生的人际关系。这种人际关系的建立以疾病和医学技术为基础，以遵守医学伦理道德为核心，以抢救生命、恢复患者健康或预防疾病为根本目的，以医患双方的权利与义务对立统一为特征。因而，就其实质而言，医患关系首先是一种道德关系，受到伦理道德的调整。相应的，患者权利离不开道德的确认与维护，表现为一种道德权利。无论从促进医疗卫生事业的发展，还是从建构和谐医患关系角度来说，保护患者道德权利都具有十分重要的价值与意义。

第七章
患者权利是一种法律权利

当代社会，法律成为规范人们行为、保障个人权利的最主要手段，包括在医学领域的运用以及效果的取得。在法律的调整下，医患关系成为一种法律关系；在法律的确认与保护下，患者权利成为一种法律权利。正是因为有了法律的保障，患者权利才能够引起人们的关注与重视，才会得到较好的尊重与保护，现代医学才能够健康、积极地发展。完善对患者权利的法律保护，是国家面临的一项重要使命；探讨患者权利的法律属性及其保护问题，具有重要的现实意义。

一　法律权利概论

简言之，法律权利就是由法律确认和保障的个人权利。法律权利与道德权利的不同主要归因于法律与道德存在的差异，探讨法律的概念与特征，对于认识法律权利概念具有重要性与必要性。

（一）法律的概念与特征

孟德斯鸠（C. L. Montesquieu）在《论法的精神》一书中指出："从最广泛的意义来说，法是由事物的性质产生出来的必然关系。在这个意义上，一切存在物都有它们的法。上帝有他的法；物质世界有它的法；高于人类的'智灵们'有他们的法；兽类有它们的法；人类有他们的法。"但是，究竟什么是法律，不同的国家、派别、个人的解读往往大相径庭。

例如，古希腊思想家苏格拉底及其门生柏拉图认为，法律是正义的表现，而正义是一种较高的秩序——"一个人应该做他的能力使他所处的生活地位中的工作"，"各守其分，各司其职"。古罗马思想家西塞罗认为，法的本质是正义，这种正义是作为自然界组成部分的人所固有的人性。后来的洛克、孟德斯鸠等人则主张，法律是统治者与被统治者达成的契约，是防止独裁和专制的工具。康德认为，法律就是那些能使任何人的任何意志按照普遍的自由法则与他人的任意意志相协调的全部条件的综合。美国法学家庞德认为法律是一种社会工程，一种社会控制的工具，其目的和任务就是最大限度地满足需要，调和相互冲突的利益。①

当前，我国对于法律的最一般性的界定，或者说关于"法律的标准定义"是：法律是国家制定认可的，以国家强制力保证实施的行为规范体系。它反映了一定的意志，由特定的物质生活所决定。② 这也是马克思主义对法律概念的界定。从这一定义中，我们可以看出，法律在产生方式、保障手段、调整对象、内容与本质等方面具有鲜明的特征，与道德范畴存在显著的不同。

法律主要有以下特征。

（1）从产生方式看，法律由国家专门机构制定、认可和解释。与道德规范在人类丰富多彩的实践生活中自发形成不同，法律规范是由国家专门机构制定、认可并做出解释的。首先，法律有国家性。法律与国家之间存在密切的联系，没有国家，也就没有法律。法律代表的是"一种表面上凌驾于社会之上的力量"③，无论是法律的制定、认可还是解释，都是以国家的名义进行的。法律的国家性还表现在：法律在全国范围内实施，因而要求以国家名义制定与颁布；法律的适用范围以国家主权管辖为界域，这是区别于以血缘关系为范围的原始社会习惯与风俗的重要特征。具体到我国，凡是在中国领土范围内，我国的法律对所有人、所有事在一般意义上都具有效力。其次，法律有普遍性。任何一个国家的法律，例如我国的《民法通则》《合同法》《物权法》《刑法》等，或者国家认可的各种法律规定、做出的法律解释，都不是针对具体案件、具体纠纷。只要是

---

① 徐显明等：《法理学教程》，中国政法大学出版社，1999，第32~36页。
② 刘星：《法理学导论》，中国法制出版社，2016，第39页。
③ 《马克思恩格斯全集》第4卷，人民出版社，1995，第166页。

类似的现象与行为，无一例外地都要适用相关的法律，而且法律面前人人平等，任何违法犯罪行为都会受到法律的追究。简言之，中国法律在中国境内具有普遍性，所有国家的法律对于一定的空间区域而言都具有普遍性。

（2）从保障手段看，法律以国家强制力作为后盾，得以保障实施。正是因为法律以国家强制力作为后盾，作为法律实施的强有力支持，法律才具有较高的效力和权威。否则，法律体现的意志得不到贯彻，违反法律的行为得不到惩罚，许多法律规定因此变得没有意义。国家强制力作后盾是法律与其他社会规范的重要区别所在，这也是法律国家性的体现。国家强制力包括军队、警察、法庭、监狱等组织的国家暴力，它们在代表国家权威的基础上，对违法犯罪行为人进行镇压与惩罚，使法律具有很高的尊严与地位，并在全国范围内形成统一的规范体系。无论是专制、血腥的奴隶社会，还是等级分明的封建社会，抑或是宣称"人人平等"的资本主义社会以及社会主义社会，法律的权威都是无可置疑的，强制性法律规范都不容挑战、不容践踏，这都是源于国家强制力的强大支撑作用，是道德规范等任何其他社会规范所不可比拟的。

当然，需要注意的是，法律以国家强制力作后盾，又有以下几个方面的特点：

其一，国家强制力不是保障法律实施的唯一力量，道德力量（社会舆论、传统习俗、内心信念）是推动法律实施的强有力奥援，经济、文化等方面也为法律实施提供重要的条件保障。例如，我国计划经济时代是不可能制定出保护市场经济的法律的，市场经济条件下人们权利的享有、义务的履行也必然受到个人经济状况的制约。现代社会人们的文化水平与法律素养成正相关关系，一般情况下公民文化水平越高，法律素养也越高，对法律越发尊重与信任。如果仅仅依靠国家强制力保障法律的实施，法律的正当性、合理性可能需要打个问号，法律实施的效果也难以保证。

其二，国家强制力依照严格的程序由国家专门机构执行。作为法律实施的保障手段，国家强制力不等于赤裸裸的暴力。如果法律的强制性等同于简单的暴力行为，法律的存在就没有什么价值了，只需要政府的行刑队似乎就可以解决问题。法律的强制性必须以法律的规定为前提，然后严格按照法律的程序与规则，由法院、警察、监狱等机构具体实施，贯彻法律的精神，体现法律的意志与要求。不论是限制人身自由，还是剥夺财产权利，都必须经过预先规定的程序进行，这种严格的程序性体现了一种"程序正义"，是法治精神的体现，是法律的基本价值所在。

其三，国家强制力具有间接性与潜在性。国家强制力的存在是法律实施的有力保障，使人们不敢越雷池一步，背叛与践踏法律。但是，这种强制手段并非是时刻在产生作用的，只有当人们违反法律的强制性规定时才会降临到违法者的身上，迫使其改弦更张或接受制裁。当人们自觉遵守法律时，法律的强制性并不显现出来。所以，作为法律实施保障手段的国家强制力具有间接性、潜在性，而非一种直接的强制力量。

（3）从调整对象看，法律是调整人们行为的规范。道德的调整对象十分广泛，既包括人们的思想，也包括人们的行为。它不仅对人们的行为予以规范，也对人们行为的动机即思想方面也进行肯定或否定的道德评价，提出要求与主张。但是法律与道德不同，它的调整对象仅仅限于人们的行为，至于行为主体如何去想，动机怎样，是在所不问的。所以，马克思说："对于法律来说，除了我的行为以外，我是根本不存在的，我根本不是法律的对象。"① 不通过行为控制就无法调整和控制社会关系，这是法律区别于道德规范、政治规范等其他社会规范的重要特征之一。具体地说，法律对行为的调整作用表现为：指引作用，即法律为人们提供一种既定的行为模式，引导人们在法律允许的范围内活动；预测作用，即法律通过其规定，告知人们某种行为因其具有为法律所肯定或否定的性质可能导致的法律后果，使人们对自己的行为后果具有预见性；评价作用，即法律具有的对人们的行为的法律意义（合法还是违法、褒奖还是制裁等）进行评价的作用；强制作用，即法律运用国家强制力制裁违法犯罪行为，保障自身得以实施的作用；教育作用，即法律通过其实施而影响人们的思

---

① 《马克思恩格斯全集》第1卷，人民出版社，1995，第16~17页。

想、培养和提高人们的法律意识、引导人们依法办事的作用。

（4）从内容来看，法律规定着权利与义务。与道德在内容上主要表现为对行为人义务与责任的要求，侧重于强调个人对社会与他人的付出与奉献相比较，法律规范在内容上不只是简单地规定了行为人应该承担的义务，同时也规定了其享有的权利，而且这种权利与义务相互对应——绝大多数情况下权利主体也是义务主体，即同一个行为人既享有权利又承担义务。法律权利与法律义务的关系主要表现为以下几个方面：第一，结构上的相关关系。法律上的权利与义务是对立统一的，就对立来说，一个表征利益，一个表征负担，一个是得，一个是失；就统一来说，两者相互依存，相互贯通，一方的存在必须以另一方的存在与发展为条件，正如马克思所说："没有无义务的权利，也没有无权利的义务。"第二，总量上的等值关系。在一个社会中，法律权利的量与法律义务的量总是相等的。不论权利与义务具体怎样分配，不论每个具体的社会成员享有的权利和承担的义务如何不均衡，法律规定的权利与义务在总量上总是等值或等额的。第三，功能上的互补关系。法律权利的享有有助于法律义务的积极履行。因为权利与义务一一对应，同一行为人既是权利人又是义务人，不确认与保障其应有的权利，他就不会去积极履行义务。另外，法律义务也是法律责任，强制某些积极行为发生，制止某些消极行为出现，有利于建立起良好的秩序，为权利的实现创造良好环境与保驾护航。

（二）法律权利问题探讨

1. 什么是法律权利

法律权利是指法律确认和保障的法律关系主体享有的权利总称，具体表现为权利人可以自己做出一定的行为，也可以要求他人做出或不做出一定的行为。一切法律权利都受到国家的保护，当权利受到侵害时，权利人可以向人民法院或者有关国家机构请求救济。

长期以来，由于法律具有较高的效力与权威，法律权利受到人们的高度重视，甚至在很多时候被视为"权利"的代名词。而且，在功利主义者那里，权利仅仅限于法律权利，根本不承认道德权利的存在。

例如，最著名的代表人物边沁只承认法律权利的存在，他认为："权利是法律的产物，而且只是法律的产物：没有法律就没有权利，没有与法律相反对的权利，没有先于法律存在的权利"，"权利这个概念应该限定在法律的范围内，因为道德上对权利提出的需求和主张本身并不是权利，正如饥饿者的需求不是面包一样"。[①] 在边沁看来，权利就像是法律的孩子一样，没有法律就不可能有权利的存在，像自然权利、道德权利之类则是没有父亲的儿子，是"站在高跷上的胡言乱语"。德国著名法学家耶林也认为，权利就是受到法律保护的一种利益，法律与权利是相通的，法律是客观意义上的权利，而权利则是主观意义上的法律，实际上也是将法律权利视为唯一的权利形式。尽管上述观点将法律权利作为盾牌，否定了不依赖于法律规章的道德权利的存在，失之于偏颇，但是由此强调法律权利的重要性及其突出特征，却具有较大的合理性与正当性。

2. 法律权利的主要特征

法律权利由法律确认和保障，相较于道德权利具有以下几个方面的特征。

首先，法律权利范围相对狭窄。由于道德调整范围极其广阔，不仅人们的行为而且人们的思想动机；不仅重要的现象与行为，而且无足轻重的琐碎小事，都在道德调整范围之内，因而道德权利范围十分广泛。法律的制定与实施受到经济社会条件各个方面的限制，法律权利的范围也相对狭窄，例如只有经济文化发展到一定程度，国家机关认为需要立法确认和保障的权利才能成为法律权利。当国家机关，特别是立法机关，没有意识到保护某种权利的重要性时，这些权利没有进入立法者的视野，就只能属于道德权利范畴。显然，并非任何权利都会引起立法者的关注，只有那些关系个人生存与发展的重大权利问题才能得到法律的保护，成为法律权利。或者说，在一般情况下法律权利只能是重大的道德权利，在外延上远比不上道德权利广泛与丰富。

---

① 余广俊：《论道德权利与法律权利》，《山东社会科学》2009 年第 10 期。

其次，法律权利的确定性、具体性。由于法律权利通过法律明文规定的形式予以确认，而且这一规定必须得到贯彻与实施，因而必须具有很强的可操作性，决定了法律权利具有较强的确定性，而且法律规定的条文比较详尽。有关该法律权利的内容、权利的边界、权利的保护、侵权的防范与处罚、权利的救济及寻求救济的机构等方面都是明确而具体的，而不像道德权利那样模糊不清、概括而笼统。这一特征体现了法律的刚性特征，归根结底是由于法律的本质要求及其便于实施的需要所决定的。

再次，法律权利维护手段的强制性。与道德权利的实现主要依赖于弹性的道德力量（社会舆论、传统习俗、内心信念）不同，法律权利的实现与救济依靠国家强制力作后盾，维护手段具有明显的强制性。因为，法律权利由法律明确确认，对这一权利的侵害就是公然违犯法律的行为，是对法律的践踏与不恭，理所当然会受到法律的制裁，而法律的实施与救济则通过国家强制力来保障，依靠国家暴力机器对违法行为予以惩处。权利人在法律权利遭受侵害之后，可以向法院提起诉讼，或者向行政部门请求帮助，获得权利救济。正是这种强制性特征保证了法律的权威与效力。

最后，法律权利与法律义务的严格对应性。权利与义务是法律中最主要的一对范畴，而且法律权利与法律义务具有严格的对应性。与道德领域很多情形下义务主体只尽义务而不能享有权利不同，大多数情况下，每一个法律权利主体同时需要履行义务，而法律义务主体同时享有一定的权利。也就是说，对于既定个体的法律主体而言，一方面他履行一定的法律义务，从动机上看可以以获得相应的法律权利为目标，而从结果上看也可以因其履行了义务而享有相应的法律权利，也就是说，为了获得一定的法律权利，他就必须履行相应的法律义务。另一方面，他拥有的法律权利就意味着必然有相对的另一个主体要履行与他的权利相对应的法律义务。[1]这样，在法律领域，权利和义务的相关性、对应性以最直接、最明确的形式得到了表现。

---

① 周蓉：《论道德权利》，硕士学位论文，中南大学，2003。

二 法律对医疗关系的调整

法律规范蕴含着基本的价值判断，诸如正义、秩序、平等、自由、利益等，同时也是社会关系的调节器，对社会的稳定与发展具有重要意义。法律作用于医学，在调整医患关系、保障患者权利中发挥着十分重大的作用，研究法律与医学的关系很有必要。

（一）法律对医疗关系调整的历史

可以说，有了医就有了法，人类运用法律和医学相结合的手段来维护公共卫生、保护人体健康已有数千年的历史。[①] 据有关的文献记载，早在公元前 3000 年前，古代埃及就颁布了一些医药卫生方面的法令，而公元前 1750 年颁布的古巴比伦王国的《汉谟拉比法典》中有关医药方面的相关规定多达 40 余处。古罗马时期的医疗卫生法律十分发达，最为著名的《十二铜表法》等一系列法律针对医生的管理监督、医疗事故的处罚赔偿、疾病的预防工作、食品卫生监督等方面做出明文规定，对后世的医事立法产生了深远的影响。到了中世纪后期，医学与法学相结合调整的范围进一步扩大，在医疗卫生工作的许多方面都出现了成文的法律法规，对医生提出了越来越严格的要求。后来，随着资本主义的产生与发展，法律对医学的调整越发显得重要，许多国家出现了专门的医事法律。例如，1601年英国制定的《伊丽莎白济贫法》是最早的现代资产阶级医学立法，后来又制定了《卫生法》《妇幼保健法》《国家卫生服务法》《卫生和安全法》等法律。进入 20 世纪，美国、日本、德国、法国等国也先后制定了一些医药卫生法律。第二次世界大战后，随着社会经济的发展与科学技术的进步，医事法律在世界各国社会生活中的作用越来越重要，规定的内容越来越广泛，例如美国的《国家职业安全卫生法》、法国的《公共卫生法》应运而生。

---

① 陈晓阳等主编《人文医学》，人民卫生出版社，2009，第 63 ~ 64 页。

在我国，法律对于医疗关系的调整最早可以追溯到商代，周代建立起最早的专门医事制度，《周礼》翔实地记载了当时的医事管理制度，包括医药管理机构、病历书写、医生考核等制度。周代已有世界上最早的病历记录和报告制度："凡民之有疾病者，分而治之，死终则书其所以，而入于医师"。春秋战国及汉朝，我国出现了系统的成文法典，如《秦律》与《汉律》，其中存在不少关于医疗卫生即传染病预防的规定。唐宋时期，医事立法得到较大发展，封建社会最发达、最完善的《唐律》中有许多条文涉及医药卫生方面的内容，规定对医师误伤、欺诈行为、调剂失误、卖药不实、贩卖毒药等行为予以处罚。唐高宗显庆四年（659），颁布了世界上第一部由国家编纂的药典《唐新修本草》。到了元、明、清各个朝代，也颁布了一些规范医师诊疗行为的法律法规。进入近现代社会，我国医学与法学结合更加紧密，出现了专门的医事法律，诸如民国年间的《公立医院设置规则》《医师法》《药师法》等。新中国成立后，特别是改革开放以来，我国的法制建设取得了长足的进步，初步建立起一套体系完整的医事法律制度，为医疗卫生事业发展奠定了坚实的基础。

（二）医事法律关系

1. 医事法律关系的定义

医事法律关系属于法律关系的下位概念，是指医事法律法规在调整与规范医疗活动过程中，形成的以医患双方的权利、义务为内容的一种特殊的社会关系。医事法律关系主要表现为医患关系，医疗机构及其医务人员与患者构成医事法律关系最重要的主体。

2. 医事法律关系的特征

首先，医事法律关系产生的前提是医事法律规范的存在。医事法律关系是由医事法律调整形成的社会关系，它的存在必须以医事法律规范的存在作为前提条件，就像民事法律关系的存在以民事法律规范为前提、刑事法律关系以刑法规范为前提一样。这些医事法律主要有《执业医师法》《献血法》《传染病防治法》《侵权责任法》《医疗事故处理条例》《医疗机构管理条例》等。

其次，医事法律关系存在的主要宗旨是保护人民群众的身心健康。其他法律关系，例如民事法律关系、行政法律关系、刑事法律关系，尽管也会涉及医疗卫生领域，体现人民群众的健康要求，但是只有医事法律关系才以保护人民群众的身心健康为基本宗旨和主要工作目标，这是医事法律关系与其他法律关系的主要区别。由此，也决定了保障患者权利成为医疗工作的一项最重要的内容。

再次，医事法律关系是一种纵横交错、错综复杂的法律关系。纵向法律关系是指双方主体的法律地位不平等，一方隶属于另一方的法律关系。横向法律关系是指法律地位平等的双方主体之间形成的法律关系。医事法律关系兼有纵向法律关系与横向法律关系的双重属性：就卫生行政部门同医疗机构之间形成的管理与被管理、监督与被监督关系来说，双方主体享有的权利与承担的义务不对等，具有纵向法律关系的特征；就患者与医疗机构之间的关系而言，双方地位平等，互不隶属，具有横向法律关系的属性。基于医事法律关系的复杂性，张赞宁教授也称医事法律关系是一种独立于纵向法律关系与横向法律关系之外的斜向法律关系。

最后，医事法律关系具有专业性的特征。无论是医事法律规范，还是医事法律关系的参加者，以及医疗服务行为，都和医学专业知识密切相关，带有明显的医学专业特色，体现了医学专业的属性与要求。

3. 医事法律关系的构成要素

其一，医事法律关系的主体。依照通说，医事法律关系的主体是特定的，由医疗机构、医务人员和医疗相对人及其法定代理人或者监护人组成。此三者构成医事法律关系最主要的主体。这里的医疗相对人，通常称之为患者，实际上并不完全限于去医疗机构求医或就诊的患病之人，还包括前往寻求帮助的许多身体健康的人，诸如越来越多的社会居民去医院进行健康检查、健康咨询或美容医疗和变性手术等。

医疗相对人的亲属能否成为医事法律关系的主体，不能一概而论。一般来说，只有其亲属具备医疗相对人的监护人或法定代理人身份，有权代表他们从事相关各种活动时，才能成为医事法律关系的主体。

此外，有学者把国家行政管理部门，主要是卫生行政管理机关视为医事法律关系的主体之一，甚至视为医事法律关系中最主要的主体。理由是：卫生行政管理机关及其监督机构有权力和职责对管辖范围内的医疗机构、医务人员以及患者个人进行管理，从而规范医疗行为，保护患者权益。据此，我们的确应该将行政管理部门列入医事法律关系的主体范畴。但是，医疗关系主要是医疗机构与患者之间发生的关系，行政管理部门只有在少数时候，例如发生重大的医患纠纷时才需要介入，因此它们不可能时时扮演不可或缺的角色，不应成为医事法律关系最重要的主体。

其二，医事法律关系的内容。一种法律关系的内容是指法律关系主体所享有的权利和承担的义务。医事法律关系的内容是指医事法律关系双方主体（主要是医疗机构与患者）依法享有的权利和承担的义务。它是医事法律关系的基础和重要组成部分。

在医事法律关系中，各种主体特别是医患双方都既享有一定的权利，又承担一定的义务。没有任何一种主体只享有权利，不需要履行义务；也没有任何一种主体只承担义务，而不享有权利。例如，医生有对患者进行诊断、治疗的权利，同时又负有遵守相关医疗法律法规和诊疗操作规范的义务；患者享有平等地得到救治和获得优质服务的权利，但是又需要遵守国家法律以及医疗机构的各项规章制度。各个主体的权利与义务得到实现或履行，是一切医事法律关系存在的基本前提条件。

其三，医事法律关系的客体。任何一种法律关系的客体，都是指权利和义务所共同指向的对象。客体作为法律关系不可或缺的重要组成部分，没有了客体，主体的权利义务无法实现，法律关系就无法形成。医事法律关系的客体就是医事法律关系中双方主体的权利义务共同指向的对象，是医事法律关系的重要组成部分。

医疗关系的存在是为了维护患者的生命健康利益，因此各种医事法律关系主体权利义务归根溯源都是指向患者的生命健康权，具体包括继续生存、肢体完整、器官功能正常等权利。也就是说，医事法律关系的客体是患者的生命健康权，这是无可置疑的。

不过，生命健康权是整个医事法律关系最高层次的共同客体，是根本意义上的客体。在一般层面上，各个方面的不同的医事法律关系当事人的具体的权利义务又都有具体的指向，决定了一些具体、直接的客体的存在，主要有两个方面：一是行为，即医疗机构及其医务人员提供医疗服务的行为，或者行政管理机构的管理行为；二是物，即受到医事法律调整的能够对患者生命健康产生影响的有形或无形的物的载体，例如药品、医疗器械、血液制品、医药卫生科学发明、技术成果等。

（三）医事法律的渊源

法律的渊源，即法律的形式，是指那些来源不同（制定法与非制定法、立法机关制定与政府制定等）、因而具有不同效力意义和作用的法律的外在表现形式。

医事法律的渊源是指医事法律的具体表现形式，是国家立法机关根据法定职权和程序制定或认可的具有不同法律效力和地位的医事法律表现形式。

我国没有统一的医事法典，医事法律的渊源主要有以下几种。

（1）宪法。宪法是国家根本大法，规定一个国家最根本、最重要的问题，其中关于维护人民健康的医药卫生方面的条款，是医事法律的重要渊源。我国《宪法》第21条规定："国家发展医疗卫生事业，发展现代医药和我国传统医药，鼓励和支持农村集体经济组织、国家企事业组织和街道组织举办各种医疗卫生设施，开展群众性的卫生活动，保护人民健康"。第45条规定："中华人民共和国公民在年老、疾病或者丧失劳动能力的情况下，有从国家和社会获得物质帮助的权利。国家发展公民享受这些权利所需要的社会保险、社会救济和医疗卫生事业。"

（2）医事法律。它是指狭义的医事法律，是由全国人民代表大会及其常务委员会制定的调整我国医事法律关系的规范性法律文件，法律效力与地位仅次于宪法。当前我国狭义的医事法律一部分是直接关于医药卫生、维护人民健康方面的专门法律，主要有：《国家卫生检疫法》《食品卫生法》《传染病防治法》《药品管理法》《执业医师法》《红十字会法》《职业病防治法》《母婴保健法》《献血法》《人口与计划生育法》；另一部分是其他法律中，例如《刑法》《民法通则》《合同法》《侵权责任法》

中有关医药卫生、维护人民健康方面的法律条款。

（3）卫生行政法规与行政规章。卫生行政法规是由国家最高行政机关国务院根据宪法和法律颁布的有关医药卫生与健康维护方面的规范性文件。它的效力低于宪法与法律，是医药卫生法律的具体化。目前国务院颁布的卫生行政法规达到20多个，例如《医疗事故处理条例》《医疗机构管理条例》《医疗器械监督管理条例》《血液制品管理条例》《医疗废物管理条例》《人体器官移植条例》《护士条例》等。卫生行政规章是指国务院各部委根据法律和国务院颁布的行政法规，在自己的权限范围内制定的有关医药卫生行政管理的规范性法律文件。它的效力与地位低于法律、行政法规，却是关于医疗卫生行为最具体、直接的规定，也是我国目前数量最多的医事法律渊源，例如原卫生部颁布的《医疗机构管理实施细则》《药品管理法实施办法》《医师资格考试暂行办法》等。

（4）地方性卫生法规与规章。地方性卫生法规是指省、自治区、直辖市、省会城市以及下辖区的地级市的人民代表大会，在不与宪法、法律、行政法规和规章抵触的前提下，制定的关于医药卫生、人民健康等方面的规范性法律文件。例如《江苏省计划生育条例》《山东省人口与计划生育条例》《山东省禁止非医学需要鉴定胎儿性别和选择性别终止妊娠规定》等。地方性卫生法规是指省、自治区、直辖市、省会城市以及下辖区的地级市的政府部门，在不与宪法、法律、行政法规和规章抵触的前提下，制定的关于医药卫生、人民健康等方面的规范性法律文件。例如《山东省卫生计生行政处罚裁量基准（试行）》等。

（5）自治条例和单行条例。自治条例和单行条例是指我国自治区、自治州、自治县的人民代表大会或行政机关根据宪法、民族区域自治法和其他法律规定的权限，结合本地政治、经济、文化特点所制定的规范性法律文件。其中涉及医药卫生管理与人民健康方面的法律规范也是医事法律的渊源。

（6）司法解释。即最高人民法院在法律的具体运用过程中，为进一步明确权限或进一步补充及如何具体运用所做的解释。例如《最高人民法院关于确定民事侵权精神损害赔偿责任若干问题的解释》，也是一种医

事法律渊源。

其他的医事法律渊源还有医学技术性规范、国际医药卫生条约等。

医事法律的各种渊源相互独立，同时又方向一致，建构起完整的法律制度体系。医事法律制度的建立，为患者权利的实现与保护以及保障医疗卫生事业的健康发展奠定了坚实的基础。

三　法律对患者权利的保护

法律对医疗行为的调整，形成了医事法律关系，它的主要内容是医疗机构与患者依法享有的权利和应该承担的义务。其中，如何保障患者享有的权利是医事法律关系的关键问题，也是医疗工作的核心内容。世界各国纷纷通过立法形式加强对患者权利的保护，建立起各自的患者权利保护制度体系。"以法律的形式保障公民的医疗权利、规范医务工作者的行为是许多发达国家的成功经验"。[1]

（一）西方国家患者权利立法状况[2]

许多国家，例如意大利、爱尔兰、西班牙、葡萄牙、俄罗斯、罗马尼亚、波兰等国把公民获得医疗卫生保障的权利作为一项基本人权载入宪法之中，使其得到国家根本大法的保障。另外一些国家，主要有美国、英国、法国、德国、比利时、荷兰、以色列、立陶宛、冰岛、匈牙利以及北欧国家（挪威、瑞典、芬兰、丹麦），相继制定了国家层面上的患者权利单行法，以加强对患者权利的保护。下面以具有典型代表性的部分国家为例进行探讨。

1. 美国的患者权利法

20 世纪 60 年代开始，全世界范围内人权运动空前高涨，以保护患者权利与妇女权利为核心内容。作为此项运动中一个十分重要的组成部分，

---

① 张金钟：《德与法有机结合——论和谐医患关系之建设》，《医学与哲学》2004 年第 9 期。

② 该部分主要参考了刘兰秋《域外患者权利的立法化简介》（载《中国卫生法制》2007 年第 4 期）一文中的内容。

以美国为中心的患者权利运动蓬勃发展起来。1972 年，位于波士顿的一家医院明确提出了"作为患者的您的权利"口号，对患者应该享有的权利做了详细说明，这是美国最早提出的患者权利宣言。受到这一事件的影响，美国医院协会制定了著名的《患者权利典章》。该典章列举了患者的十二项基本权利：（1）患者有权接受关怀和被尊重的治疗；（2）患者有权从其医师获知有关自己的诊断、治疗以及预后情形，并且使用患者可以理解的字句；（3）在任何处置或治疗前，患者有权利获知有关的详情，在未经患者同意时，不可以妄予治疗，除非在紧急情况中；（4）患者有权在法律允许的范围内，拒绝接受治疗，同时有权被告知拒绝接受治疗的后果；（5）患者在其个人的治疗计划上，有权要求隐私方面的关注；（6）患者有权要求有关其治疗的所有内容及记录，以机密方式处理；（7）患者有权要求医院在其能力范围内，对患者要求之服务作合理的反应；（8）只要与治疗有关，患者有权知道医院与其他医疗及学术机构的关系，有权知道这些关系及所参与照护人员的姓名；（9）如果医院从事对患者治疗有影响的人体实验，患者有权事先知道其详情，而且有权拒绝参加；（10）患者出院后有权利获得继续性的医疗照护；（11）不论患者付账的情形如何，均有权利核对其账单，也有权利在账单上获得适当的说明；（12）患者有权利知道医院的规则和规定。

此后，以明尼苏达州为首的美国其他各州也纷纷以《患者权利典章》为蓝本，将对患者的权利保护纳入本州立法，先后有十几个州制定了专门的《患者权利法案》。《患者权利法案》成为美国人对患者权利进行保护的基本法，在促进患者权利的实现与保障方面发挥了十分积极而重要的作用。到了 1990 年 10 月，美国的《患者之自我决定法》（Patient Self - Determination Act）又由立法机关表决通过，并于 1991 年 12 月正式实施，进一步加强了对患者权益的保障，有利于促进各项权利的实现。

2. 英国的患者权利法

在 20 世纪 90 年代以前，英国没有制定专门的患者权利法，有关患者权利的规定主要散见于一些相关的法律规范之中。例如，1977 年制定并颁布的《国民保健服务法》（the National Health Service Act，简称为

"NHS 法"）及其实施规则、1985 年的《医院意见处理法》、1990 年的《保健记录接触法》、1998 年的《数据保护法》等法律都在某一方面或一定程度上对患者应该享有的权利做出相应的规定，这些权利主要包括获得医疗的权利、获得信息的权利、选择权、同意权、保健记录接触权、个人隐私权和对数据的修正权等。

1991 年，英国政府制定了最早的《患者权利宪章》，使对患者权利的保护进入一个全新的历史时期。该宪章由 10 项权利和 9 个全国基准构成。在所规定的患者权利中，除了获得告知后同意的权利、获得说明的权利、接触到保健记录的权利、提出意见的权利等典型的患者权利，还规定了在等待者名册上记载后两年之内获得治疗的权利等英国患者特有的权利。1995 年，英国《患者权利宪章》做了修订，进一步扩大了患者的权利和服务的全国基准，此外还将其范围推广适用于牙科、眼科、药局服务等方面。后来，英国政府又对《患者权利宪章》进行了多次修订，使其对于患者权利的保护进一步趋向完善。

3. 法国的《关于患者权利和保健系统质量的法律》

1974 年，法国政府制定了《医院患者宪章》，以加强对患者权利的保护。但是，该宪章的主要内容仅仅是规定医院一方应该承担的义务，重点并不在于保障患者的权利，使其在患者权利保护方面的作用与影响大打折扣。1995 年，《医院患者宪章》被重新修订，增加了一些新条款，在内容上大大强化了对患者权利的保护。除此之外，法国还有多部法律文件与患者权利密切相关，其中最重要的是医师协会颁布的《医疗伦理纲领》。尽管该文件在性质上本来只是属于医师协会的内部规范，但在形式上却是作为宣言而发布的，而且也曾在官方报纸上公示，因而拥有几乎和法规相同的地位。1999 年，在关于保健医疗问题的全国会议上，法国政府提出了制定一部患者权利法的设想，并于 2001 年提交了该法案的草案。2002 年 2 月，《关于患者权利和保健系统质量的法律》得以通过，这是法国保护患者权利方面的基本法，具有较高的权威和效力。该法律由 5 章 126 条组成，内容涉及患者获得医疗的权利、获得信息的权利、同意权、隐私权、提出申诉的权利和获得损害赔偿的权利等诸多方面，对于促进患者权利保护、推动医疗卫生事业的发展具有重要意义。

4. 德国的患者权利宪章

在德国，起初也没有专门的患者权利宪章。患者的生命权、身体完整性的保护等问题首先是由基本法（宪法）做出规定，1983 年颁布的《医疗保险法》《社会法典》中确认了患者享有的部分权利。此外，刑法或医师会的执业规则中都规定了医师的守密义务和说明义务等内容。需要指出的是，德国医师会的职业规则并不像其他国家医疗专业组织的从业规范一样，仅仅是单纯的内部规范，而是获得各州监督厅承认、能够在法庭上作为证据使用的具有法律效力的文件，因而具有较高的权威与效力。1992年，德国国家咨询评议会建议将关于患者权利的现行法律规定整合成统一的患者权利宪章，得到一致同意。到 2003 年，德国终于制定了国家层面上的《患者权利宪章》，该宪章在内容上涉及患者对医师和医院的选择权和变更权、获得优良医疗的权利、同意和自我决定权、要求医师的解释说明权、未成年患者和被保护患者的权利、患者的记录获取权、末期治疗权，以及数据的秘密保护、意见处理、损害赔偿请求等患者的所有权利，使患者权利保护进入全新的时期。

5. 北欧四国的患者权利立法

当前，北欧的芬兰、冰岛、丹麦、挪威等国都已经制定了全国统一的患者权利法。20 世纪 80 年代以来，芬兰就开始了关于患者权利立法化问题的讨论。在经过多年坚持不懈的努力之后，芬兰国会最终于 1992 年通过了专门保护患者权利的法律——《患者的地位和权利法》。该法律总共由 5 章 17 条构成。其中，第一章是总则，就该法律的适用范围和相关定义等做了规定；第二章为"患者的权利"，就获得优良医疗的权利、自我决定权、获取信息的权利和资格等与患者权利有关的问题做出详细规定；第三章规定了"患者的不满及处理方式"等问题；第四章关于"医疗记录"；最后一章就该法律的实施等问题做了具体的规定。

继芬兰之后，1997 年冰岛也制定了自己的《患者权利法》。该法律由 8 章 30 条构成，第一章"序文"，规定了该法律的目的、相关定义、保健服务质量等问题；第二章"信息及同意"；第三章"秘密保护和职业秘密"；第四章

"临床记录中信息的处理";第五章"治疗"中涉及了对患者尊严的尊重、治疗前的等待、对保健从业者的选择、关于自己健康的责任、末期患者的治疗等问题;第六章"关于患病儿童的特别规定";第七章和第八章分别是"表达不满的权利"和"关于实施的规定及其他"。

在丹麦,最初关于患者权利的规定散见于许多法令之中。1997 年,丹麦保健省专门设置了法案起草会,对这些法令进行整理,并增加一些新的规定,制定统一的《患者权利法》。1998 年 3 月,保健省向国家议会提交了新起草的《患者权利法》草案,并于同年 10 月获得通过。该法律对于患者权利的适用范围、有关定义及权利内容等,尤其是患者的知情同意权、病案使用权、自主决定权、健康资料保密权等做出规定,有力地促进了患者权利的保护与实现。

在挪威,受世界各国的影响,从 20 世纪 70 年代中期起,研究人员和医疗从业者就开始积极研究患者权利问题。1996 年,保健和社会问题省正式设立了旨在准备患者权利法案的起草小组。1999 年 1 月议会的审议工作开始,并于同年 7 月通过了《患者权利法》。该法在保障患者权利方面发挥着非常重要的作用。

6. 其他国家有关患者权利的法律法规

此外,以色列、格鲁吉亚、比利时、罗马尼亚分别于 1996 年、2000年、2002 年和 2003 年制定了各自的《患者权利法》。1983 年,日本医院协会也在其制定的"执勤医守则"中规定了"患者的权利和责任",这是日本最早的关于患者权利的规定。1984 年,日本患者权利宣言全国起草委员会起草了《患者权利宣言(草案)》。此后,"全国保险医团体联合会"制定了《开业医宣言》,患者权利法协会制定了《规定患者诸权利的法律要纲草案》,日本律师联合会也通过了《关于确立患者权利的宣言》等文件。1991 年 5 月,日本医疗生活协同组织采纳了《患者的权利章程》,章程明确规定患者的知情权、自我决定权、保护隐私权、学习权、接受医疗权等各项权利,将对患者权利的保护推进到一个崭新的水平。

(二)关于患者权利保护的国际性文件

20 世纪 80 年代以来,为了更好地规范医疗行为,进一步加强对世界各国患者权利的保护，国际社会特别是一些国际医学组织也相继出台了一系列的规范性文件。其中最有影响的有两个：其一是 1981 年在葡萄牙首都里斯本召开的第 34 届世界医学大会上通过的《患者权利宣言》（Declaration of Lisbon on the Rights of the Patient），即《里斯本宣言》（后经过了 1995 年及 2005 年的两次修订）；其二是 1994 年世界卫生组织（WHO）欧洲区域办公室制定的《欧洲患者权利宣言》。这两份文件成为世界各国保护患者权利的重要指导性文件，对于患者权利发展起到非常大的促进作用。

《里斯本宣言》（2005 年修订）所规定的患者权利：

（1）享有优质医疗护理权

（2）自由选择权

a. 有权利自由选择和更换他/她的医生、医院或卫生服务机构，无论是私营机构还是公共机构。

b. 在任何阶段有权请求另一位医生给予治疗。

（3）自主决定权

a. 有权利自决，而医生则需要告知这样决定的后果。

b. 心智健全的成年患者有权授予或终止任何的诊断程序或治疗。患者有权利获得必要的资料来支撑他/她的决定。

c. 患者有权拒绝参与医学研究或教学工作。

（4）无意识的患者

a. 患者如果不省人事或其他原因无法表达他/她的意愿，这时无论如何也要找到他/她的合法代表人来行使知情同意权。

b. 患者如果没有法定代表人，同时治疗又是迫切需要的。除非是很显然或毫无疑问患者先前坚定地表示过或坚信他/她会拒绝治疗，那么一切都默认为患者同意。

c. 无论如何，医生要始终试图挽救因自杀未遂的昏迷患者的生命。

（5）合法的无行为能力患者

a. 即使是法定失能的患者也要让她/他在过程中尽量参与决策。

b. 当法定失能的患者做出合理的决定时必须予以尊重，并享有拒绝让法定代理人知悉相关信息的权利。

c. 如果患者代理人做出违反患者最佳利益的决定时，医生有义务在相关的法律机构挑战该决定，例如在危急时刻根据患者的最佳利益需要从事医疗行为。

（6）程序与患者的意志相抵触

只有在法律授权或是符合医疗理论的情况下，可以采取违反患者意愿的诊断或是治疗步骤。

（7）知情权

a. 病人有权获得他/她的病历，并充分了解他/她的健康状况，包括治疗状况。但是，病人病历的保密信息涉及第三者，这时就要征得第三者的同意方可告知，反之不能。

b. 此外，有充分的理由证明病人的病历在告知其本人后将会给他/她的生命或健康造成严重危害的时候，病人无权知情。

c. 病人的病历应该考虑病人的文化程度，以适当的方式告知他，而且这种方式病人是可以理解的。

d. 除非为了保护其他人的生命，否则病人无权要求不被告知的权利。

e. 病人有权利选择谁被告知，谁作为他/她的代表。

（8）保密权

（9）健康教育权

（10）受尊重权

（11）宗教信仰权

《欧洲患者权利宣言》所规定的患者权利：

（1）患者基本权利。每个人均有作为一个人受到尊重的权利；每个人均有自我决定权；每个人均有保持身心完整和人身安全的权利；每个人均有隐私受到尊重的权利；每个人均有其道德文化价值观和宗教哲学信念受到尊重的权利；每个人均有健康保护的如下权利：恰当的疾病预防和医疗服务，获得追求其自身可达到的最高健康水平的机会的权利。

（2）知情权。患者有权获知的信息范围包括：患者的健康状况；建议的医疗，每个步骤的潜在风险和好处；所建议医疗步骤的替代选择，不治疗的后果；诊断，预后和治疗过程；提供治疗的医疗服务者的身份和职业地位以及为患者治疗时应遵守的规则和常规。

（3）同意权。患者有权拒绝或中断某一医疗干预；当一名不能够表达自己意愿的患者需要医疗干预时，医疗人员应采取恰当行为；对任何人体物质的保存和使用、参与临床教学和科学研究都需要经过患者同意。

（4）保密与隐私权。患者有权要求更正、完成、删除、澄清，或者更新个人的和医疗的数据；对患者个人或者家庭生活的侵入应当被限制在为诊断、治疗和护理所必需的范围内；除非经患者另外同意或要求，该介入只能由必要的人员参加；患者有权要求确保其隐私的物质设施。

（5）护理与治疗权。对患者的护理与治疗应当符合公共健康目标（适当性、功效、质量、可获得、连贯性）；患者被转院或送回家之前有权得到充分的解释说明；患者的尊严、文化和价值观受到尊重的权利；得到家庭、亲属和朋友支持的权利；减轻痛苦的权利；得到人道的临终关怀和有尊严地死去的权利。

（6）诉讼与投诉权。

（三）我国对患者权利的法律保护

患者权利法律保护最重要的意义体现在：一方面，法律具有明确性、强制性和稳定性的优点而成为"权利保障中最重要、最常见的手段"，具有其他手段的不可替代性和不可比拟性。[①] 另一方面，关于患者权利保护的相关法律法规还是提高医方尊重患者权利意识、重建医患信任关系的法宝。[②] 因此，当前依靠法律保障患者权利已经成为世界各国的普遍做法，

---

① 杨春福：《权利法哲学研究导论》，南京大学出版社，2000，第165页。
② 钱丽荣、王伟杰：《论患者权利及其法律保护》，《中国医学伦理学》2011年第4期。

而在我国法律①也已经成为促进患者权利实现与保护的主要手段。

1. 我国患者权利保护的法律渊源

改革开放以来，我国在保障患者权利方面，逐渐形成了一套具有中国特色的法律体系，通过法律保障患者权利已经成为社会的共识并取得了巨大的成就。但是，目前我国尚未制定患者权利保护方面的专门性法律，有关患者权利保护的法律规范主要散见于一些相关的法律文件中，总的来说，可以大致分为以下几类。

宪法：

《中华人民共和国宪法》及相关文件

法律②（包括相关性的法律文件和专门性法律文件）：

《中华人民共和国民法通则》

《中华人民共和国合同法》

《中华人民共和国产品质量法》

《中华人民共和国食品安全法》

《中华人民共和国消费者权益保护法》

《中华人民共和国侵权责任法》

《中华人民共和国执业医师法》

《中华人民共和国药品管理法》

《中华人民共和国传染病防治法》

《中华人民共和国职业病防治法》

《中华人民共和国母婴保健法》

《中华人民共和国精神卫生法》

《中华人民共和国献血法》

---

① 此处"法律"是广义的，指依靠国家强制力保证实施的规范性法律文件，包括：宪法、全国人大制定的规范性文件、行政法规、部门规章、地方性法规与规章等。

② 此处是狭义的法律，即我国最高国家权力机关全国人民代表大会颁布的规范性文件。

行政法规：

《医疗事故处理条例》

《医疗机构管理条例》

《药品管理法实施条例》

《乡村医生从业管理条例》

《医疗废物管理条例》

《艾滋病防治条例》

《人体器官移植条例》

《血液制品管理条例》

《医疗器械监督管理条例》

《公共场所卫生管理条例》

《护士条例》

行政规章：

《医师外出会诊管理暂行规定》

《血站管理办法》

《卫生信访工作办法》

《医疗广告管理办法》

《医疗机构管理条例实施细则》

《关于建立医务人员医德考评制度的指导意见（试行）》

《处方管理办法》

《新生儿疾病筛查管理办法》

《职业病诊断与鉴定管理办法》

《结核病防治管理办法》

《药品经营质量管理规范》

《性病防治管理办法》

以上都是全国性的法律文件。除此之外，还有许多地方性的法律文件，主要是地方性法规与行政规章。各省、省会城市、有下辖区的地级市的人民代表大会与人民政府都在不与宪法、全国人大制定的法律、行政法规与行政规章相抵触的前提下，结合本地经济社会发展的实际，制定了为数众多的地方性法规与规章，其中不少条款涉及医药卫生事业发展、人民健康管理以及患者的权利保障问题。而且，我国还加入或签署了部分涉及医药卫生发展与患者权利方面的国际条约，例如我国加入修正后的《1961 年麻醉品单一公约》和《1971 年精神药物公约》，这些国际条约与国内法一样，对我国国家机构和公民个人具有约束力，是我国医事法律和患者权利保护法的渊源。

由此可以看出，我国在医疗卫生领域立法的数量非常之多，从中央到地方，基本上形成了以公共卫生、医院管理、医师管理、医药管理等方面为主体的全方位的立法体系，对于患者权利的保障和实现具有非常重要的作用。

2. 我国法律规定的患者权利

在我国，通过法律进行保护的患者权利分为两种情况：一是患者作为公民（自然人）应该享有的权利，由宪法与一般性法律予以保障，例如生命健康权、人身权、财产权、休息权、获得帮助权等；二是患者作为接受诊疗的对象，由医事法律法规或相关法律文件进行确认和保护的权利。

1987 年 6 月 29 日，国务院颁布《医疗事故处理办法》，至 2002 年之前这部行政法规一直是我国规范医疗行为、保障患者权益最主要的医疗法规。[①] 但是，其中存在的问题显而易见，对于医疗卫生事业发展与患者权利保护产生了不良影响，于是 2002 年国务院颁布《医疗事故处理条例》取而代之。该条例生效后，原先的《医疗事故处理办法》同日废止。目前，《执业医师法》《侵权责任法》《医疗事故处理条例》成为我国保护患者权利方面最集中、最重要的法律文件。

《医疗事故处理条例》规定的患者权利：

（1）复印或复制医疗记录的权利（第 10 条）。患者可以复印或复制

---

① 费煊：《中国与欧洲患者权利保护法比较》，《江淮论坛》2009 年第 5 期。

的医疗记录包括：门诊病历、住院志、体温单、医嘱单、化验单（检验报告）、医学影像检查资料、特殊检查同意书、手术同意书、手术及麻醉记录单、病理资料、护理记录以及国务院卫生行政部门规定的其他病历资料。

（2）知情权（第11条）。在医疗活动中，医疗机构及其医务人员应当将患者的病情、医疗措施、医疗风险等如实告知患者，及时解答其咨询；但是，应当避免对患者产生不利后果。

（3）同意权。在第10条、第18条中所规定的医疗记录包括特殊检查同意书、手术同意书，这是该条例中唯一涉及同意权的条款。

（4）参与保存证据的权利。对证据的保管应当在医患双方共同在场的情况下封存和启封。其中，第16条规定发生医疗事故争议时，对死亡病例讨论记录、疑难病例讨论记录、上级医师查房记录、会诊意见、病程记录的保管。第17条规定疑似输液、输血、注射、药物等引起不良后果的，对现场实物要妥善保管。第18条关于尸体的冻存与检验。

（5）申请鉴定的权利。患者有权参与共同委托医学会进行医疗鉴定。第22条规定了当事人有提出再次鉴定申请的权利。第24条是关于抽取参加鉴定的专家的规定。第26条规定患者有申请鉴定专家回避的权利。第28条规定患者有提交有关医疗事故技术鉴定的材料、书面陈述及答辩的权利。

（6）选择申请调解或起诉的权利。根据第46条的规定，患者对医疗事故的赔偿争议可以通过协商、向卫生行政部门提出调解申请、直接向人民法院提起民事诉讼三种方式解决。

《执业医师法》规定的患者权利：

（1）受尊重权和隐私权。第22条第3款规定，医师在执业活动中应当"关心、爱护、尊重患者，保护患者的隐私"，表明医务人员不仅要治病救人，同时还要履行相关义务，切实保障患者权利。

（2）知情同意权。第26条与患者知情权有关，从医师义务的角度规定医生应如实告知患者的病情。同时，规定"医师进行实验性临床医疗"，应经过患者本人或者其家属同意才可以进行。

（3）急危患者获得救治权。第 24 条规定，对急危患者，医师应当采取紧急措施及时进行诊治；不得拒绝急救处置。这一规定确立了医务人员对急危患者进行无条件救治的原则，体现了医学人道主义的基本要求，有力地保障了患者生命健康权这一基本权利。

《侵权责任法》规定的患者权利：

（1）知情同意权。根据第 55 条规定，医务人员在诊疗活动中应当向患者说明病情和医疗措施。需要实施手术、特殊检查、特殊治疗的，医务人员应当及时向患者说明医疗风险、替代医疗方案等情况，并取得其书面同意；不宜向患者说明的，应当向患者的近亲属说明，并取得其书面同意。

（2）损害赔偿权。第 54 条规定，患者在诊疗活动中受到损害，医疗机构及其医务人员有过错的，由医疗机构承担赔偿责任。据此，患者可以要求追究医疗机构及医务人员的责任，获得经济赔偿。

（3）查阅、复制病历资料权。根据第 61 条第二款的规定，患者要求查阅、复制前款规定的病历资料的，医疗机构应当提供。

（4）个人隐私权。根据第 62 条规定，医疗机构及其医务人员应当对患者的隐私保密。泄露患者隐私或者未经患者同意公开其病历资料，造成患者损害的，应当承担侵权责任。这一条款充分表明对患者精神性权利的重视。

（5）避免过度检查权。第 63 条规定，医疗机构及其医务人员不得违反诊疗规范实施不必要的检查。这实际上是禁止对患者进行过度医疗，避免患者遭受不必要的人身伤害与经济损失。

总结我国以上法律文件以及目前其他法律法规的规定，已经得到确认的患者权利主要有平等医疗权、生命权等。

平等医疗权。它是指任何患者的医疗保健享有权都是平等的，每一个社会成员在医疗中都享有得到基本的、合理的诊治和护理的权利，以及在医务人员面前，患者是平等的。这实际上是法律面前人人平等原则在医疗卫生领域的具体体现。

生命权。它是指患者在心跳、呼吸、脑电波暂停的情况下，医生不能放弃抢救，应尽一切可能实施救治，患者拥有活着的权利。

身体权。患者对自身正常或非正常的肢体、器官、组织等拥有支配权，医务人员不经患者同意、家属签字或者履行一定手续，不能随意进行处理。

健康权。患者享有维持生命体征比较正常、心理状态比较符合正常人标准的权利，即拥有包括生理健康和心理健康的权利。

疾病认知权。患者对自身所患疾病的性质、严重程度、治疗情况及预后有知悉的权利。医生在不影响治疗效果的前提下，应让患者知悉病情。

免除一定社会责任的权利。它是指患者在获得医疗机构证明后，可以免除一定社会责任，同时有权利得到各种福利保障。

此外，法律规定的患者权利还包括人格尊严权、知情同意权、隐私保护权、查阅与复制病历资料权、申请鉴定权、求偿权、诉讼权等权利。

需要指出的是，有些患者权利尽管已经得到法律的明确确认，依靠法律进行保障，由道德权利转化为法律权利。但是，现有法律并未建构起完善的保障制度体系。有的法律条款只是一种倡导性的口号，而非完整的法律规范，如何保护患者权利无从谈起；有的法律规范过于笼统和抽象，缺乏可操作性，实际效果大打折扣；还有的医事立法层级偏低，权威性不高，效力性不强，影响了患者权利保护的效果。因而，确认患者权利的法律属性，加强对患者权利的立法保障，是当前我国医学界与法学界面临的一项重要任务。

第八章
患者权利是一种经济权利

经济权利的内涵是指权利主体享有的经济利益以及在经济活动中为或不为一定行为的资格。它是一个比较抽象而笼统的概念，范围十分广泛。作为患者的经济权利，主要是指患者的个人财产利益不受侵犯，以及从政府与社会获得物质帮助的权利。早在100多年前，马克思就指出："人们为之奋斗的一切，都同他们的利益有关"，充分表明人们享有经济权利的重要性。对于患者而言，他们的经济利益不可侵犯，每一个人应该得到来自国家与社会的物质帮助。这是保障每一位患者正当权益的必然要求，也是建构和谐医患关系的必然要求。

一 传统医患关系的经济因素

无论在中国与外国，传统社会的医患关系几乎无一例外地表现为一种经济关系，是毋庸置疑的事实。医者依靠运用医学专业知识与医疗技术治病救人，既造福社会，功德无量，同时也是他们的谋生之道、立身之本。对于患者来说，花钱治病，付出一定的代价而获取生命与健康，则是他们的本分。在《红楼梦》中，晴雯病了，偷偷请个大夫进大观园来看，花费了一两银子诊金，然后再按开出的方子去药铺抓药，就是患者掏钱、医生治病的生动反映。而且，从书中反映的情形看，再结合我国古代人民群众的生活状况，此次诊病所支出的医疗费用是比较高的。

考察我国古代医学发展的历史，通过关于医疗收费的直接与间接记载，也不难发现医患关系的经济属性。随着人类社会的出现，医学逐渐产生并发展起来。我国自古以来就有"神农尝百草，始有医药"的传说。到了周朝，医学技术已经发展到一定的高度，根据《周礼》记载，当时有医师"长医之政令"，并有食医、疾医（内科）、疡医（外科）、兽医等我国最早的医学分科。春夏秋冬各有时疫，有关疟疾等传染病的记载也出现了。① 及至春秋战国时期，我国医学得到很大发展，治病有了内科、外科、妇科、儿科等较多的分科，诊病方法包括望、闻、问、切等，并出现了著名的医学著作《黄帝内经》。再到后来，经过汉代以至于后来唐朝、宋朝、明朝、清朝时期的发展，我国传统医学理论与技术走向成熟，涌现出张仲景、华佗、董奉、孙思邈、李时珍等一大批医德高尚、医术精湛的医学大家，在服务广大人民群众的身体健康方面担负起重要使命。

具体来说，我国古代就医是这样的：多数情况下患者到医生的家里，或者到诊室与医馆寻求帮助；有些重病患者无法到医生所在地，则由家属延请医生到患者的家里诊疗。无论何种诊病方式，都不可能是免费的、无偿的，都需要患者缴纳诊金（古代原则上实行医药分离，即医生给出诊断结论，患者根据治疗需要到药店买药）。在实际生活中，医生会根据是否出诊、出诊时患者居住地距离自己住址的远近、患者家庭的经济情况以及患者疾病的复杂程度等因素，决定收取诊金的多少。也有部分医德高尚的医生，淡泊名利、廉洁行医，对家庭贫困的患者抱有深切的同情，少收或不收医疗费用。例如，明代医生潘文源，每日求诊者，盈门塞巷，他意在施与，所医治者，概不择酬，只是自己家里生活非常清贫。清代名医徐廷祚说："欲救人而学医则可，欲谋利则不可。"这些以悬壶济世为己任的高尚行为给医患关系增添了一抹亮色，却改变不了医患关系的经济本质。

而且，古代医疗费用常常超出穷苦患者的承受能力，致使一些家庭贫困的患者无力承担。古代文献《寿字帕》里记载，本县名医赵老先生，一般人请不起他，光一趟出诊费就要五两银子，而那时候的中产之家，一月只有一二两银子的入项。清代小说《跻春台》里，有一个佣人家境贫寒，辛辛苦苦攒下一点钱，没想到得了一场病就把钱花光了。有的医生金钱至上，钱不到不用药，更是凸显医患关系的经济属性。《清朝野史大观·清代述异》记载，有一个叫蒋紫垣的医生，有解砒毒秘方，但是患

① 朱绍侯、张海鹏、齐涛：《中国古代史》（上），福建人民出版社，2008，第77页。

者看病解毒，他必要高价，如果得不到满足，"则坐视其死不救"。于是，很多穷苦百姓有病得不到治疗，只能拖着。就像著名老中医李可先生所说：农村患者，非到危及生命，不敢言医。得了重病就成九死一生之局，因不得救治而死者，屡见不鲜，人间惨事，莫过于此。①

不可否认，我国传统社会也曾经存在免费医疗现象。在北魏以前，各个州、郡、县大多在政府大院前设立门店，相当于今天的机关医院，对各级官吏、政府设立的学校师生甚至囚犯提供公费医疗服务，但是对老百姓治病收取医疗费用，引起社会的不满，成为民众造反的重要原因之一。于是，北魏显文帝吸取教训，发布诏令："朕思百姓病苦，民多非命……可宣告天下，民有病者，所在官司遣医就家诊视，所需药物任医量免费给之。"从此，政府开设的医院免费为百姓提供医疗服务。北魏太和二十一年（497），政府在洛阳设立"别坊"，即专门为穷人开设的医院，凡是贫穷患病无力医治的，都可以在"别坊"就医，由此开启了古代政府为百姓提供免费医疗的先河。唐代时期，政府创办"养病坊"，为穷人提供免费诊疗服务。据《唐会要》记载，这种收容贫民看病的公费医院，遍及各州郡，经费从指定的官田税赋中支出。到了宋朝，继续发扬"政府免费为穷人看病"的传统，创建了完全由国家财政负担的公立免费医院"安济坊"，而且要求各州县都要设一所；此外还出台相关政策，涉及提供医疗人才、药物供应等方面，又鼓励私人集资举办慈善性医院"养济院"，以方便贫民就医。明代的公费医疗制度得到进一步发展，洪武三年，朱元璋下令全国各地的州、府、县普遍设立"惠民药局"，为百姓提供便利的医疗服务。在广州游历的西方传教士克路士，曾撰文提出："布政司（省长）下令把穷困病人收纳到皇家医院。因为皇帝在各城市都设有大医院，其中有很多房间……被接纳入院的人都登记入册。每年医院都要报告花费数字和救济贫病的情况，如有差误或玩忽职守，那他们就因此受到严惩。"

---

① 秋垚：《看看真实的李可——"救命先生"李可和他的弟子们》，《南风窗》2007 年 7 月 16 日。

旧时代的免费医疗尽管看起来很美，也在一定程度上解决了贫苦百姓看不起病的问题，但它只是作为医疗制度的一种补充现象存在，从来没有，也不可能成为封建时代广大人民群众主流的就医方式。这是由封建专制社会制度的本质决定的。患者付钱看病，广大群众无力承担繁重的医药费用，才是社会的常态。忽视了这一点，就抹杀了问题的主要方面，甚至会歪曲对古代医疗问题的本质认识。当然，不可否认，古代免费医疗制度反映了人民群众病有所医的美好愿望，无论在指导思想还是制度设计方面存在某些合理的因素，在诸多方面可以为今天公益性医疗制度的建构提供借鉴与帮助。

二 国外医疗保障与患者权利

医疗保障制度"是一种向国民提供在患病及妇女生育期间的基本生活费用保障和医疗费用保障的制度"[①]。它与患者权利保护是密切相连的，前者显而易见地成为后者实现的基本前提与基础，探讨医疗保障制度就是探讨患者权利保护问题。

在世界上其他国家，传统社会的医学科学发展与医疗制度跟我国并没有本质的不同，同样是伴随着人类社会的出现而形成、发展起来的，与当时不发达的经济状况与较低的科学水平相适应，长期处于相对落后的状态。各国涌现出许多医德高尚、医术精湛的大医名医，诸如希波克拉底、盖伦、妙闻、迈蒙尼提斯、胡弗兰德等人，在医学发展的历史天空中灿若群星，熠熠生辉。只不过，在西方国家，现代意义的医疗机构出现要早得多，现代医疗制度的形成与完善更远非我国所能及。但是，毫无疑问，在世界各国的传统社会，包括奴隶社会、封建社会、资本主义社会的早期，医患关系的经济本质是毋庸置疑的，患者缴纳医疗费用，医疗机构收取各种费用并从中盈利，乃是不争的事实。许多医院不仅收取正常的诊疗费、

---

① 李秋波、曾国安：《西方国家医疗社会保险制度的改革与启示》，《管理世界》1998 年第
6 期。

护理费、医药费，甚至还通过出售床位或提供长期的护理服务等方式收取高额费用，例如：一项终身护理，包括一间单独病房，有专人照料，还配有马厩。① 当然，西方国家的慈善医疗事业的发展历史也十分悠久。早在12 世纪，英国国王史蒂芬（King Stephen）就在约克郡建立起圣兰纳德医院（St Leonard），对穷人布施和行善，在发展高峰时曾经收治过 240 名长期患者。16 世纪，比较有代表性的一个实例是英王爱德华六世建立的圣巴塞洛缪医院（St. Bartholomew's）、圣托马斯医院（St. Thomas'）以及一些教会医院，负责救治穷人和孤儿。② 对此，有学者评价为"这是基督教王国里第一个由世俗政府领导的对民众实行的医疗救助和社会救济的体系"。在以后的历史岁月里，西方国家的医疗慈善事业得到进一步的发展，在一定意义上为现代医疗保障制度的形成奠定了基础。

现代医疗保障制度的形成，是随着经济社会的发展，社会整体保障体系不断走向完善的结果。近代社会以来，人类认识与改造世界的能力得到空前的发展，整个世界发生了翻天覆地的变化，生产力与科学技术发展达到前所未有的高度与水平。在这样的时代背景下，社会财富大大积累，为社会保障制度的建立提供了极其雄厚的物质基础。同时，人权观念得到形成和发展，并逐渐深入人心，保障每一个人的生存权和发展权、提高人们生命的质量和内涵成为世界各国的共识，由此奠定了现代社会保障制度的思想文化基础。20 世纪初期，西方国家现代意义上的社会保障制度开始形成，医疗保障是其不可或缺的重要组成部分。1935 年 8 月 14 日，美国总统罗斯福颁布的《美国社会保障法》，标志着美国现代社会保障制度的初步建立，在内容上包括社会保险、公共援助、社会服务、老年伤残保险、医疗补助和孕妇、残疾儿童补助等六个方面。1942 年 12 月，英国各部研究社会保险及有关福利联合委员会提出《社会保险和联合服务报告书》，即著名的贝弗里奇报告，建议实行福利国家政策，即实行失业、残疾、疾病、养老、生育、寡妇、死亡七项社会保险。可见，自从现代社会

---

① 傅益东：《浅析 18 ~ 19 世纪英国医疗行业的发展》，四川师范大学，2015。
② 邹翔：《近代早期英国政府医疗救助问题探析》，《齐鲁学刊》2007 年第 6 期。

保障制度建立以来，医疗保障就从未缺席，一直是受到社会普遍重视的重要方面。

具体到现代社会医疗保障制度，目前西方发达国家大致有三种主要的医疗保障模式。

一是国家保障型，即国家实行比较全面、充分的全民公共医疗制度，政府出资创办和经营大量的公益性医疗机构，公民按照政府制定的规章制度在公办医疗机构享受免费的服务，或者由政府购买医疗服务无偿提供给患者，使全体公民医疗健康依靠国家获得可靠的保障。实施该医疗保障模式的主要是英国、瑞典、挪威等西欧、北欧国家，以及意大利等国。其中，英国常常被视为施行国家保障型医疗保障制度的典型代表，它的众多医疗机构与"国家医疗服务体系"（National Health Service）被世界卫生组织认为是欧洲最大的公费医疗机构和世界上最完善的医疗服务体系之一。早在1948年，英国的国家保障制度就已经建立起来，形成了由各级公立医院、各类诊所、社区医疗中心和养老院等医疗机构组成的三级医疗服务体系：第一级为初级医疗保健机构，即全科诊所，这是国家医疗服务体系的最大组成部分，主要由全科医生和开业护士提供服务，起到公民健康守门人的重要作用。第二级为地区医院，通常就是这个地区的医疗中心，由专科医师根据全科医生提供的转诊单，了解患者的病史，对患者进行对症治疗。第三级是大型医学中心、教学医院或专科医院等，患者以紧急救治和重大疑难病为主，专科医生将其接收的特殊疑难杂症患者转到这里，也有些规模较大的医院既提供二级医疗服务也提供三级医疗服务。无论哪一级别的医疗机构或哪一个环节，患者不论身份地位及经济状况如何，接受基本医疗服务均无须花费任何医疗费用。这得益于英国工党在第二次世界大战后建立的原则：无论个人收入高低，只根据居民的不同健康需要，为居民提供全面的免费医疗服务。当然，如果患者对政府提供的医疗服务不够满意，到私立医院寻求更加优质的服务，则需要付出不菲的医疗开支。在公立医院与私立医院搭配、政府主导与市场调节结合的机制下，英国医疗保障制度取得了比较好的效果。

二是社会保险型，即医疗保险基金社会统筹、互助共济，主要由雇主和雇员缴纳，政府酌情补贴的医疗保障模式。实施该医疗保障模式的有德国、日本、加拿大等将近 100 个国家。可以看出，该种模式具有较大的普遍性，得到多数国家的支持和采纳，其根据不同的人群提供不同的医疗保障计划，通过工资税进行筹资，同第一种模式相比，其复杂程度更高。该种模式最主要的代表是德国与日本。德国是世界上第一个建立医疗保险制度的国家，早在 1883 年、1884 年和 1889 年，德国就分别颁布了疾病保险法、意外伤害保险法、伤残老年保险法三项立法，为建立社会保障制度奠定了基础。目前，德国的医疗服务体系大致上可以分为四个部分：一是开业医生，属于最基层医务人员，主要负责一般的门诊检查、咨询等；二是医院，包括公立医院、非营利医院和私营医院三种形式，负责各种形式的住院治疗；三是康复机构，主要负责经医院治疗后的患者的康复，提供相应的医疗、护理等服务；四是护理机构，主要负责老年人以及残疾人的护理工作。患者花费的医疗费用主要由保险公司支付，保险费则根据公民的收入情况，选择法定医疗保险或私人医疗保险缴纳，月收入较低的工人，保险费全部由雇主承担，而失业者的医疗保险金大部分由劳动部门负担。在日本，医疗保险组织有社会医疗保险组织、医疗救助组织和公共医疗保健组织三种形式。其中，社会医疗保险组织是核心，医疗救助组织主要对贫民提供医疗保健，公共医疗保健组织是为了某些病种或残疾人提供的医疗保险。保险经费来源包括个人缴纳保险费、国家和地方政府根据各医疗保险组织的参保人数使用医疗费的情况给予一次性补助或按比例补助。凡参加健康保险的人员有权凭证任意选择就诊医院或门诊，就诊后除报销医药费外，还以可领取一定数量的医疗补贴，包括因病缺勤补贴、分娩补贴、失业补贴和死亡送葬补贴等。患结构性疾病、精神病患者及其赡养的家属还可以得到国家的特殊补助。日本的医疗保险制度被视为比较成功，得到许多国家的认可，2000 年世界卫生组织对 191 个成员医疗卫生整体绩效评估中，日本位列第一。

三是商业保险型，即美国为代表的部分国家实行的市场主导、政府参与的一种医疗保障体制，也可称为混合型医疗保障制度。这种模式不仅与国家保障型医疗制度完全相反，而且与社会保险型模式也存在较大区别。美国的医疗保险制度具有多元化特点，不像其他模式的国家那样形成统一的医疗保险，而是私人和公共医疗保险计划同时存在。其中，私人医疗保险是主流的保障系统，大多数工人及其家属为雇主所购买的私人保险所覆盖，政府只是向那些无力购买私人保险的人提供公共医疗保险。具体运作方式是，企业为雇员购买或私人自愿购买商业保险，之后保险公司负责筹集资金，向符合条件的患者提供就医经济补偿或直接向医疗机构购买服务。这种模式以高度市场化为主要特征，私人保险模式参保自由，有钱买高档的，没钱买低档的，形成了适合需求方多层次需求的医疗制度。但是，以自由医疗保险为主，按市场法则经营，由于盈利目的的驱使，往往容易造成健康状况不好而经济条件较差的社会成员投保受拒，或者只能享受较低层次的医疗保障，因此其公平性较差。而且，在3亿美国人中，目前尚有10%左右的公民无力购买医疗保险，从而落入医保的真空。这不仅仅与美国这个世界第一强国的地位不相称，也容易导致生存权、健康权得不到保障的残酷现实，严重损害社会的公平与正义。

除去西方发达国家以外，世界其他各国也大都先后建立起了自己的国家医疗保障体系。例如，以巴西为代表的部分发展中国家实行以全民免费医疗为主、个人医疗保险为辅的医疗制度。巴西作为世界上贫富悬殊最大的国家之一，为了保证全体国民不论经济状况如何，都能享受到基本的医疗保障，于1988年颁布新宪法，决定建立"统一医疗体系"。"统一医疗体系"由全国所有的公立卫生站、医院、大学医院、实验室、制药厂、血库、医疗科研机构，以及卫生管理部门聘用的私立医疗机构组成，共同履行全民医疗保障的职责。在基本医疗服务范围内，公民个人基本上不需要缴纳任何费用，可以免费享受全方位的医疗服务。当然，除了公办的医疗机构，巴西还有大量的私人医院，可以为患者提供高水平、高质量的医疗服务。有钱人常常自掏腰包购买私人医疗保险，到私立医院看病。此外，俄罗斯、印度，以及古巴、朝鲜等国，也都实行政府主导的全民性、公益性医疗保障制度，使广大人民就医问题能够得到基本的保障。

现代医疗保障制度的建立，是人类文明发展的产物，是经济社会发展进步的表现。但是，也应该看到，当前医疗保障制度仍然存在比较严重的问题，不仅阻碍了医疗保障与医疗服务目标的实现，不利于人民群众医疗权的实现，而且对于经济社会发展产生消极作用。换言之，在很大程度上，世界各国的全民医疗保障制度只是"看起来很美"。例如，2013年10月9日，俄罗斯卫生部宣布结束付费医疗制度，公民可永久享受免费医疗，在我国又引起许多人对国外免费医疗制度的"艳羡"。实际上，俄罗斯的免费医疗似乎并不像人们想象的那样美好。在那里，虽然看病是免费的，但药品却要患者自费到药店购买。此外，俄罗斯免费医疗只涉及基本的医疗服务，一些额外的治疗与检查，例如做彩超、核磁共振等，患者只能花高价去私人医院。而且，形式上的免费治疗在实际生活中并非无偿，患者很多时候需要给医生塞红包，以便能尽快看上病，或能用上好一点的药物。即便是在正常情况下的免费医疗服务，医务人员工作效率之低下、服务态度之恶劣、就医条件之简陋，常常令人难以接受。于是，一般经济条件好的患者遇到大病会直接选择私立医院，而很多穷人则只能是漫长的等待。这种情况不仅在实行全民医疗、免费医疗的印度、巴西等许多国家普遍存在，即便是在经济发达、制度完备的英国社会，仍然是一个十分突出的问题。因此，一些华人华侨不远万里，从医学技术先进、医疗保障体系完善的发达国家英国回到我国就医也就不难理解了。

三　改革开放前我国的医疗保障制度

中华人民共和国成立后，患者权利作为一种经济权利，主要表现为政府建立起比较完善的公益性医疗保障体系，为广大人民群众提供无偿或者收费低廉的医疗服务。

"由于长期战乱，新中国成立之初，我国的国民健康指标极其恶劣，公共卫生体系将近于无。1949年，中国的人均寿命只有35岁，婴儿死亡率高达200‰，产妇死亡率为15‰，多种烈性传染病广泛流行，寄生虫病广泛传播"。① 为了根本改变长期以来我国十分落后的医疗状况，解决看病难问题，切实保障人民群众的身体健康，真正实现广大人民群众当家做主的愿望，建立医疗保障制度体系成为摆在政府面前的一个重要而迫切的任务。在借鉴苏联等国家成功经验的基础上，紧密结合我国的国情，政府经过长期的探索，逐渐形成了一套具有中国特色的社会主义医疗保障制度体系。这种制度体系与计划经济体制相联系，主要依靠政府财政支持，最大限度地覆盖全国所有人。具体来说，当时的医疗卫生制度包括公共卫生体系建设、医疗保障与医疗服务制度三个方面。

（一）公共卫生体系建设

中华人民共和国成立不久，中央人民政府确立了以预防控制为主的医疗卫生方针，把对疾病的预防放在发展医疗卫生事业的首要位置，积极建设国家公共卫生医疗防御体系，自上而下迅速建立起国家、省、市、县各级卫生防疫站、妇幼保健站、卫生宣教部门等组织机构。这些机构的运行与工作开展主要依靠财政支出，因而建立起稳定的资金来源和筹资机制，获得了比较可靠的物质与制度保障。在具体工作的开展上，特别注重传染病防治，除了一般性的卫生防疫体系，国家还建立起如结核病防治所、皮肤病防治所等各级各类专科预防与治疗机构，有针对性地对某种或某类疾病展开防治。其中一个典型事例是 1955 年中共中央成立南方十三省防治血吸虫病领导小组，并在各省、市、县党委成立相应的机构，为从根本上消灭血吸虫病提供了强有力的组织保证。1960 年，在总结、借鉴血吸虫病防治经验的基础上，从中央到地方各级党委又成立了地方病防治领导小组，以加强对鼠疫、克山病、大骨节病、地方性甲状腺肿等各种地方病的防治工作。除此之外，全国所有的医疗卫生机构，包括各级医院、厂矿卫生院室、乡镇卫生院和村卫生室，在"预防为主"的工作方针指导下，也都承担着从预防接种、传染病防治到健康教育等广泛的公共卫生职能，在监测、预防控制和治疗等各个方面与专门性公共卫生机构协同工作。

---

① 张栋：《新中国以来医疗卫生事业的发展轨迹》，《团结》2011 年第 2 期。

尤其需要指出的是，计划经济时代，各种公共卫生服务基本是免费的，无论在城市还是农村，广大人民群众几乎无须为此承担任何医疗费用。20 世纪 50 年代初，我国就开始实行全民免费接种牛痘和卡介苗，到了 60 年代初，又逐步开始对脊髓灰质炎、麻疹、乙脑、白喉、破伤风、百日咳和结核病等常见病展开免费计划接种疫苗。这种做法制度化、常规化，在全国得到比较彻底的贯彻，适用规模之大、范围之广、取得效果之明显，在全世界是非常罕见的。这些有益的探索与实践后来为其他国家，特别是一些欠发达国家所借鉴，取得了比较显著的成就，有力地推动了本国医疗卫生事业的发展。

我国计划经济时代的公共卫生事业还有一个重要特色就是习惯于组织广泛的群众卫生运动。这个特色很大程度上来源于革命战争年代中国共产党成功地发动群众、依靠群众参加革命斗争的成功实践，也与计划经济体制下党和政府对一切社会组织资源全面掌控而形成的强大动员能力密切相关。毛泽东、刘少奇、周恩来等党和国家领导人不仅多次讲话，表示对群众卫生运动的大力支持，而且亲自参加各种活动，极大地激发了人民群众投身卫生运动的热情。1952 年，中共中央设立爱国卫生运动委员会，统一组织领导全国的群众卫生运动。随后，自上而下从省、地区、县直到公社和村庄的各级党委都成立了相应机构，每年都在生产间隙组织群众开展多次爱国卫生运动。运动的内容与范围十分广泛，从最初的"讲卫生、除四害（蚊子、苍蝇、老鼠和臭虫）、消灭疾病"逐步扩展到后来的"治理公害，净化、绿化和美化环境"。这种广泛动员的群众卫生运动尽管显得有些原始，但是所取得的成效是显而易见的，在改善环境卫生、移风易俗、治理血吸虫病等地方病方面发挥了非常重要的作用。

总的来说，我国计划经济时代的公共卫生事业成就显著，公共卫生制度实现了从无到有、从不完善到比较完善的飞跃，公共卫生机构与工作队伍数量逐渐增加，技术水平与服务质量不断提高。到 20 世纪 70 年代后期，全国公共卫生机构发展到 4000 多家，卫生防疫人员 9 万多人，基本形成了包括卫生防疫、地方病控制、妇幼保健、边境卫生检验检疫等方面组成的全面的公共卫生体系。① 全体国民的健康指标与健康状况与 1949 年前相比得到根本性的改善。统计资料显示，到改革开放之初，我国人均预期寿命已经翻了一番，提高到将近 70 岁，婴儿死亡率降至 34.7‰，产妇死亡率也大幅度降低，全国范围内的各种烈性传染病被完全消灭或基本消灭，多种地方病和寄生虫病得到有效控制，人民群众的基本医学素养有所提升。因此，在 1978 年阿拉木图举行的国际初级卫生保健大会上，在探讨如何保障并增进世界所有人民的健康时，世界卫生组织对中国的卫生发展模式予以积极肯定，并将其作为初级卫生保健的典范向世界推荐，其中在很大程度主要归功于我国公共卫生事业发展取得的辉煌成就。

（二）医疗保障体系建设

医疗保障制度既是社会保障体系的重要组成部分，主要目标是合理组织财政资源，满足与经济发展水平相适应的医疗资金需求，保证广大人民群众能够享受基本的医疗服务，既是保障基本人权与实现人道主义的体现，也是促进经济社会发展的必然要求。

我国在计划经济时代，受到经济、政治体制等因素的影响，医疗保障与医疗服务是一种完全由政府主导的典型的计划医疗体制。医疗保障制度存在显著的城乡差异，实行"两条腿走路"模式。

具体来说，当时的城镇医疗保障分为公费医疗和劳动保护医疗两种形式。

在革命战争年代，中国共产党队伍中长期实行供给制，这是在特殊历史条件下，为了适应艰苦的战争条件，采取的一种特殊化的保障制度。随着新政权的建立，这种应急性的保障制度完成了自己的历史使命，开始退出历史舞台。党和政府必须思考如何适应成为国家执政者之后的角色转换问题，包括制定什么样的医疗保障制度。从 1952 年开始，政府对各级国家机关、事业单位工作人员和各个民主党派、人民团体中的成员实行公费医疗制度。第二年，政府又把公费医疗对象的范围扩大到大专院校的在校

---

① 　张栋：《新中国以来医疗卫生事业的发展轨迹》，《团结》2011 年第 2 期。

学生、二等乙级以上革命残疾军人和乡一级的国家工作人员。上述人员成为计划体制下优先得到医疗保障的对象，所享受的待遇不仅远远高于农村户口的劳动者，与企业工作人员相比也处于优越地位。公费医疗所需要的经费由国家财政直接预算支出，按人头拨付给各级卫生行政管理部门具体掌握，实行专款专用、统筹使用的政策，具有最强的保障性。城镇劳动保护医疗的对象是全民所有制企业与集体所有制企业的全体职工。在计划经济体制下，全民所有制企业在国民经济发展中扮演着至关重要的角色，是社会主义经济性质的集中体现，是保障国计民生的中流砥柱。企业员工在社会上也拥有崇高的地位，享受到比较充分的医疗保障。从1951年开始，劳动保护医疗制度在一些国有大企业中率先实行，次年又推行到所有的国有企业，在社会主义改造完成后又进一步推广到一切城镇工商企业。在具体实施上，劳动保护医疗所需花费1969年以前由企业生产成本列支的劳保医疗卫生费负担，以企业自留的劳动保险金和福利费作补充，1969年以后由企业医疗卫生费、福利费和奖励基金合并的"企业职工福利基金"负担。对于职工家属的医疗费用，由职工缴费的单位统筹负担或由单位福利费补助。一般情况下，由企业负担50%，对于困难家庭，企业酌情增加补助。对于另一种数量巨大的公有制经济形式——集体所有制企业，职工的医疗保障参照全民所有制企业实行。总的来看，劳保医疗和公费医疗的服务项目和待遇大致相同，除了挂号费需要患者自己支付外，其他一切治疗费用都从医疗保障经费中支出，个人几乎不存在医疗费用的压力。

在农村，医疗保障主要依靠实行合作医疗制度。这一制度是农村群众在进行土地改革过程中，受到"互助合作"模式的启发而创造出来的，是人民群众智慧的结晶。50年代中期，一些地方的群众在农业生产合作化过程中受益匪浅，深刻体会到互助合作的魅力，于是自发建立了以集体经济和农民自发筹资为基础、具有医疗保险性质的合作医疗制度，并且在1959年的全国卫生工作会议上得到肯定，由此开始在各地农村逐步得到推广，取得了显著的成绩。1968年，毛泽东主席高度评价湖北省长阳县乐园公社办合作医疗的经验，称赞"合作医疗好"。在那个讲究政治挂帅、人民群众无比崇敬领袖的年代，推广合作医疗成为一项重要的政治任务，农村合作医疗得到迅速发展。1975 年合作医疗在全国覆盖率达到84.6%，到 70 年代末，90% 以上的行政村已经基本实现了合作医疗。合作医疗的具体做法是，每年农民缴纳部分费用，村里再从集体公益金中按人头平均提留部分费用，作为合作医疗基金，群众看病时只交一点挂号费，治病、吃药就不再收费。许多地方的村卫生室和村民小组的土药房还以"三土"（土医、土药、土药房）、"四自"（自种、自采、自制、自用）为特点，开辟药园，种植大量的常用中草药，以充实卫生室、土药房，从而减少了合作医疗经费的开支。政府还从农村实际情况出发，培养了一大批不脱离生产、半农半医的医疗服务人员（1968 年《红旗》杂志称其为"赤脚医生"，此后这一称号广为流传），担负起卫生知识宣传、推广计划免疫、改善农村卫生环境等多方面工作，对农村卫生保健水平的提高起到了重要作用。总之，计划经济时期，在整个经济发展水平相当低的情况下，通过一定的制度安排，我国用占国内生产总值 3% 左右的医疗卫生投入，基本满足了几乎所有社会成员的基本医疗卫生需求，所取得的成就和做出的贡献是不可磨灭的。

（三）医疗服务体系建构

医疗服务体系就是国家和社会根据经济社会发展情况，制定的有关疾病的预防、治疗等保护人民群众生命健康等权利不受侵犯的各项政策的总和，它包括的内容非常广泛，涉及医疗设施、医护人才、医保资金、疫病控制、妇幼保健、健康教育、卫生监督等方面。建构科学、合理的医疗服务体系直接决定着医疗保障制度的实现，

中华人民共和国成立前，广大农村缺医少药，特别是在一些偏僻的地方几乎没有什么医疗设备。中华人民共和国成立后，政府迅速采取措施，努力改变医疗卫生服务极端落后的局面。1950 年召开的第一届全国卫生工作会议，首次提出了设立基层医疗卫生服务组织的要求，即在县一级设立卫生院，区一级设卫生所，乡一级设卫生委员，村一级设卫生员。1951 年，卫生部发布《关于组织联合医疗机构实施办

法》，号召在自愿的原则下，把私人开业的卫生人员组织起来成立联合诊所。① 之后，各种形式的联合诊所成立起来并且得到快速的发展，成为农村基层医疗组织的主要形式。1955 年，随着农村合作化运动的发展，由农业生产合作社自发集资举办的农村保健站在经过卫生部的调查和肯定后也得到了较快发展。② 从此，以国家举办的县医院、区医院，农村合作社集资举办的保健站、医生举办的联合诊所、个体开业诊所以及遍布农村的接生员和卫生保健员为主组成的医疗服务体系被成功构建起来。③ 农村人民公社建立后，基层医疗服务体系又发生了一些变化，除县医院保留原有的隶属关系，其他各类基层医疗卫生服务组织全部并入公社。1960 年制定的《关于人民公社卫生工作几个问题的意见》中提出了公社卫生组织的三级结构：公社设卫生院（医院），生产大队设卫生所（保健站），生产队设卫生室。此后，一直到改革开放前，这种结构布局未发生大的改变。

总体上，在计划经济时代，由于受制于比较落后的经济发展水平和国家以重工业为重心的经济政策，当时的整个医疗服务体系较为薄弱，难以提供充分的高质量的医疗卫生服务，但是结构布局相对合理，使有限的医疗卫生资源较好地得以合理分配使用。无论在城市还是农村，所形成的三级医疗体系基本上满足了人民群众对医疗卫生服务的需求，没有出现今天的"看病贵""看病难"问题。在城镇（由市、区两级医院和街道、厂矿门诊组成）或者农村，居民的大部分常见病就近得到治疗。而且，政府比较重视基层医疗卫生机构的建设，在人员培训、经费提供和器械配置上，一直有所倾斜④，从而在很大程度上保证了医疗服务的质量与服务水平。尤其是 1965 年毛泽东发表"626 指示"，号召"把医疗卫生工作的重点放到农村去"，大量优质的医疗资源进一步倾向于农村，大批的医疗专家放弃城市优越的生活环境，到农村、到基层为广大人民群众提供了高质

---

① 马丽萍等：《我国医疗服务体系发展历程及思考》，《中国医院》2013 年第 5 期。
② 张自宽：《亲历农村卫生六十年》，中国协和医科大学出版社，2011，第 11 页。
③ 马丽萍等：《我国医疗服务体系发展历程及思考》，《中国医院》2013 年第 5 期。
④ 张栋：《新中国以来医疗卫生事业的发展轨迹》，《团结》2011 年第 2 期。

量的医疗卫生服务，有力地推动了农村医疗卫生事业的发展，为老百姓带来了福音。在物质资源的供应方面，向基层与农村的倾斜也十分突出。以全国病床数分布为例，1965年农村只占总数的40%，到1975年，这个比重已提高到60%。因此，这一时期我国医疗卫生事业发展所取得的成就是不可否认的。70年代末，世界卫生组织高级官员到中国农村实地考察，把中国农村的合作医疗称为"发展中国家解决卫生经费的唯一典范"。联合国妇女儿童基金会在1980～1981年年报中称：中国的"赤脚医生制度"在落后的农村地区提供了初级护理，为不发达国家提高医疗卫生水平提供了样板。当时发展医疗卫生事业的一些成功做法，取得的一些成功经验，在今天依然具有重要的借鉴意义。

四　新时期我国的医疗保障制度改革

20世纪70年代末，我国开始了改革开放，经济社会的发展进入一个崭新的历史阶段。如何更好地实现人民群众的医疗福祉，更好地保障患者的权利，无疑是当代社会面临的一个重要课题，也是改革开放以来政府工作的一个重要内容。患者权利作为一项经济权利，得到更为充分的体现。我国《宪法》明文规定："中华人民共和国公民在年老、疾病或者丧失劳动能力的情况下，有从国家和社会获得物质帮助的权利。国家发展为公民享受这些权利所需要的社会保险、社会救济和医疗卫生事业。"

计划经济体制下的医疗保障制度，取得了巨大而辉煌的成就，尤其是在一个人口极其众多、经济文化十分落后的国度取得的，使得这一成就尤为显得难能可贵。但是，也应该看到，计划经济体制下我国的医疗保障由于受到落后的经济文化等因素的制约，只能停留在比较低的水平上，医疗技术与服务质量与发达国家不可同日而语。而且，即便在制度的公平性方面，依然存在不少的问题，远不像人们想象的那样美好，最主要的是医疗资源分配不均衡现象没有得到根本解决：在城市医疗资源浪费现象突出，一个人的医疗本全家使用，多开药、开贵药，尤其是领导干部特殊化现象严重；在农村，医疗资源，尤其是高水平医务人员、高质量医疗设备匮乏，在一些偏远地区存在缺医少药现象。还有一点需要注意的是，当时的公共卫生、医疗保障、医疗服务体系都是建立在计划经济体制基础之上，例如城市企业职工的劳动保护是以生产资料公有（全民所有制与集体所有制），而且不存在工人下岗为前提的，农村合作医疗所需的费用主要来源于公社缴纳的提留。随着改革开放政策的实施，无论城市还是农村的传统公有制经济趋于解体，以此为基础建立起来的医疗保障制度体系就失去了依托，全面进行改革，建立适应新时期发展要求的医疗卫生体制成为当务之急。

20世纪80年代初，随着各个领域改革的全方位展开，我国医疗卫生体制改革拉开了序幕。1985年，为了消除计划体制下对医院统得过死、管得过多等弊端，卫生部发布《关于卫生工作改革若干政策问题的报告》，核心思想是放权让利，扩大医院自主权，基本上是复制国企改革的模式。不过，当时仅仅局限在旧体制内部做一些调整，还没有涉及制度层面。从90年代开始，医疗卫生体制改革推向深入，并且开始以市场化取向为导向。1992年，国务院下发《关于深化卫生改革的几点意见》，提出"建设靠国家、吃饭靠自己"，扩大了院长负责制的试点。1994年，国务院决定在江苏镇江、江西九江进行社会统筹与个人账户相结合的社会医疗保险制度的试点，为全国医疗保险制度改革探索经验。1998年开始推行"三项改革"，即医疗保险制度改革、医疗卫生体制改革、药品生产流通体制改革，标志着我国的医疗体制改革真正进入系统化、制度化阶段。2000年，国务院专门召开会议就"三改并举"进行部署，对医疗卫生领域的改革提出要求，做出安排。在这一阶段，卫生部等有关部门对我国医改工作的构成以及具体内容进行探讨，希望由此界定具有中国特色的医疗制度体系。

总的来说，20世纪90年代到21世纪初的前几年，我国医疗体制改革以市场化为主导，努力将公立医疗机构变成一个自主经营、自负盈亏，既重视社会效益，又重视经济效益的市场主体。改革解除了原来公立医疗机构所受的各种束缚，改变了事实上其作为行政管理部门附庸、毫无自主权的局面，调动了医疗机构的积极性，促进了医疗卫生事业的繁荣与发展。但是，随着国家医疗卫生投入的减少越来越不能满足医院自身发展的需要，以及市场经济发展带来经济利益的驱动，营利成为医疗机构与医务人员的主动追求，医疗服务体系全面趋利化。

特别是在医疗保障制度方面存在严重问题，公费医疗大大弱化，劳保医疗、农村合作医疗制度走向解体，多数群众一度面临医疗保障"真空"。1998 年 12 月，国务院发布《关于建立城镇职工基本医疗保险制度的决定》，要求在全国范围内建立覆盖全体城镇职工的基本医疗保险制度，标志着公费和劳保医疗制度正式退出历史舞台。之后，医疗保险制度经过十余年的改革和建设，确立了新型城镇职工基本医疗保险制度模式：社会统筹和个人账户相结合，费用分担，医疗服务竞争，费用控制，以及社会化管理等新的运行机制；在制度层面上初步形成以基本医疗保险为主体，以各种补充医疗保险（公务员补充医疗保险、大额医疗互助、商业医疗保险和职工互助医疗保险）为补充，以社会救助为底线的多层次的医疗保障体系基本框架。在农村也开始实施新的农村合作医疗试点工作，由农民自己与政府共同为农民提供医疗保障。但是，总的看来，在很长的一段时间里，医疗保险参保率明显偏低，主要覆盖国有企业和机关事业单位的职工，以及部分集体企业的职工，大量的其他类型企业的职工，非正式就业人员，下岗、失业职工，残疾人和孤寡老人，进城的农民工，较早退休的"体制内"人员，以及为数众多的农民还没有被制度所覆盖。卫生部发布的第三次国家卫生服务调查结果显示：2003 年，在城镇，享有城镇基本医疗保障的人口比例为 30%、公费医疗 4%、劳保医疗 5%、购买商业医疗保险 5%；在农村，参加合作医疗的人口比例为 9.5%、各种社会医疗保险占 3.1%、购买商业医疗保险占 8.3%、没有任何医疗保险占 79.1%。可见，改革开放近 20 年里，我国医疗保障体系的覆盖面较计划经济时代大大收窄。

事实证明，从 20 世纪 80 年代到 21 世纪初，20 多年的改革，克服了传统医疗体制的弊端，促进了我国医疗卫生事业的很大发展，但是市场化、商业化特征却使得广大群众面临看不起病的危险，"看病难""看病贵"成为制约医疗卫生事业良性发展的桎梏。2005 年，国务院发展研究中心社会发展研究部副部长葛延风接受《中国青年报》记者专访时说："目前中国的医疗卫生体制改革基本上是不成功的，"得到社会公众的认同。2005～2006 年度世界卫生组织对联合国 191 个成员国卫生绩效的排名令人震惊：中国在"卫生财务负担公平性"方面，位居 188 位，列倒数第四，与巴西、缅甸和塞拉利昂一起被列为最不公平的国家之一。可以说，这是医改失败论的有力佐证。正是在这样的背景下，我国医疗卫生体制改革开始了新的征程。

2003 年，中国共产党十六届三中全会提出科学发展观，即"坚持以人为本，树立全面、协调、可持续的发展观，促进经济社会和人的全面发展"，按照五个统筹（统筹城乡发展、统筹区域发展、统筹经济社会发展、统筹人与自然和谐发展、统筹国内发展和对外开放）推进各项事业的改革和发展。"看病难，看病贵"的问题在科学发展观和建设小康社会的背景下表现得尤为突出。2007 年 1 月，全国卫生工作会议提出建构四大基本制度，即基本卫生保健制度、医疗保障体系、国家基本药物制度和公立医院管理制度。4 月，国务院总理温家宝主持召开国务院常务会议，决定开展城镇居民基本医疗保险制度试点，并明确 2007 年将在有条件的省份选择一两个城市，进行建立以大病统筹为主的城镇居民基本医疗保险制度试点。10 月，中共十七大报告中首次明确提出卫生医疗领域的"四大体系"，即"覆盖城乡居民的公共卫生服务体系、医疗服务体系、医疗保障体系、药品供应保障体系"。"四大体系"的提出为以后的改革构建了崭新的框架，也为医疗卫生事业的发展指明了方向。此后的医疗卫生体制改革被称作"新医改"。

时至今日，"新医改"已经进行了 10 年。我国医疗卫生事业的发展既取得了辉煌成就，也面临着十分严峻的挑战。

（一）"新医改"取得的成就

鉴于以前的医疗卫生体制改革存在的问题与缺陷，"新医改"的基本理念是把基本医疗卫生制度作为公共产品向全民提供，实现人人享有基本医疗卫生服务，从制度上保证每个居民不分地域、民族、年龄、性别、职业、收入水平，都能公平获得基本医疗卫生服务。通过艰苦努力，新一轮医改取得了积极进展。

——基本医疗保障制度覆盖城乡居民。截至目前，我国城镇职工基本医疗保险、城镇居民基本医疗保险、新型农村合作医疗参保人数超过 13 亿，覆盖面达到 95% 以上，中国已构建起世界上规模最大的基本医疗保障网。筹资水平和报销比例不断提高，2015 年新农合、城镇居民医保人均筹资增加到 500 元左右，其中政府补助标准提高到 380 元。2014 年三项基本医疗保险住院费用政策范围内报销比例均达到 70% 以上，保障范围由住院延伸到门诊。推行医药费用即时结算报销，居民就医结算更为便捷。实施城乡居民大病保险，全面建立疾病应急救助制度。开展按人头付费、按病种付费和总额预付等支付方式改革，医保对医疗机构的约束、控费和促进作用逐步显现。实行新型农村合作医疗大病保障，患有先天性心脏病、终末期肾病、乳腺癌、宫颈癌、耐多药肺结核、儿童白血病等疾病的患者可享受重大疾病补偿，实际补偿水平约 65%。肺癌、食道癌、胃癌等 12 种大病也被纳入农村重大疾病保障试点范围，费用报销比例最高可达 90%。实施城乡居民大病保险，从城镇居民医保基金、新型农村合作医疗基金中划出大病保险资金，采取向商业保险机构购买大病保险的方式，以力争避免城乡居民发生家庭灾难性医疗支出为目标，实施大病保险补偿政策，对基本医疗保障补偿后需个人负担的合规医疗费用给予保障，实际支付比例不低于 50%，有效减轻个人医疗费用负担。此外，建立健全城乡医疗救助制度，救助对象覆盖城乡低保对象、五保对象，并逐步扩大到低收入重病患者、重度残疾人、低收入家庭老年人等特殊困难群体。

——基本药物制度从无到有。初步形成了基本药物遴选、生产供应、使用和医疗保险报销的体系。2011 年，基本药物制度实现基层全覆盖，所有政府办基层医疗卫生机构全部配备使用基本药物，并实行零差率销售，取消了以药补医机制。制定国家基本药物临床应用指南和处方集，规范基层用药行为，促进合理用药。建立基本药物采购新机制，基本药物实行以省为单位集中采购，基层医疗卫生机构基本药物销售价格比改革前平均下降了 30%。基本药物全部纳入基本医疗保障药品报销目录。有序推进基本药物制度向村卫生室和非政府办基层医疗卫生机构延伸。药品生产流通领域改革步伐加快，药品供应保障水平进一步提高。

所有政府办乡镇卫生院和86%的村卫生室全部配备基本药物并实行零差率销售。基层医疗卫生机构的硬件建设、软件建设、服务能力都有了明显改善，乡村医生待遇持续提高，从2014年开始连续两年将人均基本公共卫生服务补助资金新增部分全部用于村医。2017年3月11日，国家卫生计生委副主任、国务院医改办主任王贺胜在"两会"卫计委发布会上表示，全面推进公立医院综合改革的核心是破除以药养医，按照计划，全国公立医院将在2017年年底完成这项改革。

——城乡基层医疗卫生服务体系进一步健全。加大政府投入，完善基层医疗卫生机构经费保障机制，中央财政投资支持基层医疗机构建设发展。采取多种形式加强基层卫生人才队伍建设，制定优惠政策，为农村和社区培养、培训、引进卫生人才。建立全科医生制度，开展全科医生规范化培养，安排基层医疗卫生机构人员参加全科医生转岗培训，组织实施中西部地区农村订单定向医学生免费培养等。实施万名医师支援农村卫生工程，城市三级医院支援县级医院，中西部地区城市二级以上医疗卫生机构支援乡镇卫生院，以提高县级医院和乡镇卫生院医疗技术水平和管理能力。转变基层医疗服务模式，在乡镇卫生院开展巡回医疗服务，在市辖区推行社区全科医生团队、家庭签约医生制度，实行防治结合，保障居民看病就医的基本需求，使常见病、多发病等绝大多数疾病的诊疗在基层可以得到解决。经过努力，基层医疗卫生服务体系不断强化，农村和偏远地区医疗服务设施落后、服务能力薄弱的状况明显改变，基层卫生人才队伍的数量、学历、知识结构出现向好趋势。截至2014年年底，我国医疗卫生机构超过98万个，医疗卫生人员总量超过1000万，覆盖城乡的基层医疗卫生服务体系基本建成。医疗卫生服务设施条件明显改善，服务可及性进一步增强。全国医疗卫生机构广泛开展"三好一满意""进一步改善医疗服务行动计划""建设群众满意的乡镇卫生院"等活动。2014年，全国医疗卫生机构总诊疗人次达到76亿，入院人次达到2亿，居民医疗卫生服务需求满足程度提高，服务利用增加，公平性增强。

——基本公共卫生服务均等化水平明显提高。国家免费向全体居民提供国家基本公共卫生服务包，包括建立居民健康档案、健康教育、预防接种、0~6岁儿童健康管理、孕产妇健康管理、老年人健康管理、高血压和Ⅱ型糖尿病患者健康管理、重型精神疾病患者管理、传染病及突发公共卫生事件报告和处理、卫生监督协管等10类41项服务。针对特殊疾病、重点人群和特殊地区，国家实施重大公共卫生服务项目，对农村孕产妇住院分娩补助、15岁以下人群补种乙肝疫苗、消除燃煤型氟中毒危害、农村妇女孕前和孕早期补服叶酸、无害化卫生厕所建设、贫困白内障患者复明、农村适龄妇女宫颈癌和乳腺癌检查、预防艾滋病母婴传播等，由政府组织进行直接干预。2011年，国家免疫规划疫苗接种率总体达到90%以上，全国住院分娩率达到98.7%，其中农村住院分娩率达到98.1%，农村孕产妇死亡率呈逐步下降趋势。农村自来水普及率和卫生厕所普及率分别达到72.1%和69.2%。政府还启动"百万贫困白内障患者复明工程"，由政府提供补助为贫困白内障患者实施了复明手术。

——公立医院改革取得显著成就。从2010年起，在17个国家联系试点城市和37个省级试点地区开展公立医院改革试点，在完善服务体系、创新体制机制、加强内部管理、加快形成多元化办医格局等方面取得了积极进展。2012年，全面启动县级公立医院综合改革试点工作，以县级医院为龙头，带动农村医疗卫生服务体系能力提升，力争使县域内就诊率提高到90%左右，目前已有18个省（自治区、直辖市）的600多个县参与试点。完善医疗服务体系，优化资源配置，加强薄弱区域和薄弱领域能力建设。区域医学中心临床重点专科和县级医院服务能力提升，公立医院与基层医疗卫生机构之间的分工协作机制正在探索形成。多元化办医格局加快推进，鼓励和引导社会资本举办营利性和非营利医疗机构。2015年年底，全国民营医院达到1.45万个，占全国医院总数的52.7%。在全国普遍推行预约诊疗、分时段就诊、优质护理等便民惠民措施。医药费用过快上涨的势头得到控制，按可比价格计算，公立医院门诊次均医药费用和住院人均医药费用增长率逐年下降，公立医院费用控制初见成效。截至2015年，国家确定江苏、福建、安徽、青海4省为综合改革试点省，将公立医院改革作为核心任务部署推进。市级层面，国家级联系试点城市从

34 个增加到 100 个。县级层面，已有 75% 的县（市）和 76% 的县级公立医院启动了县级公立医院综合改革，年内实现全覆盖目标。在改革过程中，坚决破除以药补医机制，建立科学补偿机制，积极探索现代医院管理制度，稳步推进编制、人事分配制度改革。

"新医改"给城乡居民带来了很大实惠。基本公共卫生服务的公平性显著提高，城乡和地区间卫生发展差距逐步缩小，农村和偏远地区医疗服务设施落后、服务能力薄弱的状况明显改善，"因病致贫""因病返贫"的现象逐步减少。

（二）当前我国医疗卫生事业面临的困难与挑战

必须看到，我国医疗卫生事业的发展仍然存在非常突出的问题，面临十分严峻的困难与挑战。2015 年 2 月 10 日，由华中科技大学方鹏骞主编、人民出版社出版的《中国医疗卫生事业发展报告 2014》（卫生改革与发展绿皮书）发行，报告显示，我国医疗卫生事业发展面临重大挑战。

——居民医疗卫生服务需求增加，不同地区居民健康水平存在差异。城乡居民对医疗卫生服务需求不断增加，如 2003 年我国调查地区居民两周患病率是 14.3‰，慢性病患病率为 151.1‰，2013 年我国调查地区居民两周患病率是 24.1‰，慢性病患病率为 330.7‰；不同地区居民之间的健康水平仍存在明显差异，如东部城市和经济社会发展较快的地区人均预期寿命在 2010 年均超过 78 岁；而西部一些经济相对落后的省份（如云南、西藏、青海等）人均预期寿命在 2010 年还不足 70 岁，2013 年我国城市地区婴儿死亡率为 5.2‰，农村地区为 11.3‰，农村地区是城市地区的 2.2 倍。

——医疗卫生资源分布不合理。2013 年中央财政卫生投入增长 26.4%，地方财政卫生投入仅增长 9.5%，地方财力不足将导致基层财政保障风险加剧；东中西部地区间财政投入差距明显，东部由于较强的地方经济支撑，西部地区有较高的中央财政转移支付比例，而中部地区两者均未沾，而形成新的"中部塌陷"。2013 年人均卫生财政补贴东、中、西部分别为 312∶213∶331（元），差距明显，这种投入上的差距不利于地区间卫生资源的平衡和卫生服务能力的均等化，影响人人享有基本卫生服务目标的实现，影响卫生筹资的公平性。

——总体医疗费用上涨过快。近三年卫生总费用平均增长速度达到13.20%，为同期 GDP 增长速度的 1.62 倍，如果不能控制当前医疗费用过快增长势头必然给政府财政、实体经济背上沉重的负担；特别是考虑到我国"转方式，调结构"，中高速增长的"新常态"，财政收入的增长速度必然回落；医疗费用的增长使中国财政背上沉重的包袱，或许是中国社会经济危机的重要因素。

——医疗保险基金运行面临风险。在我国经济进入新常态发展阶段后，国民经济增长放缓，职工工资增长也将减速，因此按工资比例收取的城镇职工基本医疗保险基金收入的增幅也将下降。而基金支出由于继续上涨的医疗费用、进一步释放的医疗服务需求、人口老龄化加速等因素的影响保持增长态势。因此，医疗保险基金正面临巨大风险。城镇职工基本医疗保险 2000 ~ 2013 年，基金收入的年平均增幅为 33.20%，而支出的年平均增幅为 34.39%。以此趋势推测，2017 年城镇职工基本医疗保险基金就将出现当期收不抵支的现象，到 2024 年就出现基金累计结余亏空 7353 亿元的严重赤字。而对新农合基金的筹资和支出数据进行趋势预测，预计在 2017 年新农合的累计结余将为负数，至 2020 年支出将比当年筹资超支15.38%。基金的收不抵支已成为威胁基本医疗保险制度可持续的最重要因素。

——基层医疗机构患者的药品花费增量值开始上升。本研究报告表明：单纯依靠国家财政投入，实行零差率的基本药物供应制度对降低就诊病人用药花费和降低医院药占比仍然表现出不可持续的状态，这也意味着还有其他的因素影响着病人用药花费和医院药占比的降低，比如药品的流通成本增加、药品价格增加、医生的不合理处方行为或基本药物制度的执行力和监督力下降等因素。

——分级诊疗机制和服务体系尚未形成。分级诊疗制度急慢分治实施困境：一是患者传统的诊疗观念影响；二是基层医疗机构的专业技术水平相对较低，难以"取信于民"，省市大医院的急剧扩张也吸收了许多基层医疗机构的优秀人才；三是信息化管理机制滞后，无法形成有效的分级诊疗管理的信息平台；四是基本医疗保险制度没有从政策层面更好地引导分级诊疗；五是分级诊疗的监督机制尚未建立。

——各省份、区域及城乡间存在公共卫生服务的非均等化。（1）我国公共卫生服务的筹资不均衡。主要表现为东部地区的公共卫生支出无论是支出总量还是人均卫生支出均高于西部地区。另外，公共卫生支出的城乡差异较大。（2）公共卫生服务水平差异明显，如孕产妇系统管理率较低的省份主要集中于中西部地区。

——民营医疗机构发展的问题与困境。主要在于以下几个方面：一是政策设计层面，如卫生人力资源流动受到束缚，在机构审批、技术准入、不同省份之间部分诊疗服务执业资质不能互认、与社会办医关系密切的商业健康保险发展政策仍不明朗。二是政策执行层面，营利性与非营利性之间的变更程序不规范、审批权与监管权不匹配、民政部门与卫生部门之间缺乏协同监管机制。三是我国民营医疗机构自身存在的问题。

可以看出，我国医疗卫生事业在取得显著成就的同时，存在的问题与不足是显而易见的，涉及医疗卫生资源分配、医疗费用上涨、医疗保险基金运行、分级诊疗机制和服务体系建构以及民营医疗机构发展等各个方面。

第一，在医疗卫生资源分配方面，由于我国各地经济发展很不均衡，在经济相对落后、财力比较紧张的地区，主要是经济不够发达而中央财政支持力度较小的中部地区，人均卫生财政补贴较少，影响了人人享有基本卫生服务目标的实现。一些经济相对落后的省份（如云南、西藏、青海等），尽管中央财政给予了较大的支持，但是由于经济文化落后等原因，医疗卫生资源仍然比较紧张，医疗卫生事业发展依然滞后，影响了平等医疗权以及获得优质服务权等权利的实现。

第二，在医疗费用问题上，与世界上许多国家一样，医疗费用过高的问题困扰着我国社会，产生严重不良的影响。近年来，为解决人民群众看不起病以及医疗负担过重问题，我国基本医疗保障制度已经基本实现了针对城乡居民的全覆盖，国家财政投入显著增加。但是，患者支付的医疗费用也水涨船高，大量的利润被中间环节（经营商、医药代表、医院领导以及医务人员等）所获取，老百姓所享受的实惠大打折扣，医疗保障制度的效用严重消减。不仅如此，由于持续上涨的医疗费用、进一步释放的医疗服务需求、人口老龄化加速等因素的影响保持增长态势，我国医疗保险基金正面临巨大风险。

第三，分级诊疗机制和服务体系的建构。分级医疗，就是按照疾病的轻、重、缓、急及治疗的难易程度进行分级，不同级别的医疗机构承担不同疾病的治疗。大中型医院承担的一般门诊、康复和护理等分流到基层医疗机构，形成"健康进家庭、小病在基层、大病到医院、康复回基层"的新格局。大医院由此"减负"，没有简单病例的重复，可将主要精力放在疑难危重疾病方面。基层医疗机构可获得大量常见病、多发病人，大量的病例也有利于基层医疗机构水平的提高，从而更好地为人们的健康服务。最近几年，我国各地重新开始实行分级诊疗制度，以最大限度地缓解群众"看病难、看病贵"问题，促进医疗资源的合理利用，但是仍然存在诸多问题，在一些地方已经陷入困境。

第四，民营医疗机构发展的问题与困境。我国自从20世纪80年代启动医改以来，几乎每一个政策性文件都要强调鼓励社会力量办医，但直到2008年，我国私立医院的数量仅占医院总数的20%左右，资产总额仅占医院资产总额的3%，门诊量仅占全部医院门诊量的4.4%。最近几年，得益于政府与社会的大力支持，民办医院以前所未有的速度实现了快速增长，从数量上看已经占据了医疗行业的半壁江山。但是，绝大多数民办医院规模较小，力量较弱，医院资产总额与门诊量在公立医院面前显得微不足道。而且，在相关政策设计、政策的执行以及民营医疗机构自身存在许多问题（医疗设施落后、医务人员素质良莠不齐等），制约了它们的发展，使其难以较好地担负起弥补公立医院的不足、助力医疗卫生事业发展的重任。

我国医疗卫生事业的发展与医疗卫生体制改革，充分显示了患者权利是一项基本经济权利。它关乎每一个社会成员的生存与发展，是基本人权的重要体现，保障这一权利是政府、社会、医疗机构担负的一项重要职责，是在任何时候都不可推卸的责任。

第九章
患者权利是一种文化权利

任何人都是生活在一定文化背景下的独立存在的个体，他的一言一行、一举一动无不打上某种不同于他人的思想文化烙印，反映出某种文化的内涵、要求与特征。确认每个人身上所具有的文化的独特性、人与人之间思想文化的差异性，给以应有的敬畏与适当的保障，就是尊重人们的文化权利。在医疗工作中，医患双方共处于同一特定的环境之中，不可避免地发生这样那样的关系，患者的家庭背景、工作环境、教育程度、知识涵养、行为方式、生活习惯等方面都自觉不自觉、生动地展现出来，表现为一种令别人认同或排斥的文化，医务人员应当对此予以重视和理解，并以此为基础处理与患者之间的关系，也就是要尊重患者的文化权利。深刻理解患者的文化权利，应该成为医疗工作的重要内容，是保障患者权益、建构和谐医患关系的必然要求。

一　文化权利的概念

（一）文化权利概念的提出

在生活实践中，人们提及权利时，根据内容的不同，想到的通常是物质权利、财产权利、人身权利，很少会表现出对文化权利的诉求。无论国内还是国外，在人类产生以来很长的时间里，或者说直到近代社会到来之前，文化权利一直处于被漠视或遗忘的状态。即便到了今天，相对于其他的权利形式，文化权利仍然属于权利保护的荒芜地带，人们常常对其没有形成明确的认识，相关意识比较缺失，更缺乏进行权利保护的观念与制度，学界的研究探讨也存在很大的不足。"翻阅现有的文献，我国学者通常不注重对文化权利概念追根穷源，往往把它视为一个当然的概念来使用。"[1]

人们对文化权利的"疏忽"与认知的缺失，很大意义上是因为文化概念的复杂内涵。传统观点认为，文化是人类在社会历史发展过程中所创造的物质财富和精神财富的总和，但在实践生活中，文化的内涵通常作狭义的解释，主要指语言、文学、艺术及一切意识形态在内的精神产品。这是一个非常抽象、非常笼统，大而划一的概念。基于此种解释，人类产生以来所有的物质活动成果与精神活动成果，都可以被称为文化，人类社会的一切似乎都与文化有关，都可以用文化现象来解释，从而使得文化概念泛化，文化的内涵与功能抽象化，甚至在一定程度上空洞化。所以，也有学者提出，文化是一个综合性、多层次的概念，很难仅从一个角度或一个方面去界定文化的含义。可以认为：文化既指整个社会的生活方式或物质、精神价值的总和；又指不断发展的艺术和科学创作的实践过程；同时它又表现为具体的物质或精神文明成果或产品。[2] 可见，文化在内涵上具有较大的抽象性与不确定性，无法对此做出非常具体、明确、细致的阐释。换言之，不管何种人群，不论属于何种民族、种族、国家、受教育程度、知识水平，凡是人类创造的物质或精神文明成果或产品，都属于文化的范畴，文化就是人类历史活动的结晶。我们必须承认文化的多元性，尊重不同的文化存在，对各种文化予以应有的重视，对文化主体予以正确对待。这是对于文化范畴与思想应有的一种科学态度。

文化概念内涵的不确定性决定了文化权利内涵的丰富性与广泛性。究竟什么是文化权利，同样是一个见仁见智的问题，无论学界还是社会公众的看法常常歧义纷呈，莫衷一是。但是，当前学界对于文化权利问题研究的缺失则是公认的，社会公众对此的认知也相对缺乏，即便在注重人权保障的西方发达国家同样如此。曾任职联合国教科文组织人权、民主与和平部主任的西摩尼迪斯教授认为：作为人权的一个重要

---

① 吴理财：《文化权利概念及其论争》，《中共天津市委党校学报》2015 年第 1 期。
② 万鄂湘、毛俊响：《文化权利内涵刍议》，《法学杂志》2009 年第 8 期。

组成部分，"文化权利的内容和价值并没有受到应有的重视，常常被称为人权中的'不发达部分'。所谓'不发达'，是指相对于其他种类的人权，比如公民权、政治权利、经济和社会权利而言，文化权利在范围、法律内涵和可执行性上最不成熟"。[①] 虽然人们常说"经济、社会和文化权利"，将三种重要权利相提并论，但是关注的通常是经济和社会权利，这一点不仅表现在理论上，也表现在国家实践中，以至于人们对这一概念的界定存在较大分歧，对它的内涵的认知更是见解不一。但是，无论如何，对文化权利概念作一基本的界定，厘清其具体的内涵及相关问题则是十分必要的。尤其是随着经济社会的不断发展与进步，人权保障观念深入人心，全方位地尊重与实现人权成为当前人类社会面临的重要课题。

现代意义的文化权利概念，诞生的历史并不悠久，是随着人们对人权与公民权利概念认识的发展，直到20世纪才被提出来。众所周知，早在14世纪开始的文艺复兴时期，人们就有了人权概念，后来随着资产阶级革命的进行，保障人权与公民权利逐渐成为西方社会的共识。但是，在那个年代以及此后很长的岁月里，人们所认识的权利仅仅是指人身权利、财产权利、言论自由、信仰自由等基本人权，到了19世纪公民应该享有的权利才逐渐扩展到政治领域，形成公民的政治权利。直到20世纪，经济社会的发展进入一个崭新的历史阶段，人权与公民权利进一步扩大到社会领域，形成人们的社会权利。文化权利的概念与思想就是在这样的背景下形成的。有关文化权利的立法最早见之于1919年德国魏玛宪法，该宪法第118条规定：德国人民，在法律限制的范围内，有用语言、文字、印刷、图书或其他方法，自由发表其意见之权，并不得因劳动或雇佣关系，剥夺此种权利。但是，这一规定在当时并未引起世界各国的重视，直到第二次世界大战以后，公民的文化权利作为一项基本人权才得到了联合国成员国的承认。一般认为，人们对于文化权利的讨论是从1948年12月10日联合国制定的《世界人权宣言》开始的。1966年12月16日，第21届

---

① 吴理财：《文化权利概念及其论争》，《中共天津市委党校学报》2015年第1期。

联合国大会以 105 票一致通过了《经济、社会和文化权利国际公约》，该《公约》成为继《世界人权宣言》后国际人权宪章体系中的第二个文件，开辟了尊重与保护文化权利的新阶段。

文化权利的概念还在联合国教科文组织制定和发布的文件中得到了肯定，最重要的文件有三个：1966 年的《国际文化合作原则宣言》、1976 年的《关于扩大人民参与文化生活并为此做贡献的倡议书》以及 1986 年的《关于艺术家状况的倡议书》等。[①]

什么是文化权利？迄今为止，我们对文化权利的研究，还很不充分，对于这一概念的阐释远未达成共识。从现有研究成果及文献资料来看，很少有通过下定义的方式对文化权利概念直接进行解读，大都是关于其内涵的探讨。例如，我国学者指出："如果文化是具体的物质或精神文明成果或产品的话，那么文化权利就是指个人获得这一累积文化资本的平等权利，如参观博物馆、利用图书馆、欣赏音乐会等；如果文化是艺术和科学创作的实践过程的话，那么文化权利就是指个人不受限制地自由创造自己的文化作品的权利。而如果文化是特定社会的生活方式或物质、精神成果的总和的话，文化权利则指保有自己文化特性、坚持文化认同的权利。"[②]

联合国在 1968 年 8 月 8~13 日召开的巴黎会议上，较早地给文化权利做出如下定义："文化权利包括每个人在客观上都能够拥有发展自己个性的途径：通过其自身对于创造人类价值的活动的参与；对自身所处环境能够负责——无论是在地方还是全球意义上。"莫纪宏先生主要从宪政角度研究公民文化权利，他指出：文化权利与公民所享有的政治、经济和社会权利一样，都是公民作为国家和社会主人翁所必须享有的法律利益，文化权利也是国家和政府必须予以保障的基本人权，同时，公民的文化权利主要涉及公民个人的精神利益，是为了满足公民个人的精神需求的一种精神性的权利。其他学者也提出了公民文化权利包括参加文化生活、享受文化成果、进行文化创造等权利。

---

① 莫纪宏：《论文化权利的宪法保护》，《法学杂志》2012 年第 1 期，第 23 页。
② 万鄂湘、毛俊响：《文化权利内涵刍议》，《法学杂志》2009 年第 8 期。

总结现有的研究成果，我们可以尝试给文化权利下一个简单的定义：文化权利是指每一个社会成员所享有的个人文化得到尊重与保护，自身得以享受文化发展成果、参与文化生活、进行文化创造等方面的权利，是一种个人的精神性权利。

（二）文化权利概念的内涵

随着文化权利概念的提出，人们对于文化权利内涵的认识经历了一个不断完善和深入的过程，从起初对文化权利比较肤浅、片面的认识逐渐变得深入与全面。从历史渊源来看，1948 年 5 月 2 日美洲国家在哥伦比亚首都波哥大举行会议，会议通过的《美洲人的权利和义务宣言》第 13 条第 1 款规定"人人有权参加社会的文化生活"。同年 12 月 10 日，在巴黎召开的联合国大会上通过的《世界人权宣言》第 27 条第 1 款则规定："人人有权自由参加社会的文化生活。"第 21 届联合国大会通过的《经济、社会和文化权利国际公约》是公认的比较系统、全面地提出人的文化权利的国际权威性文件。《经济、社会和文化权利国际公约》中关于文化权利保护的内容进行分类概括，至少包括以下 4 个基本层面的内涵：一是享受文化成果的权利。这是文化权利实现的最为基本的内涵，是文化价值实现的根本环节。二是参与文化活动的权利。如果仅仅是享受文化成果，那还停留在基本的甚至是被动的层面上，因此还要通过开展各种各样、不同层次的社会文化活动，使广大人民群众能够得到充分的文化参与的权利。三是开展文化创造的权利。最能体现文化主体意识的是文化创造的开展，这也是社会主义和人的全面发展的本质特征之一。没有这种自由的文化创造空间和机制，文化权利的实现还将停留在较低层次上。四是文化创造的成果利益受保护的权利。倘若没有形成对文化创造成果的有效保护机制，必然会极大地打击公众进行文化创造的积极性，同时也不利于知识经济的健康发展。①

---

① 王京生：《文化治理要立足实现公民文化权利》，《人民日报·海外版》2015 年 1 月 14 日。

我国法律也对公民的文化权利保障做出了明确的规定。早在新中国成立初期，1954 年制定的新中国第一部《宪法》中，就对我国公民应该享有的文化权利做了比较详细的规定，主要涉及公民的言论自由，出版自由，宗教信仰自由，进行科学研究、文艺创作和其他文化活动的自由，都被视为公民的一项基本权利予以尊重与保护。1978 年制定的《宪法》尽管存在许多违背社会发展要求的不科学的内容，但是同样规定了公民的文化权利与自由，强调各项文化事业必须为社会主义服务，国家通过"百花齐放、百家争鸣"的方针，促进艺术发展和科学进步，促进社会主义文化繁荣。1982 年颁布的现行《宪法》强调，人民依照法律规定，通过各种途径和形式，管理文化事业，并且在具体条文中从多种角度对公民所享有的文化权利进行依法保护。其中，第 22 条规定，国家发展为人民服务、为社会主义服务的文学艺术事业、新闻广播电视事业、出版发行事业、图书馆博物馆文化馆和其他文化事业，开展群众性的文化活动；第 47 条规定，中华人民共和国公民有进行科学研究、文学艺术创作和其他文化活动的自由。可见，保障公民的文化权利一直是我国社会主义法律的基本任务。

但是，应该看到，官方（包括政府参加的国际性机构与国家政府）对文化权利的保护是存在缺陷的。一是因为文化及文化权利的复杂性，决定了刚性的法律制度难以对其做出全面、细致的规定，或者说已经做出的制度性规定无法达到人们期望的目标；二是由于法律具有滞后性的弊端，在日新月异的社会发展面前，现有的法律规定常常会落伍，跟不上时代发展的步伐。

所以，学术界对于文化权利保护的研究与探讨就显得尤为重要。波兰学者雅努兹·西摩尼迪斯经过深入细致的研究，认为文化权利包括受教育权、文化认同权、文化信息权、参与文化生活权、文化创造权、享受科学进步的权利、保护作者物质和精神利益的权利、国际文化合作权。另一位学者普若特（L. V. Prott）将文化权利分为 11 项：自由表达权，受教育权，父母对子女教育的选择权，参与社群文化生活权，保护艺术、文学与科学作品权，文化发展权，文化认同权，少数族群对其认同、传统、语言

及文化遗产的尊重权，民族拥有其艺术、历史与文化财产的权利，民族有抗拒外来文化加诸其上的权利，公平享受共同文化遗产的权利。近年来我国学者对文化权利的研究不断深入，艺衡等人在著作《文化权利：回溯与解读》中将文化权利归纳为四种：享受文化成果的权利、参与文化活动的权利、开展文化创造的权利以及对个人进行文化艺术创造所产生的精神上和物质上的利益享受保护的权利。姜广华提出，文化权利具体包括文化共享权、接受教育权、人格发展权、精神自由权、文化参与权、思想表达权、作品创造权、文化交流权等。

当然，实践生活中常见的文化权利，不可能涵盖所有的种类与内涵，而是权利的具体形态，是作为各种各样的活生生的权利而存在的。而且，在不同领域，甚至是在同一领域的不同环境下，不同的主体之间，以及同一主体在不同的历史阶段，人们实际享有或行使的文化权利存在区别。例如，知识分子常常行使思想表达权、作品创造权、文化交流权，而其他社会群体则更多地享有受教育权、参与文化生活权等权利，但是，无论如何，人们都应该共同享有和行使某些文化权利，这些权利的享有不因人们的社会地位、经济状况、工作性质、受教育程度等的不同而存在差异。例如，人人享有参与各种文化生活的权利，人人享有自身拥有的文化类型、性质以及多元性得到他人尊重的权利。尊重与保护这些公共文化权利，就是尊重与保障基本人权，是当今社会现代化、民主化的重要标志，是现代社会文明发展的重要体现。

二　患者的文化权利

患者作为一个特殊的社会群体，在就医过程中，与医务人员发生密切接触，并受到医疗机构所特有的环境的影响与制约，处在一种特殊的文化氛围之中，享有相对特殊的文化权利。这些权利如果得不到应有的重视与尊重，实际上是对患者正当权益的损害，势必引起患者的不满，成为医患关系紧张的重要原因。

（一）患者的文化权利首先表现为自身的文化状况理应得到尊重

在开展医疗工作过程中，医务人员面临来自不同区域、不同家庭环境、不同工作岗位以及在文化水平、教育程度、兴趣爱好等方面存在显著差异的患者群体，实际上就是处于形形色色的文化之中。如何认识与对待患者言行举止中展现出来的这些文化，尊重还是厌弃，包容还是排斥，是每一位医务人员无可回避的问题。

受教育程度相对较低患者的文化值得尊重。在来自各行各业、三教九流的患者群体中，人们受教育的程度以及文化素养存在明显的差异，既有接受过高等教育的专家学者、政府官员，也有文化教育欠缺的市民。作为接受过现代高等教育的医务工作者，思维模式与价值认同常常跟教育水平、文化素养、生活习性、社会地位相近的群体比较一致，而对受教育程度相对较低患者的文化难以认同，或者存在明显的疏离感。对于一些患者及家属的言谈举止，有的医务人员存在心理上较大的不适应，甚至反感与厌恶。有的患者及家属对于疾病缺乏基本认知，医疗知识十分匮乏，令许多医务人员感到不可思议。至于极个别患者，由于文化知识欠缺导致一些看似不合常理的表现，更是被部分医务人员传为笑料。因而，医务人员中，对于患者嫌恶者有之，嘲笑者有之，反感者有之，更多的则可能是受到医院规章制度的约束，或者是具备一定的医学伦理与人文素养，表现较为含蓄，于礼貌中带着冷漠，微笑中暗含着僵硬，令人感觉不太自然。归根结底，部分受教育程度相对较低的患者身上常常带有一种令不少医务人员感到陌生与不适的文化，由于对这种文化的不认同，医务人员无法真正做到对患者的尊重，难以完全保障患者的正当权益。实际上，除去个别患者身上带有的某些陋习，患者所展现出的是一种文化特征。尊重不同的患者文化，是尊重患者的重要表现，是医疗工作与医德医风建设的必然要求。

外来患者的文化特征需要重视。随着经济社会的发展，社会流动逐渐加速，人口流动大大加快，其他地方患者到某一地区医疗机构就医的可能性大大增加，而外地人与本地人身上产生的文化差异是显而易见的。在各个医疗机构发生的医患纠纷中，由于文化因素引发的冲突占有较大比重，严重困扰着医院的发展与威胁着社会的稳定，其中包括外地患者文化特征没有受到应有尊重的因素。因为，不同地区之间，人们的生活习惯、兴趣爱好、价值取向、善恶标准都存在较大的不同，医务人员如果忽视对外来患者文化特征的认知与把握，必将对医患沟通的效果、患者对医疗机构的信任与接纳、医患关系的融洽度产生不利影响。尤其是外地患者来到一个陌生地方，失去了原有的熟悉的社会资源，对于新环境下的一切知之甚少，对于医疗机构的规章制度缺乏了解，相较于本地患者更加处于弱势地位。即便从关心外地患者的角度，医务人员也应当重视与尊重他们的文化特征。医疗实践中，有的外地患者来到医院，克服在外地就医带来的种种不便，怀着对疾病的担忧，身心俱疲地挂号、候诊、缴费、就医，在医院就医过程中有时会误解医嘱或其他要求，而医务人员忽视了外地患者文化的差异性，对其缺乏进一步的嘱托与叮咛，甚至会对其看似有些另类的习惯带有排斥态度，不能够与之进行深入而有效的沟通。结果只能是导致患者在就医过程中更加感到无助与悲观，对于医疗机构产生消极的认识与评价，一旦出现医疗事故或者由于医务人员过错导致的其他问题，不可避免地引发医患纠纷与冲突的发生。

对于少数民族和宗教信徒患者的文化需要关注。在医疗实践中，尽管因为对于少数民族和宗教信徒的文化缺乏充分尊重而引发的医疗纠纷并不常见，但是并不能因此忽视他们的文化权利的保护问题。我国《宪法》规定："中华人民共和国各民族一律平等"，"中华人民共和国公民有宗教信仰自由。任何国家机关、社会团体和个人不得强制公民信仰宗教或者不信仰宗教，不得歧视信仰宗教的公民和不信仰宗教的公民"。对于许多少数民族群众或宗教信徒来说，他们在风俗习惯、宗教礼仪等方面与汉族群众存在较大的不同，在医疗活动中表现出某些特殊的诉求。能否正确认识并尊重少数民族和宗教信徒患者的文化权利，不仅直接关系到他们疾病的治疗、身体的康复情况，而且对于民族团结、社会稳定将会产生重要影响。例如，伊斯兰教认为，同一家庭成员之外的男女之间应保持适当的距离，男女穆斯林应尽量避免与异性单独相处，着装要端庄，穿衣少暴露，因而对性别禁忌、个人隐私提出了特别的要求；伊斯兰教信徒每年在为期一个月的斋戒期内需要戒除一定的食物与饮水，从而会与医嘱相违背，医务人员必须对此有充分的了解，并严格遵循，否则就会伤害信教群众的宗教情感。因此，医疗机构与医务人员必须高度关注少数民族和宗教信徒的文化特征与权利诉求，将其作为日常工作与医德医风教育的重要内容。

（二）医院应该重视文化建设，促进患者权利实现

患者的文化权利主要体现在一个特定的时空领域——在医院环境下，在就医接受疾病治疗过程中。在这一时空领域，形成一个特殊的文化环境，患者除了得到应有尊重之外，还享有一系列其他权利。

其一，患者享有高质量环境文化的权利。

医疗环境时时处处带有文化的气息，患者在医院就医过程中有权利享有高质量、高水平的环境文化。这里的环境文化，既包括诊疗环境的清洁、卫生，也包括医疗工作的井然有序；既包括医疗设施设备的科学与先进，也包括医疗环境中人性、温馨氛围的营造。特别是在医疗服务细节方面，更是"细微之处见精神"，体现出的文化价值理念不可小视。以日本为例，各医院在医疗环境方面，建立起温馨的就医氛围，不少医院的门诊大厅和走廊、各诊疗室的过道上都挂有各种风景画或书法，让人陶醉在自然景色的美妙和平安康复的气氛之中。还有热情主动的导医，明显的院内路标（医院每个路口，从地面、墙壁到天花板上的各个方向用不同颜色标志出不同科室的箭头和路牌，凡识字的患者及家属靠路标指引就可以轻松找到要去的诊室或部门），极大地满足了患者知情权的需要。周到的便民设施，诸如在医院公共场所整齐摆放着床式推车、轮椅、行李车及小孩推车，供患者免费使用，还放置了公用雨具、塑料袋，供患者急用，使患者有一种宾至如归的感觉。在病房的墙壁上，患者可以贴上喜欢的图片或家人的照片，在病房的桌面、柜子上可以摆放布娃娃、玩具狗等物件，成

年人也不例外，包括生活用品也是按患者的意愿和方便自由摆放。① 目前，我国的医院也十分重视环境建设，卫生"脏乱差"的情况在大多数医院已经得到根本改观，挂号、缴费、取药乱插队现象逐渐成为历史，在硬件建设的诸多方面我们已经达到甚至超越了世界发达国家水平。高质量、高水平的环境文化体现了人性的关怀，对于患者的康复具有积极意义，同时也是对人权的尊重与呵护，是患者应该享有的文化权利。

其二，患者享有学习相关医学知识的权利。

医学是一门专业性很强的学科，没有经过专门的教育与培训根本无法把握与认知。在患者接受诊疗的过程中，患者及家属了解一些基本的医疗常识、培养良好的医疗生活习惯，对于促进疾病的治疗、实现患者的康复，具有重要意义。因此，现代医学主张，在告知患者病情不影响治疗效果的前提下，可以使其了解病情并配合治疗。此外，了解自己的身体健康与疾病状况，有针对性地采取治疗与康复措施，也是每一位患者享有的基本权利，是基本人权的应有之义。为此，学习相关医学知识理应成为患者权利的重要内容。

医疗机构及其医务人员应该积极帮助患者及家属学习与掌握相关医学知识。当然，这种学习并非要使他们达到医务工作者的专业水准，而是促进其在对自身疾病有所认识的基础上，更好地配合治疗与康复工作的开展。为此，医务人员应该告知患者及家属相关疾病的症状表现、发病机理、病情危害、预后情况、注意事项等。对于患者及家属的询问，医务人员应该耐心细致地做出解答，在交流过程中应该注意语言的通俗易懂，尽可能少地使用医学专业术语，确保患方理解与接受。此外，管理者应该充分利用各种空间，在医疗机构各个区域的显眼处、在走廊墙壁等处设置展板，宣传普及各种医学常规知识，提高患者的基本医学素养。从当前我国的医疗实践来看，无论是患者一方，还是医疗机构及其医务人员，都尚未充分意识到患者学习相关医学知识权利的存在，前者未能积极主张这一权

---

① 顾竹影：《日本医院人性化管理的启示》，《中国医院》2005 年第 10 期。

利，后者未能为这一权利的实现提供便利，以致该权利在更多时候停留在理论研究之中。

其三，患者享有医学人文精神呵护的权利。

患者享有文化权利，归根结底就是要求受到医学人文精神的呵护。医学人文精神就是以患者为本的精神，强调一切从人性出发，强调在医疗过程中对人的关心、关怀和尊重。医学人文精神是人文精神在医学实践中的具体应用与体现，是医院文化精髓的集中体现，是医疗服务行业的重要精神资源。这是由医学作为一门以人为研究对象且直接服务于人的科学本质决定的。

1917 年创办的北京协和医学院，最初的校训是"科学济人道"。科学，是指以实验或数学方法为主的系统知识。人道，指关爱生命、维护自尊、尊重人性的道德观念。济，即帮助、救助。"科学济人道"传达的核心意思是将科学作为手段，以人道为目的，强调科学的价值导向。[1] 正是看到医学人文精神的重要性，著名医学专家、中国工程院院士钟南山多次指出，"我们看的不是病，而是病人"，从一名临床医生的角度表达了对现今医疗环境下开展医学人文精神建设的思考。他还引用被誉为"现代医学之父"的加拿大医学家、教育家威廉·奥斯勒（William Osler）的名言——"医学是一种专业，而非一种交易；是一种使命，而非一种行业……这项使命要求于你们的，是用心要如同用脑"，来阐释医学与人文之间不可分割的关系。著名作家周国平先生曾经指出："人是最重要的，人是最根本的，把人放在中心，这样的一种思想，就叫人文精神、人文主义。"人文精神在医学领域的重要体现就是医学人文精神，医学人文精神就是人类挚爱生命，在医学活动中坚持以人为本的精神。医学发展已经并将继续证明，只有具有医学人文精神的本质内涵，医学才能成为人的医学。[2] 因而，人文精神是医学的核心价值。但是，当历史发展到今天，古代曾经普遍受到重视的医学人文精神出现了断裂与落伍的势头。在医疗服

---

① 袁钟：《医学工作者更要有人文精神》，《中国青年报》2006 年 3 月 11 日。

② 张晓荣：《医学职业精神中人文内涵的哲学思考》，《继续医学教育》2012 年第 7 期。

务中，医学技术主义的盛行遮蔽了传统的医学人文精神，功利主义色彩吞噬了纯洁的医学人文的光芒，"只见病不见人，只懂病不懂人，只治病不治人"的现象在世界各国普遍存在，在我国甚至表现得更为突出。"重诊治、轻预防"，"重治疗、轻护理"，"重科技、轻人文"，导致医疗机构工作中存在较大的缺憾，成为医患纠纷频发、冲突不断的重要原因。人们对医疗服务的种种不满，实际上反映了服务质量现状有悖人们的人文期待，从反面揭示了人们对医学人文精神的呼唤。人们渴望人文精神的回归，期待"客观、冷峻的医学替代了充满人文温情的医学"现状的改变。重塑医学人文精神，是当前医疗机构与广大医务人员面临的一个重要任务。

三　我国患者文化权利的实现与保护

古代社会以来，我国医疗卫生事业经过了漫长的历史发展过程，时至今日并没有明确提出患者文化权利的概念。但是，这并不等于说我国一直缺少保护患者文化权利的思想与行为，尽管对这一权利的重视程度远远不够，在各个历史时期的具体表现也各不相同。从历史维度对我国患者文化权利的实现与保护进行梳理，有其重要而积极的意义。

（一）传统社会的患者文化权利

古代社会的中国，由于受到生产力水平、社会制度、思想文化等因素的制约，人们不可能形成现代权利意识，更不可能出现保护患者文化权利的制度与概念。但是，正如没有现代"权利"的概念，却不等于没有实质性权利意识的存在，医务人员从某些角度或者在很大程度上尊重与保障患者的文化权利则是不容否认的事实。

传统社会条件下，医务人员对患者文化权利的尊重与保护主要表现为两个方面：一是对各种文化背景的患者，不分贵贱、贤愚，普同一等，一心赴救；二是要求医生具有较高的人文素养，给患者以较多的人文精神的呵护。

　　我国传统医学发展离不开儒家思想的影响，甚至可以说在很大意义上是以儒家思想为指导的。尤其作为封建道德思想核心的"仁"，孔子提出的"医乃仁术，仁者爱人"的思想，对于医疗工作者的影响重大而深远。不论患者来自何方，也不论他们身份的高低贵贱，贤良还是愚笨，甚至人品高尚还是低劣，都应成为医家全力以赴救治的对象。《黄帝内经·素问》提出："天覆地载，万物悉备，莫贵于人。"孙思邈提出，"人命至重，有贵千金"，医生应该有"大慈恻隐之心，誓愿普救含灵之苦"。他还指出，作为一个医生应做到："若有疾厄来求救者，不得问其贵贱贫富，长幼妍蚩，怨亲善友，华夷愚智，普同一等，皆如至亲之想"，"见彼苦恼，若己有之，深心凄怆，勿避险巇，昼夜寒暑，饥渴疲劳，一心赴救"。宋代医生张柄，救治患者"无问贵贱，有谒必往视之"。明代医生闵自成，丐者盈门应之而不厌。这种对所有患者一视同仁、一心赴救的态度，暗含着对各种文化的尊重，即不论一个人社会地位高低、文化素养如何、有无宗教信仰及信仰何种宗教，都不影响作为患者身份受到医务工作者的认真对待、全力救治，而不会受到歧视区别对待。或者说，患者的文化权利在很大程度上得到了认可与尊重，这种医德良风至今具有十分重要的现实意义。

　　我国古代对于医生的执业素质是否有严格的要求？从目前的研究资料看，似乎难以得出肯定性结论，这或许与当时落后的生产力水平与医疗科学技术有关，在那样一个年代无法对医生提出过多的要求。但是，那些优秀的医疗工作者，尤其是那些被称为"大医""名医"的人，无一例外地既有高水平的医术，也有高水平的医德与医学人文素养。这实际上是所有合格医生应该具备的优良品质。孔子说："己欲立而立人，己欲达而达人"（见《论语·雍也》），对医疗工作者悬壶济世、救死扶伤产生了巨大而深远的影响，造就了大批宽容仁厚、德行高尚的医务人员。此外，古代还对医生应该具备的人文素质提出了明确的要求。《内经》从整体论的观点和医学的复杂性出发，对从医者的知识结构有着独特的见解：医生不仅要具有医学知识，而且应该"上知天文，下知地理，中知人事"，《内经》将这样的医者称之为"上工"。医生只有具备较高的人文素养，才能对患者给以较多的尊重，给以较多的人文精神的呵护。一些医学大家在此基础上提出医生在行医过程中的行为规范与要求。张仲景在医学名著《伤寒杂病论》中要求医生"爱人知人"。南齐时的医生阳泉在《物理论·论医》中指出"夫医者，非仁爱之士，不可托也。非聪明达理，不可任也，非廉洁淳良，不可信也"。宋金元时期，"儒医"传统开始形成，强调医生应重视医德修养："无恒德者，不可以做医"，"凡为医者，性存温雅，志必谦恭，动须礼节，举乃和柔，无自妄尊"。清代医者喻昌首次提出了医德核心思想："医，仁术也，仁人君子，必笃于情，笃于情，则视人半犹己问其所苦，自无不到之处。"① 我国传统医学还主张，医患之间的相互依赖是基于一种平等的密切合作，对待病人要"举乃和柔，无自妄尊"，并认为："凡病家延医，乃寄之以生死，理当敬重，慎勿轻蔑，贫富不在论财，自尽其诚，稍褒之则非重命耳。"②

古代医务人员对全体患者不加歧视、一视同仁的态度，在自身较高人文素质基础上具有的医学人文精神，可以说都是对患者文化权利的认同与尊重，是患者文化权利实现的基础与保障。

（二）近代以来患者文化权利的弱化

近代社会以来，以生物学为代表的自然科学获得突飞猛进的发展，因而人们习惯于依靠自然科学解释疾病现象，忽略了医学人文精神的重要性，很少关注患者的权利，患者文化权利也被严重弱化。"随着近现代科学技术的长足发展与大量引入，医学领域形成了科技至上的观念，认为科技是万能的，唯有通过科学技术，人们才能治疗病痛、战胜疾病，越来越显现出科技的至高权威化。于是，医学界盲目追求科技、过度依赖科技、不当使用科技……医学科技逐渐涵盖了医学的全部内容，医疗过程逐步形成单一的技术过程，医患关系被视为完全的技术关系。"③ 正如恩格尔所

① 贾隽：《中国传统医学道德的核心思想的现实意义研究》，硕士学位论文，第四军医大学，2010。
② 张大庆：《医疗行善：中国医学道德传统的诠释》，《中外医学哲学》1992 年第 2 期。
③ 蒋戈利：《现代医德的异化根源及消解路径》，《道德与文明》2015 年第 6 期。

指出的:"生物医学模式认为疾病完全可以用偏离正常的可测量的生物学变量来解释,在它的框架内没有给疾病的社会心理和行为方面留下余地。"

具体地说,医疗工作中存在的严重伦理问题主要表现为:设备依赖导致医患关系物化,医务人员对人体和疾病的认识完全建立在先进的检查手段和诊疗技术之上,在很多人眼里人体已成为一部机器,不同科室的医生负责不同零部件的维护、修理或更换;技术至上导致人文关怀弱化,医务人员过于强调高新技术的作用,忽视了治疗过程中对患者本身的关心、关怀和尊重的倾向十分突出;沟通障碍导致医患感情淡化,在患者接受诊断与治疗的过程中,习惯于面向计算机书写病历、开具检查单、查阅报告单,护士习惯于观察各类监测仪器的数据和运行状态,医患之间逐渐形成了"医生 - 机器 - 病人"的生冷关系,严重妨碍了医患之间的思想交流和情感沟通。[①]

正是由于人文精神的缺失,使得患者正当权益引不起高度的重视,得不到应有的尊重与保护。文化权利作为患者权利的重要内容,但是与患者直接的生命与健康利益相去甚远,与"科学主义""技术至上"的观念也格格不入,不可避免地成为被遗忘的角落。这种现象的出现,是医学发展史上一个无法避免的阶段,是人们对医疗工作与医疗职业的认知存在偏差的体现。随着经济社会与科学发展到一个更高的水平,人类的认识更加深刻与全面,对医学科学与医疗工作所担负的使命、疾病产生的原因与本质认识更加科学,必然会出现医学人文精神的回归,尊重与保护患者文化权利就会重新回到人们的视野,成为医学界面临的重要任务。

(三)现代患者文化权利的保护

1. 现代患者文化权利保护的社会背景

现代社会的患者文化权利开始得到人们的关注,与所处的时代与社会背景存在密切关系,主要表现为三个方面:人类步入"走向权利的时

---

① 杨国斌:《现代医学伦理学面临的新挑战》,《医学研究生学报》2012年第2期。

代"；患者权利保护文化的形成；医学模式从传统的生物模式向社会－心理－生物模式转变。

首先，随着人类社会的发展与进步，正处于"迈向权利的时代"，权利本位深入人心，成为一种无可争议的主流文化。近代社会以来，伴随着资本主义工商业的发展，个人权利本位逐渐成为世界各国的主流价值观。从文艺复兴到资本主义思想启蒙运动，再到资产阶级大革命运动，无一不是以宣扬保护人权、追求个人利益为主要目标。历史发展到今天，市场经济在全世界获得突飞猛进的发展，成为最主要的经济形式。与之相适应的源自西方的个人权利本位文化也迅速传播开来，尊重个人权利、保护个人权利的思想深入人心。"权利和正义的声音，今天已经成为我们的时代强音"。[①] "我们越来越习惯于从权利的角度来理解法律问题，来思考和解决社会问题。我们这个世界的权利问题正以几何级数的速度增长"。"人的权利还没有从根本上解决，动物的'权利'、植物的'权利'以及其他自然体的权利已被提到日程"。[②] 人类社会迈向权利的时代，以及权利文化的形成，是患者文化权利保护最深厚的社会基础、最有利的人文条件。

其次，随着世界人权保障事业的发展，患者权利引起了社会的普遍重视，权利保护文化开始形成。自从法国大革命时期发生患者权利运动，提出"穷人的健康权"以来，对患者权利的尊重与保护成为不同历史时期的重要话题，在今天这个"迈向权利的时代"尤其如此。在欧美国家，受到以权利、平等、自由为核心以及以个人发展、控制、支配为主张的个人主义思想的巨大影响，人们为了自身利益的保护不断进行斗争，促成了患者权利运动序幕的拉开。1948 年颁布的《世界人权宣言》规定："健康权是一项基本人权"，"个体患病、衰老或残疾的时候，有权享受保障"。1976 年颁布的《经济社会文化权利国际条约》指出：创造环境，保证任何人都可以获得医药护理及医疗服务。20 世纪 60 年代，患者协会在英国

---

① 李惠斌：《权利与正义是经典作家留给我们的重大研究课题》，《北京行政学院学报》2013 年第 4 期。

② 张文显、姚建宗：《权利时代的理论景象》，《法制与社会发展》2005 年第 5 期。

成立；70 年代美国出台《患者权利法案》（最初规定了 12 项患者享有的权利，后来增加到 19 项），新西兰出台《患者权利与义务守则》；80 年代美国颁布了《紧急医疗护理和劳动法》（又被称为《反抛弃病人法》），世界医学会通过了《病人权利宣言》，丹麦颁布了《患者权利法》。简言之，对患者权利的保护受到了全世界的瞩目，世界各国纷纷通过制定和颁布法律的形式来确保患者权利的实现。在我国，改革开放促进了人们个人权利意识的苏醒，医疗卫生体制改革的进行唤起了患者对自身权益的重视。在保护患者权利的内容方面，人们的认识日益深刻与全面，既有物质方面，也有精神方面；既有经济要求，也有文化内容；既有人格的尊重，也有财产的满足。文化权利自然也成为患者权利的重要组成部分，开始受到重视与尊重。

最后，现代医学模式的形成，为患者文化权利的保护提供了重要依据。医学模式是从总体上认识健康和疾病以及相互转化的哲学观点，包括健康观、疾病观、诊断观、治疗观等，是人们考虑和研究医学问题时所遵循的总的原则和总的出发点。19 世纪以来，随着哈维（Harvey）的实验生理学和魏尔啸（Virchow）的细胞病理学的出现，以及解剖学、生理学、微生物学和免疫学等生物科学体系的形成，加上外科方面消毒和麻醉技术的出现，将人作为"人体机器"的观点注入了新的研究成果，生物医学模式因此诞生。生物医学模式既揭示了那个年代人类所患疾病产生的原因以及所展示的特征，也反映了在"技术至上""自然科学神圣"的思维模式下形成的一定程度上形而上学的偏见。随着人类社会的发展，疾病的发生以及传播、发展呈现出一些新特征，人们对疾病的认识也发生了重大变化。1977 年，美国罗彻斯特大学精神病和内科学教授恩格尔（Engel）提出社会－心理－生物医学模式："为了理解疾病的决定因素，以及达到合理的治疗和卫生保健模式，医学模式必须考虑到病人、病人生活在其中的环境以及有社会设计来对付疾病的破坏作用的补充系统，即医生的作用和卫生保健制度。"就是说，人们对健康和疾病的了解不仅仅包括对疾病的生理（生物医学）解释，还包括了患者的心理因素、所处的环境（自然和社会因素）和帮助治疗疾病的医疗保健体系（社会体系）。文化权利反映了患者的思想意识、心理需要、精神追求等方面，通过社会与医院的尊重、医疗环境的设计、对患者人性的关怀等形式表现出来。显然，保护患者的文化权利与现代医学模式的要求相一致，现代医学模式的提出是对患者文化权利实施保护的基础与依据。

2. 我国患者文化权利保护存在的问题与对策

20 世纪 70 年代末开始的改革开放政策，以及随后进行的医疗卫生体制改革，促进了我国患者权利意识的觉醒。近年来我国对于患者权利的保护取得很大成绩，但是也存在不少问题，在患者文化权利的保护方面更是如此。

一是对患者的文化背景缺乏关注，不能充分了解与尊重患者的文化特点。了解与尊重不同患者的文化背景与文化特点，实际上就是重视患者的差异性，尊重每一位患者的独特性。在医疗实践中，医疗机构及其医务人员或许对患者的某些特殊身份予以关注，例如少数民族患者、宗教信徒患者，有意识地避免触犯他们的忌讳，竭力防止侵权现象发生。但是，对于大多数患者而言，他们的文化特点、兴趣爱好、脾气秉性、生活习惯等方面却未能引起足够的重视，缺乏应有的对待。尽管有些医院开始打造令患者感到舒适、温馨的环境文化，在整体环境文化的设计、病房设施的布局等方面，体现出对患者的关心与尊重，但是距离现代社会的人文关怀要求还相差甚远。此外，由于医务人员日常工作量普遍繁重，常常处于满负荷、超负荷状态，以及重视程度不够，部分医务人员缺乏足够的耐心与患者及家属进行深入细致的交流，医患沟通的语言有时候过于专业化，导致患者无法完全了解相关信息，既影响了沟通的效果，也体现出患者文化权利保护的缺失。

二是医院文化建设存在不足，影响患者文化权利的实现。患者的文化权利很大意义上依靠医院文化建设得以实现与保障。优秀的医院文化使患者得到充分的尊重，感受到人文关怀与温暖，学习到一定的知识。但是，当前我国大多数医院文化建设过于肤浅化、同质化。在医院文化建设的内容方面，一些医院狭隘地将其理解为职工文化生活与文娱活动，把组织各种知识竞赛、演讲比赛、辩论赛，以及举办各种艺术欣赏活动、读书活动等文体活动视为医院文化的全部，甚至有的医院领导认为建设医院文化就是刷标语、喊口号……医院文化建设中的同质化现象也很严重。不少医院盲目跟风，医院文化千院一面，所提出的医院精神、服务理念、行为规范，只是互相套用，其中最主要的表现是，内容几乎无一例外地体现为设计院徽、谱写院歌、归纳医院精神和开展各种活动，大多数医院在建筑外形、病房装饰、医院色调、医护人员着装等方面也相差无几，明显缺乏创意与个性。这表明，不少医院的文化建设只是作为医院工作的点缀，完全是从医院自身视角设计与安排，而缺乏对患者利益与需求的深入调查与研究，没有做出应有的反应与体现。由此，医院文化存在诸多严重问题，本来作为实现患者文化权利的一条重要路径，却未能发挥应有的作用。

三是医疗工作中人文精神的缺失，制约着患者文化权利的实现。医学是充满着人性的一门学科，与生俱来就包含着医学人文精神。① 近代社会以来，自然科学的迅速发展武装了医学，使医学成为沿着生物学、化学、物理学等自然科学思路和方法认识并解决问题的学科。疾病被解释为某一个或某几个组织器官的结构和功能异常，患者的痛苦被看成某种疾病的症状和体征，对患者的治疗被简化为用药或手术。医学技术的客观与数据化逐渐替代了医学人文精神的主观和仁爱。20 世纪以来，听诊器、心电图仪、CT 机、核磁共振等大量的医疗器械被用于临床诊断，使得医患关系由"人—人"的关系变成"人—物—人"的关系。患者好像是一台需要维修的机器，不再被当作富有情感的人，医学人文精神走向失落。近代以来医学人文精神走向失落，还与市场经济的发展有关。市场经济的根本目标是实现利润最大化，与之相适应的价值观存在严重的"个人主义""金钱至上"的倾向，对医学的人道主义传统造成冲击。对经济利益的追逐成为医疗机构发展的重要动力，部分医务人员职业道德缺失，甚至把医疗卫生服务与医疗技术看成与患者进行交换的商品，视为个人谋取私利的手

---

① 谢静等：《医学人文精神的缺失与重建》，《中国医学伦理学》2014 年第 5 期。

段，医患关系的功利化、商业化倾向非常明显。① 从我国的医疗实践看，由于社会转型期导致价值观紊乱、是非不清、行为失范等原因，以及在市场经济的影响下，许多医务人员深受社会上拜金主义、享乐主义等不良思想的侵蚀。加之长期以来"重专业、轻人文"，"重知识、轻素质"是我国医学教育界普遍存在的通病，大大弱化了对医学生医学人文精神的培养，不少医务人员身上存在人文素养缺失、医德水平不高等问题。部分医疗机构也不能给患者以充分的尊重，对医学人文精神缺乏应有的重视，致使医学人文精神之花在部分医院难以绽放。

加强患者文化权利保护，应该着力做好以下几个方面。

强化患者权利保护意识。我国传统的伦理学的最大弱点就是权利的缺位，只强调义务的履行，不重视权利的给予，"重义轻利"甚至"存天理、灭人欲"成为一种高尚的道德传统。② 由此，导致长期以来我国思想文化领域权利意识的薄弱。改革开放政策实施以来，"随着经济体制的转换、社会主义市场经济体制建设的深入发展，尤其自进入 21 世纪后，'权利'和权利观念在整个社会生活和人们的观念层面上前所未有地凸现出来"。③ 在这样一个走向权利的时代，保护患者权利的文化逐渐形成，而文化权利是患者权利的重要内容。在根本意义上，患者的文化权利反映了患者的人格尊严权、平等医疗权、自由选择权等权利要求，体现了现代社会人们的重大利益诉求，是人们实现自我价值的需要。医务人员应该不断加强自身医学人文素养方面的学习，树立较强的患者权利保护意识，从财产权利到精神权利、从物质权利到文化权利、从道德权利到法律权利等各个方面和角度，切实保障患者的各种权利。法国历史学家托克维尔指出："没有一个伟大民族不尊重权利。"在医疗活动中，无论是基于医疗工作顺利开展的需要，还是基于尊重患者权益的要求，保护患者的文化权利是全体医务人员的工作职责和重要使命。

---

① 王晓波：《我国和谐医患关系的建构》，西南交通大学出版社，2014，第 134 页。
② 庄缇缇、胡士芹：《试论道德权利的价值》，《内蒙古民族大学学报》2005 年第 1 期。
③ 朱贻庭：《权利概念与当代中国道德建设研究》，《伦理学研究》2005 年第 4 期。

打造高水平的医院文化。这里的医院文化主要是指医院软文化，即医院在发展过程中形成的具有本医院特色的思想、意识、观念等意识形态和行为模式以及与之相适应的制度和组织结构。高水平的医院文化是展现和实现患者文化权利的重要平台，主要特征有：挽救生命、造福大众的高尚性；探究和崇尚科学的智慧性；甘冒风险、不顾危险的奉献性；永远与生命和鲜血同在的热情性；协同会诊的团结性。其中，暗含着对患者文化权利的尊重：对患者一视同仁，一心赴救；尊重患者人格、关爱患者生命与健康；宣传医学知识，提升患者基本的医学专业素养；挽救生命、造福大众的人文精神。医疗机构，尤其是管理层与决策者，应该高度重视医院文化建设，充分认识打造高水平医院文化的重要性，科学设计、妥善部署医院文化建设，既使其成为提升医疗服务水平与服务质量的重要措施，也使其成为维护患者权益、体现人文关怀、保障与促进人权建设的重要路径。

大力培育医学人文精神。对患者的人文呵护与权利保障离不开医学人文精神的培育，医疗机构应该探索行之有效的方式、方法，培育医学人文精神。为此，需要加强医务人员的医学人文教育，切实改变"重专业、轻人文"的弊端，提升医学人文素养；完善医学人才标准，把考核医学人文知识、考察人文素养、进行心理测试等方面作为人才选拔与员工招聘的重要指标；创新医疗工作机制，更好地提高医疗服务的质量与水平，最大限度地维护患者的正当权益，要做到"细微之处见精神"：强化医务人员态度热情、语言文明、动作规范等服务细节，提升医患沟通技能，语言行为讲感情、讲场合、讲艺术，善于安慰、鼓励、开导患者，使其时时处处感受到温暖，等等；注重医患沟通，在医患沟通的语言上，努力做到标准、规范、通俗易懂，使患者产生亲近感、信赖感；在行为上，尽最大努力为患者提供高质量、高水平的医疗服务，努力为患者提供各种力所能及的帮助，努力做到视患如亲等。

总之，患者的文化权利是一项重要的患者权利。它不同于人们所熟知的财产权利、人身权利等内容，因而常常被人们所忽略，却是人类社会发展到今天这样一个历史阶段出现的一个必然现象。随着社会的进步，人们

在经济、政治、文化以及人格尊严、个人发展等方面的权利要求不断增加，个人权利的扩容不可避免。患者的文化权利反映了患者在精神文化方面的需求，体现了患者的人格尊严与发展利益，是当代社会发展的重要的精神文明成果。无论是在促进医疗卫生事业健康发展、建构和谐医患关系方面，还是从保障人权、实现人的自由发展的角度，患者文化权利都应引起全社会的关注。尤其是政府管理部门与医疗机构的决策者，更应该把实现与保障患者权利作为一项重要的工作任务，作为建设现代化国家与发展现代化医疗卫生事业的一项历史使命。

第三编　患者权利的实现与保护

第十章
西方国家的患者权利保障

患者权利作为患者享有的利益诉求，也是所有社会成员应该享有的基本权利，理应得到尊重与保障。尤其是近代文艺复兴与资产阶级思想启蒙运动发生以来，患者权利被视为一项基本人权，伴随着人权保护运动的汹涌而备受世界各国的关注。18 世纪末 19 世纪初的法国资产阶级大革命，是现代意义的患者权利被提出和开始得到重视与保护的标志，开辟了人类患者权利运动的新纪元。到 20 世纪六七十年代，与遍布世界各国的女权运动与消费者权益保护运动相呼应，或者说作为这项伟大运动的一个重要组成部分，患者权利受到空前的关注。西方各国开始在伦理道德上探讨患者权利保护，继而制定各种法律作为促进患者权利实现的强有力武器。20 世纪末以来，依靠法律保护患者权利在各个国家已经成为一种趋势。

现代社会，无论在哪个国家，对于患者权利的保护无非主要通过三种路径得以实现：制度保障，法律保障，道德保障。在这一方面，西方国家经过长期的探索与实践，形成了比较成熟的经验。

一 世界各国主要的医疗保障制度

现代医疗保障制度，亦称医疗保险制度，是指一个国家或地区筹集、分配和使用医疗保障基金（保险基金），解决居民防病治病问题的制度。在具体内容上，医疗保障制度主要涉及医疗保障的宽度与高度，即医疗保障体系的覆盖面大小，以及社会居民在就医时政府承担医疗费用的多少。医疗保障制度是宏观的根本意义上的患者权利保障措施，体现了国家公权力在多大程度上愿意为人民群众生命健康权做出付出，对患者权利的影响

是全局性的。因而，一个国家的医疗保障制度，奠定了实现与保护本国患者权利的基础，在根本上决定了患者权利实现的程度。

（一）英国全民医疗保障制度

"二战"后，英国政府通过了全民健康服务法案（the National Health Service Act 1946，简称 NHS），并于 1948 年 7 月正式启动。该法案的基本原则是：为所需者提供免费医疗，无论劳动者还是非劳动者，无论个人收入多少以及支付能力如何，都可以得到免费的全方位医疗服务；每一个人都有权享受服务，凡居住在英国的人，包括短期逗留或来英国访问者，均可在免费或低费用的情况下享受相当完善的医疗保健服务。

英国的国家保健服务制的医疗保险模式分为两大系统：社区卫生保健系统和医院服务系统。社区卫生保健系统提供 90% 以上的初级医疗服务，只将不到 10% 的服务转到医院服务系统。社区保健系统包括全科医疗服务和社区护理两个主要方面，所提供的医疗服务包括常见病的治疗、健康教育、社会预防和家庭护理等，而各种损伤、急性病等可直接去医院就诊。为了保证 HNS 的有效运行，英国政府还建立了一支分布于各个社区医疗机构的高素质医护队伍，建立了先进的后台服务支持系统。

NHS 经费主要来源于中央财政收入，占全部国民保健费用的 80% 以上。其余的由人们缴纳的国民保险费、看病处方费、受益人为享受及时的较高档次的医疗服务而支付的费用来弥补。凡有职业工作的国民，每人每月交纳工资的 0.75%，雇主交纳工资总额的 0.6%，独立劳动者和农民交纳收入的 1.35% 作为医疗保健费，即可包括其家庭在内享受国家统一规定的免费医疗待遇。同时，为了保证健康的公平性，英国政府对老年人、身体状况较差者、税收抵免者以及低收入者等特定人群提供医疗救助，包括费用全免和部分免除两种形式。学生、50 岁以上老年人、失业者、低收入者和孕妇免处方费，住院病人的药费也全免。

（二）德国社会导向医疗保障制度

德国是世界上最早建立社会保障制度的国家，实行的是一种强制性的、以社会健康保险为主、辅之以商业保险的医疗保险制度。这种强制性的社会健康保险制度覆盖了德国 91% 的人口，加之商业保险的作用，整个健康保险制度为其 99.8% 的人口提供了医疗保障。

早在 1883 年，德国政府就颁布了《疾病保险法》，此后又于 1884 年和 1889 年分别颁布了《意外伤害保险法》《伤残老年保险法》。这三项立法使德国对世界许多国家的社会保障制度的发展产生了重要影响。后来，德国的医疗卫生制度不断完善。2007 年，德国政府宣布实施《法定疾病保险——强化竞争法》，新一轮医改启动，主要包括建立覆盖全民的医疗保障体系；改善医疗服务，注重用药经济性；适当合并现有法定医疗保险机构，成立一个国家性质的法定医疗保险机构联合会，实行自我管理；改革融资方式，创建卫生基金。此后，德国政府又于 2009 年设立健康基金，规定医疗保险机构只能从该基金中领取每个医疗参保人统一数额医疗保险费。①

目前德国医疗保险由法定医疗保险和私人医疗保险两大运行系统构成。公民就业后可视其经济收入多少，在法定医疗保险和私人医疗保险之间进行选择。同时，公民也可以在参加法定医疗保险的基础上，参加私人保险所提供的补充医疗保险。公民在法定和私人保险间进行选择所依据的是个人的收入水平。具体标准由政府根据实际情况予以规定，并适时加以调整。从目前情况来看，在全国总人口中，90% 参加了法定医疗保险，分别参保 396 家法定医疗保险基金组织，参加私人医疗保险的为 9%。参加法定医疗保险由雇主和雇员各缴费 50%，缴费率占工资收入的 14% ~ 15%。缴费基数设封顶线和保底线，封顶线和保底线也由政府每年加以调整。对符合条件参加法定医疗保险的雇员，其家庭成员（包括未成年子女）可一起享受医疗保险的各种待遇；而私人医疗保险则是缴一人保一人，多子女雇员要参加私人医疗保险则费用要高得多。由此可见，德国法定医疗保险投保人缴纳的保险费主要取决于经济收入，而享受的医疗保险服务则不以缴纳费用的多少而有所不同。这也是他们引以为豪的"高收

---

①　丁孝智、季六祥：《国外医疗保障模式启示》，《开放导报》2013 年第 2 期。

入帮助低收入，富人帮助穷人，团结互助、社会共济、体现公平"的德国社会医疗保险宗旨。

（三）日本社会健康保险体制

20世纪60年代，日本的国家经济从战后的衰败中重新起飞后，政府建立起覆盖全民的医疗保险体系。政府从解决居民的基本医疗卫生需求入手，通过立法强制企业和雇员按照工资的一定比例向法定保险机构缴纳社会医疗保险金，再由法定保险机构向公立或私立医院购买服务的一种医疗体制。

目前，日本医疗保险体系主要由雇员健康保险、国民健康保险、特殊行业健康保险组成。雇员健康保险制度覆盖企业和商会的雇员及其家属，分为组合掌管健康保险和政府掌管健康保险两种类型。组合掌管健康保险覆盖大公司、大企业雇员，雇主和雇员平均负担保险费用，政府掌管健康保险覆盖中小企业雇员，雇主和雇员共同缴费，政府给予补助。国民健康保险制度覆盖农民、大学生、自由职业者、家庭主妇等群体，分为市町村国民健康保险和行业行会健康保险两大类，以前者为主，保险费以个人缴纳为主，费（税）率由各市町村自行决定，政府给予补助。特殊行业健康保险主要覆盖国家公务员、地方公务员、船员、私立学校教师等，公务员医疗保险费用由国家、地方和本人共同负担，费率根据自身财务状况自行决定并动态调整；船员医疗保险费主要由船主和被保险者缴纳，国库给予少量的定额补助；私立学校教师医疗保险费用由劳资双方共同负担，覆盖私立学校的教职工及家属。为缓解人口老龄化的挑战，日本还建立了"老年保健制度"，主要覆盖70岁以上的老人以及65岁以上残疾或卧床老年人，费用除政府负担一部分以外，剩余部分由各项医疗保险制度分担。①

日本医疗模式的优点在于，一是社会统筹能力较强，可以将社会力量有效地动员并集中起来；二是体制合理，国家作为公权机关，在维护国民

---

① 胡登良、单苗苗：《相对完整的日本医疗保险制度》，《学习时报》2014年9月22日。

健康方面，无论是财政支持还是制度监管，均尽了应尽之责。三是机制合理，政府、雇佣单位和社会成员个人合理分担医疗费用。该种模式也存在缺陷：制度的合理难以面对不可抗的因素，制度难以约束人心道德。一方面，由于人口老龄化严重和出生率下降（以日本的情况尤为突出）等因素，导致投保人数日益减少而用保人数逐渐增多，支出费用大幅度上升，医保基金入不敷出；另一方面，对于这种类似于带有全民福利色彩的医疗保障体系，一些人抱着"不用白不用"的心理，过度使用医疗资源，造成不必要的浪费。

（四）市场主导的美国医疗保障体制

美国医疗保障体制是经过富兰克林·罗斯福、杜鲁门、艾森豪威尔、肯尼迪和约翰逊五届总统的执政时期建立起来的。[①] 后来，随着经济社会的发展，又经历了多次改革与嬗变。

美国医疗保障体制又称商业保险模式，即以美国为代表的部分国家实行的市场主导、政府参与的一种医疗体制。在这样的模式下，通过市场化的运作方式，即企业为雇员购买或私人自愿购买商业保险，之后保险公司负责筹集资金，向符合条件的患者提供就医经济补偿或直接向医疗机构购买服务，政府只是充分发挥公权力的管理、服务和监督职责。此外，政府兴办的公立医院只为社会弱势群体提供保障。

在美国，医疗机构以营利性的私立医院为主，大约占医疗机构总数的70%，政府对它们严格把关，只有符合政府所规定条件的才能开办医院，只有具备执业资质的医生才能行医。非营利性质的医院占30%左右，分别由各类慈善机构和政府出资兴办，以特定的人群为服务对象，主要是包括军人、老弱残疾、贫困失业人员等，政府对这类医院实行全额免税政策。医院医疗服务大部分由保险公司购买后，再由医院为患者提供服务。医疗保险费用由企业和员工共同承担，直接向保险公司缴纳，这样避免了政府职责的扩大，也因为无须设立专门政府管理机构，从而减少了不必要

---

① 杨斌、杨植强：《美国医疗保障制度的嬗变及启示》，《中州学刊》2013年第2期。

的管理成本开支，更杜绝了可能的腐败行为。

在美国的医疗保障制度中，充分体现了其市场经济的自由色彩。这一模式的优点在于，医疗服务和医疗保险完全市场化，依靠市场提供医疗服务，效率比较高，原则上能够满足患者不同的医疗服务需求，同时政府财政负担比较轻，既摆脱了福利国家的财政负担过重的困境，又保障了相对的社会公平。但是，缺点也比较明显——要求企业和个人必须具有较高的支付能力，致使部分实力不强、效益不好的企业无力给职工缴纳医疗保险费，一些经济状况不佳的个人也不愿投保，从而落入医保的真空，在患病时无法享受到应有的医疗服务。由于医院和医生为增加收益不断提高诊费，导致保险公司也不断提高保险费用，最后造成一部分人买不起保险、看不起病的结果。据悉，截至 2015 年，有 4700 多万美国人没有医疗保险，将近占全国总人口的 15%，这已经成为日益严重的社会问题。奥巴马在担任总统期间，积极推动医改，就是试图消除这一痼疾，最终却未能如愿。

以上是国际上最具有代表性的几种医疗保障模式，除此之外其他一些国家的医疗保障制度既反映了本国的国情，具有一定的特色，同时又反映了医疗保障制度的共同属性，对于我国医疗保障体制的建构具有借鉴意义。

例如：新加坡的医疗保障制度。近年来，新加坡的医疗保障制度所取得的成就有目共睹，2006 年在世界卫生组织进行的成员方医疗卫生筹资和分配公平性的排序中，新加坡位列 191 个成员中的第 6 名。具体来说，新加坡的医疗保障分为强制医疗储蓄、社会医疗保险、社会医疗救助三部分。第一部分是保健储蓄计划（Medisave），1984 年由政府设立，是强制性中央公积金制度的组成部分，覆盖所有在职人口，雇主、雇员双方按照工资的一定比例（6% ~ 8%）供款，建立保健储蓄基金，用于支付投保人及其家庭成员的住院及部分门诊费用。第二部分是健保双全计划（Medishield），也被称为大病保险计划，1997 年设立，是一项低保费医药保险计划，目的是帮助公积金存户支付顽疾或重病所带来的住院费和医药费。每人每年交纳一定数额的保费，看病时可用保健储蓄支付，最高受保年龄是 75 岁。此外还有一种增值健保双全计划，为那些希望得到比健保双全计划更多保障的存户而设立，可用来承担部分住院费。第三部分是保健基金计划（Medifund），作为保健储蓄计划的补充，1993 年由政府出资设立，对无力支付医疗费的穷人给予医疗补助，使这一部分人群也能看得起病。此外，还有乐龄健保计划，这是一项老年严重残疾保险计划，为身体残疾、生活无法自理的老年投保者提供终身保障。新加坡的医疗保障体制实现了广覆盖：不仅包括一般疾病，也包括重病和慢性病；不仅普通收入阶层受益，低收入阶层、身体残疾阶层也可受益。这样的医疗保障体制可以确保每个国民不论经济状况如何、疾病严重程度如何，都可以得到良好的医疗服务。

巴西、印度、墨西哥三个国家作为发展中国家，医疗保障制度体系的建构尤其对我国具有参考价值。

巴西医疗卫生体制类似北欧的全民保健体制，始建于 20 世纪 50 年代。1988 年，新修改的巴西宪法规定，健康是公民的权利，国家要为公民提供广泛而平等的医疗保健服务。1990 年，正式建立"统一医疗体系"（Unified Health System），实行全民免费医疗，惠及 70% 的人口，使其免费享有初级医疗服务。此外，巴西卫生保健系统还有第二个子系统，即"补充医疗系统"，包括一些自费的私立医疗机构和私立健康保险公司，覆盖 25% ~ 30% 的巴西人，使整个医疗卫生系统更加多元化，人们有更多的选择空间。为更好地满足偏远地区农民和城市贫民的医疗保健需求，巴西政府推出家庭健康计划和内地化计划，关注家庭与社区，重点解决妇幼保健、疾病控制等问题，鼓励医生到偏远地区服务并给予补助。在保险经费的筹集方面，农民医疗保险费用以税收附加的形式交纳保险金，国家财政再给予适当补贴，企业雇员的医疗保险费由本人和雇主按照一定比例交纳。

印度 1949 年宪法中规定：所有国民都享受免费医疗。之后，国家一直执行扶弱济贫的免费医疗政策。[①] 印度医疗卫生服务机构由公共医疗体

---

① 　符定莹、兰礼吉：《印度、巴西和墨西哥的医疗保障制度及其对我国的启示》，《医学与哲学》2011 年第 10 期。

系、农村医疗网络和私人医疗机构三部分组成。印度的免费医疗服务由公共医疗体系和农村医疗网络提供。公共医疗体系中的医疗机构形式主要由国家级医院、邦（省）级医院、地区级医院、县级医院和乡级医院组成。公立医院面向所有国民免费开放，提供基础性的医疗服务。同时，政府投资提供一些公共卫生服务项目，如全国性的计划生育，控制麻风、疟疾、结核等疾病，免疫接种，营养改善，农村供水等。在农村，印度政府建立了以三级医疗网为特点的农村医疗服务体系，包括保健站、初级保健中心和社区保健中心，为穷人提供免费医疗服务。免费项目包括挂号费、检查费、住院费、治疗费、急诊抢救的一切费用，甚至还有住院病人的伙食费，但不包括药费。① 按照规划，三级医疗网的覆盖面大致为，一个保健站负责临近三五个村庄3000～5000个村民的医疗，一个初级保健中心负责2万～3万名村民的保健。而每10万名村民则配备1个社区保健中心。印度的私人医疗服务也占了相当大的比例。私人医疗机构包括私人医院和私人诊所。高级私人医疗机构的服务对象是富人，有相对较好的医疗设施和医疗人员，医疗费用主要由自己承担，还有一些方便廉价的私人诊所，为穷人提供了更多的选择余地。

墨西哥医疗保障和卫生体系由几个部分组成。一是私营的医疗保险系统。大约300万名富有的墨西哥人购买私人保险，享受高品质的医疗服务。二是公共医疗保险系统。公共医疗保险系统有几种不同的保障类型。第一是"全国职工保险协会"，主要对象有企业工人、小业主和农民，覆盖5000万人，约占总人口的50%，工人按工资的一定比例缴纳保险费用。第二是针对联邦和州公务员建立的"国家职工社会保险协会"，覆盖700万人。第三是大众健康保险，这是2003年医疗改革之后建立的保险项目，旨在改变医疗服务的不平等现象和避免因病致贫。该项保险把占总人口40%的4000万人（没有任何保险的墨西哥穷人）纳入医疗保障范畴之内。

---

① 王文娟、任苒：《印度卫生系统绩效以及对我国的启示》，《卫生经济研究》2007年第1期。

各个国家基于本国国情建构起各具特色的医疗保障制度体系，为本国人民提供医疗服务，确保了他们的医疗权得以实现。我国的医疗卫生体制改革可以借鉴有益的经验，或者从中获得启发，为建构适合我国国情的医疗保障体制奠定基础。

二　法律在各国患者权利保障中扮演主要角色

当今时代，是一个迈向权利的时代，也是一个建立与完善法治社会的时代，依靠法律保障患者权利成为一种潮流与趋势。基于促进医疗卫生事业发展的需要，世界各国纷纷建立起自己的医疗卫生法律制度，其中对于患者权利的保障是不可忽略的重要内容。在医患关系中，当出现矛盾与冲突时，依法维权越来越成为医疗机构、患者本人及其亲属的重要选择。

（一）法律何以成为保障患者权利的主要手段

自从有了人类，疾病与伤亡便如影随形，于是在应对病魔挑战、促进患者康复的过程中产生了医生与患者两大群体，患者权利的保护逐渐受到世人的关注，只不过在漫长的历史岁月里主要依靠医务人员的个人职业素养与道德情操作为患者权利的主要保障。直到进入近代社会，法治成为西方资本主义国家普遍意义的治国模式，法律才开始成为保障患者权利的主要手段。

众所周知，道德与法律是调整社会关系的两种主要手段。依靠法律维护自身权益越来越成为医疗纠纷发生时患者的优先选择，医疗机构也强调"依法治院"，以便于有效地预防与处理医患矛盾、更好地实现自身发展，医学伦理道德的功能与价值似乎呈现弱化之势。究其原因，主要由于法律相较于道德具有较大的差异，其在调整社会关系过程中具有较高的权威与效力，由此形成较大的优势。

所谓法律，根据我国法学界的通说，就是"由国家制定或认可并依靠国家强制力保证实施的，反映由特定社会物质生活条件所决定的统治阶级意志，规定权利和义务，以确认、保护和发展有利于统治阶级的社会关系和社会秩序为目的的行为规范体系"。① 道德，则是一种特殊的社会意识形态，"它是以善恶为评价方式，主要依靠社会舆论、传统习俗和内心信念来发挥作用的行为规范的总和"。②

法律作为调整社会关系的手段，在保护权利方面，相较于道德具有较大的优势。具体到患者权利的保护，法律的优越性主要表现在：

首先，在内容的规定性上，道德一般只规定义务，要求人们自觉遵守一定的行为规范，实现自律完善，而很少明确提出权利人应该享有的权利。法律作为现代国家治理的基本工具与手段，在内容上既包括权利也包括义务，但是以坚持权利本位为突出特征。在医患关系中，医学伦理要求医务人员治病救人、救死扶伤、践行人道主义精神，但是并未界定患者权利的内涵与具体内容，只能依靠医务人员各自的觉悟得到尊重与维护。医事法律在内容上关于患者权利的规定占有较大比重，而且越来越多的国家（例如美国、英国、法国、德国、比利时、荷兰、以色列、立陶宛、冰岛、匈牙利以及北欧国家），制定了国家层面上的患者权利单行法，以加强对患者权利的保护。由此，在道德与法律中患者权利所得到的对待及保护存在差异是不言而喻的。

其次，在表现形式上，道德规范的要求存在于人们的意识之中，通过人们的言行表现出来，但是一般不诉诸文字，意思表达比较原则、抽象、模糊，理解和评价易生歧义。法律是国家制定或认可的一种行为规范，通常以各种法律渊源的形式表现出来，如国家制定法、习惯法、判例法等，有肯定明确的行为模式和法律后果，具体确切，可操作性强。在医患关系中，医学伦理要求医务人员履行一定的职责（例如热情服务，周到细致，视患如亲等），体现出对患者的权利尊重与保护，但是常常因其抽象、模糊以及缺少责任追究而得不到有效实施。医事法律则明确规定患者所享有的权利、医务人员的义务以及侵权行为需要承担的责任与后果，这种刚性特征使患者权利的实现与保护比较容易落到实处，能够较好地实现法律的

---

① 《思想道德与法律基础》，高等教育出版社，2015，第143～144页。
② 《思想道德与法律基础》，高等教育出版社，2015，第92页。

价值目标。

最后，在保障手段上，道德主要靠社会舆论、传统习俗以及人们的自律来维持，对于践踏道德原则与规范的行为人难以产生强大的震慑作用。法律由国家制定或认可，并依靠国家强制力保证实施，因而足以令违法者望而生畏，能够产生巨大震慑作用，具有较高的权威与效力。在医患关系中，医学伦理所弘扬的"以患者为中心""仁心妙术""普同一等，一心赴救"等价值目标在实践中常常难以得到实现，工作上敷衍塞责、对待患者麻木不仁等不道德现象无法根除，而公然违反医事法律规定、肆意侵犯法律所明确规定的患者权利的现象却要少得多，正是因为道德与法律的保障手段存在较大差异，二者的权威与效力不可同日而语。

（二）依靠法律保障患者权利的历史与现状

相对于人类的产生，法律出现的历史要短暂得多，在法律缺位的漫长岁月里道德是调整人与人之间关系的最主要手段。即便在法律出现之后，医疗卫生领域开始受到法律的调整，患者权利保护却很少进入法律的视野。无论是公元前三千年前古代埃及颁布的医药卫生方面的法令、公元前1750年古巴比伦王国《汉谟拉比法典》关于医药方面的规定，还是古罗马时期著名的《十二铜表法》中所涉及医生的管理监督、医疗事故的处罚赔偿、疾病的预防工作、食品卫生监督等内容，对于患者权利保护均罕有提及，只能从对医疗工作的要求与规范中寻找体现患者利益要求的某些规定。这些规定只是保护了很小范围内的患者权利，在权利保护的广度与深度上与现代意义的患者权利保护制度存在天壤之别。究其原因，古代社会的权利主体仅限于占国家人口少数的统治阶级，对于广大人民群众而言只有义务没有权利，基本人权理念与制度之花还远没有绽放。只有到了近代资本主义革命发生之后，尊重人权、以人为本的思想开始深入人心，保护患者权利成为全社会的共识，相关法律制度才逐渐产生与完善起来。

法国大革命时期，医疗机构恶劣的条件引起患者与社会的强烈不满，革命政府做出保护患者权利的规定，要求每张病床只能睡一名患者，两张病床之间间隔90厘米，在欧洲其他国家得到响应。欧洲各国开始制定法

律确认与保护患者在诊疗过程中享有的权利，患者权利因而成为法律权利。之后，伴随着世界人权运动的不断发展，各个国家更加关注患者权利问题。19世纪，美国法院开始适用患者"知情同意权"审理医患纠纷案件，对于促进患者权利保护具有重要的意义，但是在国内外却没有产生较大的影响。进入20世纪后，世界各国对于人权的认识与保护进入全新的阶段。1946年，欧美国家在反思二战深刻教训的基础上制定《纽伦堡法典》，将"知情、自由意志和有能力"作为开展人体实验的三个必要条件，从而将自主权确定为患者一项基本权利。六七十年代，肇始于美国而迅速波及全世界其他国家的患者权利运动，作为国际人权运动的重要组成部分影响巨大而深远。通过立法保护患者权利成为世界各国医疗卫生事业发展的普遍做法与成功经验。1972年，美国医院协会制定《患者权利典章》，1973年由美国医院联合会通过《病人权利法案》，使其具有了法律效力。之后，其他国家纷纷效仿美国，陆续以立法形式阐释与保障患者权利。例如，英国的《国民保健服务法》《保健记录接触法》《数据保护法》，德国的患者权利宪章，法国的《医院患者宪章》《关于患者权利和保健系统质量的法律》，新西兰的《健康信息隐私法》《健康残疾服务消费者权益法》，芬兰的《芬兰病人权利条例》《患者的地位和权利法》，等。除此之外，还有不少国际性法律文献规定了基本人权的内容与要求，其中也涉及患者权利的保护问题——全体社会成员所享有，患者自然也不例外。例如，《欧洲人权公约》（即《人权和基本自由欧洲公约》）第八条规定了对个人隐私权的保护："私人及家庭生活、其家庭以及其通信隐私的权利与自由必须受到尊重"，若需要对此做出限制，则必须"符合法律规定"且"为民主社会所必需"；《美洲人权公约》（亦称《哥斯达黎加圣约瑟公约》）第十一条规定，人人"享有私生活的权利"，"人人都有权使自己的人格受到尊重，自己的尊严受到承认"；《非洲人权与民族权宪章》第五条规定："每个人的固有尊严应当受到尊重，其合法地位有权得到承认"。

世界各国已经或正在建构自己的患者权利保护制度体系，患者权利得到前所未有的重视与保护。由此，患者权利从主要作为一种道德权利转变为道德权利与法律权利两种形式并存，而且患者法律权利的内容不断丰富，更容易受到重视与保护，以至于不少人陷入将法律权利视为患者权利的全部内容、在二者之间画上等号的误区。

（三）对于患者权利立法的未来展望

人类历史的车轮永不停歇地滚滚向前，经济社会的发展不断进入新阶段，对于患者权利的法律保障也是一个动态的变化的过程。当前，人类医学发展进入新的历史阶段，医疗卫生工作与患者权利保护面临新的挑战，只有进一步建立与完善医事法律制度体系，才能更好地促进患者权利的实现与保护。"随着新技术的产生和社会的发展，各国先后制定了一批新的医学法规，如器官移植和利用法、人造器官法、试管婴儿法、人工授精法等，医事立法出现了重大进展。同时，医学立法开始涉及一些与道德、伦理、哲学等人文社会科学有关的敏感问题，如在死亡方面，涉及'脑死亡'标准、'安乐死'问题；在绝育方面，欧洲不少国家通过了绝育特别法、计划生育法、人工流产法等新的法律。"① 因而，进一步完善与发展患者权利保护制度，并努力促使各项规范与要求落到实处，依然是各个国家面临的重要任务。

在新的历史条件下，加强以医事法律为中心的患者权利保护法律制度建设任重而道远。在可以预见的未来，完善患者权利的立法保护应该着力做好以下几个方面：

一是进一步完善传统的患者权利保护内容体系，推进患者道德权利的法律化。尽管世界各国对于患者权利保护的制度体系日益完善，从人身权到财产权，从生命健康权到人格尊严权，从平等医疗权到获得优质服务权，法律都做出了比较详尽的规定，提出严格的要求。但是，各个国家的患者权利立法不尽相同，患者的参与治疗权、获得优质服务权、参加患者组成的社会组织权以及选择医务人员等权利在许多国家法律中并未得到规定。又如，各个国家对于患者的知情同意权的具体内涵与要求无法达到一

---

① 孙丽娜：《中外医患关系法律调节的比较研究》，硕士学位论文，中国海洋大学，2005。

致，在部分国家法律规定中甚至漏洞百出。即便对于所有国家而言，如何尽可能地帮助患者节约医疗开支，避免过度医疗现象的发生，都是一个令人困惑而具有探讨价值的问题。因此，这些权利在很大程度上只能作为一种道德权利而存在，其权威性与效力大打折扣。尽快完善患者权利立法，推进诸如此类患者道德权利的法律化，仍然是世界各国急需解决的现实课题。

二是进一步完善患者权利保护制度的形式架构，必要时制定患者权利保护的单行法。在完善患者权利立法内容的同时，加强法律制度形式架构建设同样十分重要。因为，形式为内容服务，内容必须通过合适的形式表现出来。具体到患者权利保护立法中，法律文本的表述是否清晰，法律规范的逻辑结构是否完整（假定、处理和制裁三部分），立法形式（法律的层级、位阶）设置是否科学，能够对患者权利保护的实际效果产生重大影响，进行完善与改进具有重要意义。以我国的医事立法为例：有的法律条文属于政策性、倡导性要求，行为人在什么条件下以及具体如何履行法律义务，如果拒绝履行义务或侵害社会与他人的权益需要承担什么责任，却缺乏相应的规定。在立法形式上，我国医事立法存在层级与位阶较低的大量行政法规与部门规章，而全国人大制定的具有较高效力的法律明显偏少。凡此种种，对于患者权利的保护都是十分不利的。因此，应该进一步完善患者权利保护制度的形式架构，并且在深入考察本国立法传统与实际需要的前提下，必要时借鉴相关国家经验，制定专门的系统的保护患者权利的单行法，从而大大强化对患者权利的立法保护。

三是规范高新医学技术领域的医疗行为，建构全新的患者权利保护制度。当今时代，医疗科学技术的发展日新月异，而随着社会的发展人们的思想观念、权利主张、利益需求不断发生变化。在高新医学技术领域，无论从伦理还是法律的维度，都经常遭遇各种各样的新问题。例如，脑死亡患者是否需要继续救治，医院是否应该对临终期（身患绝症而濒临死亡）患者进行抢救，安乐死是否应该得到支持与保护，"代孕"、胎儿性别鉴定、克隆人以及精子卵子买卖是否应该允许，不仅对医学伦理思想提出考问，而且突破了原有的法律制度与立法理念，使立法者面临严峻挑战。法律必须对此做出应答，其中非常重要的内容是如何规范医疗人员的行为，最大限度地维护患者的正当权益。由于面对的是前所未有的新现象、新问题，立法工作异常重要而复杂，对立法者提出很高的要求。立法者既要具备严谨求实、实事求是、认真负责的工作作风，又要具备解放思想、开拓创新的理论勇气。由此，制定的患者权利保护法律制度才具有较大的科学性，既能体现法律的稳健特征，又富有鲜明时代气息，能够较好地促进医疗卫生事业发展与满足患者权利保护的需要。

三　国外对患者道德权利的保障

当今世界，通过法律保障患者权利已经成为一种潮流与趋势，使得患者权利通常作为法律权利形式而存在。但是，无论各国法律如何完善与发达，却永远不能调整所有的社会关系与规范一切现象及行为。患者权利同样不可能仅仅依靠法律的力量得到保障，而是在很大程度上作为一种道德权利而存在，需要道德的维系。西方发达国家具有历史悠久的法治传统，建立起比较完善的法律体系，人们在时时处处可以感觉到法律的存在，似乎人们的一切权利都表现为法律权利。实际上，就患者权利而言，大量作为道德权利而存在，这是不争的事实，道德力量在维护患者权利方面的作用不可忽视。

一位中国老人曾经因为痛风病到德国的一家医院就诊，对整个就医过程留下了非常深刻的印象。大夫首先让护士用酒精将他脚上的疼痛部位擦拭干净，然后反复地进行按摩，接着又详细地询问了老人的疼痛情况、痛风病病史、个人年龄、饮食状况等十来个问题，最后在耐心检查了一个多小时后才开出药方。而且，在以后的两天里，大夫每天都打一次电话，询问服药效果以及有无不良反应。当听说老人服药后有点腹泻时，大夫便又让其去医院当面陈述腹泻的具体情况，并在做了详细的检查后，又开了一个处方，同时一再解释，这是辅助性的药物，价格很便宜。老人在药店买药期间，发现药店工作人员的细致程度丝毫不亚于医生。一位女士十分热情地接过处方，输入电脑后打印了 3 张小单子，每张都注明了时间、患者的姓名、药剂员姓名、每日食用量、食用时间，分别贴在 3 种药的盒子上。有一种药每日吃 3 次，所以药盒上就有 3 个格子，吃一次划去一格。为了避免患者吃错药，每种药的颜色也在小单上标明，防止一种药片混入另一种药盒内。药剂员给药时，走过来一位女士，好像是复核似的，把处方和单子详细地对照了一遍，又按小单子向患者交代了一遍。这次看病，老人总共只花了 9 欧元。① 显然，老人在此次就医过程中所享有的优质服务权不可能全部依赖于法律得到保障，主要作为一种道德权利而存在，由此可见对道德权利的重视以及患者权利受到保护的程度。2015 年 11 月 20 日的《人民日报》发表了一篇题为《看病为啥去海外》的文章，也真实地反映在美国患者道德权利较好地得以实现。文章指出："傲慢与冷漠，成为公立医院的一大'特色'。不少患者宁愿远渡重洋去'花钱买服务'，也不愿在中国的医院里'花钱看脸色'。"② 文中提到，"有一位中国直肠癌患者，去美国安德森癌症中心治疗。手术期间，家属在手术室外等候。从手术开始到结束，每完成一个环节，医生都会出来给家属交代，并解释其理由。术后，病人从重症监护室出来时，口干舌燥，护士竟然把一小块冰放进病人嘴里，让他慢慢含化。这个小小的细节，折射出美国医院的服务水准"。

　　考究国外保障与实现患者道德权利的经验，可以发现主要包括以下几个方面。

（一）制定完善的医疗卫生保障体系

　　尽管道德权利依靠道德力量（社会舆论、传统习俗与人们的内心信念）来维系，但是科学、完备的制度却是保障公民道德权利的基础。没有健全的完善的医疗卫生保障体系，患者的道德权利就失去了基本的依托，缺乏坚实的基础。

---

① 远行：《有一种认真叫你感动——在德国的就医经历》，《老年健康》2004 年第 11 期。
② 白剑峰：《看病为啥去海外》，《人民日报》2015 年 11 月 20 日。

发达国家大都建立起比较完善的社会医疗保障体系。例如，在英国，政府建立起以社区医院为主体的医疗服务体系，由各级公立医院、各类诊所、社区医疗中心和养老院等医疗机构组成，居民们日常疾病可以就近到社区医院就诊，疑难重病则可以到技术先进的综合医院，而且实行公平原则为基础的全民免费医疗制度，基本不存在"看病难、看病贵"的问题。在德国，作为世界上最早实施社会保障制度的国家，那里拥有相对发达和完善的医疗保险体系，医疗保险范围宽广，基本做到应保尽保、全程覆盖，对预防、早期诊断、治疗、康复都提供保险，而且还有疾病津贴、丧葬补贴、生育优惠待遇等。医院大部分为非营利性，不实行定点医疗，人们可以选择到任何医院、任何药店看病买药，选择优质的服务。此外，英国与德国都实行严格的医药分离制度，避免医生滥用处方权与药商串通牟利，保障了患者的经济利益。在美国，尽管市场化医疗体制将为数众多的人排除在医疗保障体系之外，但是老人、贫困人口等弱势群体由政府买单，在很大程度上体现了医疗服务的公平。在医疗费用支出问题上，由于美国实行公民投保，保险公司购买医疗服务提供给患者的制度，一般情况下是保险公司而非患者与医疗机构发生经济关系，而实力强大的保险公司基于维护自身利益的需要对于医疗机构的医疗费用、服务质量等方面进行监督，可以把医疗费用控制在一个合理的范围内，并有利于促进医疗服务水平的提高。

在一些经济文化包括许多经济社会发展水平不高的发展中国家，医疗保障与医疗服务体系也成为确保患者权利实现的可靠保障，足以令人称道。例如，早在1949年通过的印度宪法就明文规定，全体国民实行免费医疗。20世纪80年代初期，印度在全国农村逐步建立三级医疗保健网，包括保健站、初级保健中心和社区保健中心三部分，免费向穷人提供医疗服务。在城市，政府开设的公立医院也是穷人看病的首选，医院对前来就诊的穷人免收挂号费，撑起了孕产妇儿童保健、传染病防治和计划生育等领域的半边天。目前，印度全国有1.2万所医院，2.2万所初级医疗中心，2000多个社区医疗中心和2.7万个诊所，建立起比较完整的医疗服务体系，较好地满足了城乡群众的基本医疗需求。在巴西，建立起以全民免费医疗为主、个人医疗保险为辅的医疗制度，免费、平等是巴西医疗制度的重要特征。巴西的医疗体系被称为"统一医疗体系"，在这个体系中，全国建立了社区、市镇、州和联邦四级公立医院，分别提供不同层次的医疗服务，有力地保障了医疗卫生资源的合理利用。在政府的高投入下，全国不论富人还是穷人，都能享受国家的公费医疗，人人都可以到公立医院免费就医，尽管存在医疗工作的低效性等缺陷，但是保证了医疗保障制度的公平性。

（二）坚持患者利益至上，充分保障患者的合法权利

在西方发达国家，一些现代化的高水平的医疗机构把患者利益放在各项工作的首位，把患者满意不满意作为衡量医疗工作水平高低与医疗服务态度好坏的最重要的标准。正是因为坚持患者利益至上，充分保障患者合法权利，才使得这些医院的医疗服务质量与水平不断跃上新台阶，从而赢得广大患者的高度肯定，得到社会的积极认可。例如，美国成立 150 多年的享誉全世界的梅奥（Mayo）诊所，就是无时无刻不把患者利益放在首位、坚持患者至上原则。《向世界最好的医院学管理》一书在介绍梅奥诊所的成功之道时，重点讲述了它"患者至上"理念——始终坚持患者需求至上，对每一位患者的健康和幸福给予诚挚和独特的关注。目前，这一理念已经成为世界各国各大医院的共识，成为它们既实现医疗宗旨，又促进自身发展，在日益激烈的医疗服务市场竞争中立于不败之地的最重要法宝。

同时，20 世纪 60 年代以来，西方国家的医患关系经历了结构性变动，那就是患者越来越要求被看成是"消费者"（consumer），而不是"病人"（patient）。这一结构性变动的意义十分深远。因为，"病人"这一标签性术语，是阻碍社会系统协调的行为偏离者，往往被贴上了"不正常"的标签，并且在与医生的互动中处于被动、依赖的地位，无法发挥其积极的主动的作用。但是，当患者的个体被看成是"消费者"，也就是医疗服务的购买者时，他或她就可能与医疗服务的提供者讨价还价和谈判。借用经济学家的用语，这时医疗服务市场是"买方市场"而不是

"卖方市场"。① 在美国，患者权利问题首先引起了消费者团体的关注，其中最为突出的是全国福利权益组织。早在 1970 年 6 月，该组织要求美国医院审定联合委员会将患者的权益问题纳入重新修改的医院标准中，凸显对患者权利的重视，成为美国 1973 年制定《患者权利法案》的直接推动力量。在新西兰，人们直接把患者定义为"消费者"，1996 年颁布《健康与残疾服务消费者权益法》，规定了为每个消费者所有而每个卫生工作者必须以合理步骤提供 10 种权利。② 总之，患者由"病人"向"消费者"的变化，凸显患者地位的提高，进一步强化了医务人员的职责要求，必然会促进对患者正当权益的保障，推进患者道德权利的实现。

（三）高度重视医务人员的职业道德素养，注重培养医务人员的医学人文素质

归根结底，患者道德权利的实现状况根本取决于医务人员的道德素养与人文素质。国外医德建设具有十分悠久的历史。古希腊的《希波克拉底誓言》、古印度的《妙闻集》、阿拉伯的《迈蒙尼提斯祷文》，以及近代德国的《医学十二箴》，都是非常了不起的医德文献，当时对于维护患者权益、促进医学发展发挥了重要作用。1781 年，英国著名医学家、医学伦理学家帕茨瓦尔（Thomas Percival）专门为曼彻斯特医院起草了《医院与医务人员行动守则》，成为医务人员遵守的行为规范。帕茨瓦尔于 1803 年出版的《医学伦理学》一书还是医学伦理学学科诞生的标志。1847 年，美国医学会成立后，以该《守则》为基础确定了美国的医德教育标准和医德守则。20 世纪以来，医学发展的社会化，使得医学需要对社会承担起越来越多的道德责任，医学伦理道德的作用更加凸显。于是，从 20 世纪四五十年代开始，逐渐产生了《纽伦堡法典》《日内瓦宣言》《赫尔辛基宣言》等一系列国际医学伦理文献。特别是后来的《夏威夷宣言》《里斯本宣言》（又称《患者权利宣言》），更是奠定了现代医务人员行为规范

---

① 余成普、朱志惠：《国外医患互动中的病人地位研究述评——从病人角色理论到消费者权利保护主义》，《中国医院管理》2008 年第 1 期。

② 李霁、张怀承：《患者权利运动的伦理审视》，《中国医学伦理学》2007 年第 6 期。

的道德基础，培养了大量的医德高尚的医务工作者，在全世界范围内受到高度重视。"井然有序，规范专业，细致入微，人性和谐"，是不少到国外就医的中国人感受到的深刻印象，微笑服务、礼貌热情、周到细致的作风让患者倍感亲切与温暖，而这无一不反映出医务人员较高的职业素养。正是基于对医学伦理道德的重视，促使各国医务人员的医德水平与人文素养不断提升，奠定了患者道德权利保护的深厚基础。

从高等医学教育的具体内容看，发达国家普遍高度重视对医务人员职业道德与人文素质的培养。各医学院校普遍开设了大量的医学人文课程，医学伦理学、法学、哲学、美学、心理学等课程几乎成为所有医学院校的必修或选修课。医务人员的医患沟通能力作为一项基本功，尤其受到社会的普遍关注。为此，英国许多医学院校开设《医患沟通》《医生与病人相处的能力》《如何告诉病人坏消息》等课程，例如：莱斯特大学华维克医学院于2000年1月开始开设文学与医学课程，目的是提高医学生对健康与疾病相关经验和情绪的理解。目前，英国医学院校人文医学课程约占总学时15%。在美国，医学院协会等组织要求医学教育工作者在培养未来医生时，讲解、传授、评估其交流技能，使每一位医生不仅具备精湛的医术，更具有良好的沟通能力。美国医学院校把医患沟通能力列为21世纪医学生教育课程重点加强的九项内容之一，普遍开设了《与病人沟通》《病人》《医患沟通的艺术》等课程，教学内容包括：如何建立良好的医患关系；了解病人的喜好如何影响医疗诊断；有效的沟通策略；评估医患关系处理方式对医疗结果的影响；了解医患关系有关法律方面的事宜。[①]例如，哈佛大学医学院在1985年实施"新途径"（New Pathway）综合课程计划，学生在入学后的第一、第二学年所学课程就包括患者/医生等社会医学内容，后两年的临床实践学习阶段还要穿插许多选修课程，强调人文社会医学、行为医学与医学学科的结合。宾夕法尼亚大学医学院规定了医学生必须学习的四门核心课程：医学人文学、伦

---

① 彭红：《医患博弈及其沟通调适》，博士学位论文，中南大学生命伦理学专业，2008，第168页。

理学的哲学与宗教观、医学科学导论、当代社会生命伦理学。此外，在法国，人们越来越提倡医学院培养不受任何学科界限的医生；在日本，各医学院校则要求医学生修满 60 分人文课程学分，以达到"全人"的医学教育。

对于在职的医务人员，发达国家的医院则高度重视通过医学人文教育或培训的方式，不断提高医护员工的职业道德素养与医学人文素质。例如，日本对于新参加工作的护士进行接待礼仪培训，其中包含大量人文知识与服务理念的培训。又如，2003 年开始，我国医师协会建立的"医师人文医学执业技能培训体系"，正是以学习借鉴美国等国对在职医务人员开展培训为基础的。随着经济社会的发展与进步，尤其是在社会－心理－生物医学模式取代传统的生物医学模式之后，人们对于人文社会科学在医疗工作中扮演的角色更加重视，对医务人员的职业道德水平与医学人文素养提出了更高的要求。在高度重视职业道德教育与医学人文教育的背景下，医务人员具备较高的道德素养与人文素质，成为患者道德权利实现的保障。

（四）强化医院管理，提升服务质量与水平

医院管理在很大意义上起到了弥补法律不足的作用，能够更好地促进患者权利的实现。有些中国公民对于在美国的就医经历印象深刻："来到 MD 安德森癌症中心，感受到了真正意义上的人文关怀，像到了家一样，见到医护人员特别温暖"，在这里，"不论看病检查还是治疗，费用都可以直接从账号中扣除，无须排队，很方便"。[①] 显然，这是该医疗中心科学的高超的管理带来的结果。近年来，为数众多的中国患者不远万里、远渡重洋到美国著名医院治病，并非完全因为那里的医疗技术如何先进，而是因为那里的优质的医疗服务，即很多人"花钱买服务"。实际上，随着我国医学科学与医疗技术的不断发展，中美之间医疗水平的差距越来越

---

① 《一位癌症患者的真实经历：我为什么要去美国看病》，http://www.sohu.com/a/120253012_ 218449/20170509。

小，然而两国医疗机构的医疗服务理念、医院管理水平仍然不可同日而语，其实质就是对患者权利尤其是患者的道德权利的保障水平依然相差甚远。

国外医院一流的服务理念、高超的管理水平还体现在人性化医院环境的打造上。以日本为例，各医院坚持以人为本的服务理念，实行人性化管理。在医疗环境方面，建立起温馨的就医氛围，不少医院的门诊大厅和走廊、各诊疗室的过道上都挂有各种风景画或书法，让人陶醉在自然景色的美妙和平安康复的气氛之中，忘却病痛、平复心情、感受关爱。还有热情主动的导医，明显的院内路标（医院每个路口，从地面、墙壁到天花板上的各个方向用不同颜色标志出不同科室的箭头和路牌，凡识字的患者及家属靠路标指引就可以轻松找到要去的诊室或部门），极大地满足了患者知情权的需要，几乎没有医护人员被患者拉住问路的情形。周到的便民设施，诸如在医院公共场所整齐摆放着床式推车、轮椅、行李车及小孩推车，供患者免费使用，还放置了公用雨具、塑料袋，供患者急用，使患者有一种宾至如归的感觉。在医患关系方面，医务人员像对待自己家人一样，真诚地尊重患者、由衷地同情患者。医生巡视病房就像亲友探视一样与患者沟通，观察病情和了解情绪，同时也非常礼貌地问候家属，与之沟通、求得配合。医护人员从不把患者的床号当作他们的称呼，即使医生、护士内部交接班，也称呼患者为某某先生、某某女士。护士始终保持微笑服务，用尊称和敬语礼貌地接待每一位患者。医护人员给患者做任何一项医疗处置，都要事先向病人做解释，处处体现出对患者的关爱与尊重。医务人员非常重视保护患者权利。无论是医生办公室内的患者名单，还是病房的病床床头卡，都只有患者的名字而没有所患的病名。患者患什么病和病的严重性是作为隐私受到保护的，医院和医护人员无权公开。医疗过程中任何暴露身体的检查，必须与无关人员隔离（通常是拉上围帘），即使是在做检查的医护人员面前，也尽量做到减小患者身体的暴露面积，如肠镜检查，医院会提供开裆的一次性裤子。患者在住院的病房中享有自主的权利，在病房的墙壁上可以贴上自己喜欢的图片或家人的照片，在病房的桌面、柜子上可以摆放布娃娃、玩具狗等物件，成年人也不例外，包括生活用品也是按患者的意愿和方便自由摆放。① 通过科学的人性化的管理，患者获得了精神上的愉悦、心理上的慰藉，人格尊严权、知情同意权、个人隐私权以及获得帮助等权利也得到了较好的实现。

　　总之，当前一些国家仍然面临通过制定与完善立法以更好地维护患者权益的主要任务。同时，必须看到道德权利作为患者的一项重要权利，越来越引起世界各国的高度重视。各个国家把患者的满意程度即患者各种权利（包括道德权利）的实现与保障程度作为衡量医院工作水平的重要标尺。可以说，患者道德权利的实现与否，在很大意义上揭示了一个国家医疗卫生事业的发展水平，反映出一个社会的进步程度。忽视了这一点，就会对患者正当权益造成不应有的侵害，产生各种各样的不公平，影响和谐医患关系的建构，阻碍医疗卫生事业的健康发展。

---

　　①　顾竹影：《日本医院人性化管理的启示》，《中国医院》2005 年第 10 期。

第十一章
深化改革完善我国医疗卫生体制

　　制度保障是对社会成员权利最根本的保障。医疗卫生体制是否完善、科学与合理，在最终意义上决定着患者权利实现与保护的程度、水平及实际效果。从国外医学发展的经验看，凡是患者权利得到普遍性的较好的实现与保护的国家，必然是以建立起科学、完善的现代医疗卫生体制为前提；相反，那些医疗卫生体制存在巨大缺陷的国家与地区，患者权利无不遭受忽视与侵害。从 20 世纪 80 年代开始，我国医疗卫生体制改革至今已经进行了 30 多年，但是至今仍然存在一些无可否认的弊端，受到社会公众的诟病，陷入"政府不满意、患者不满意、医疗机构也不满意"的尴尬境地。深化改革，完善我国医疗卫生体制，是实现医疗卫生事业健康发展的基本前提，是实现广大人民群众生命权、健康权等基本权益的重要保障，也是维护患者权利的必然要求和重要途径。

一　医疗卫生体制的内涵

　　所谓体制，是指制度具体、外在的表现形式和实施方式，是管理经济、政治、文化等社会生活各个方面事务的规范体系，例如一个国家的政治体制、经济体制、军事体制、教育体制、科技体制等。相较于制度，体制具有具体性、灵活性、多样性等特点。作为与制度关系最为密切的概念形式，体制在国家与社会发展中具有重要地位以及所发挥的重要作用是不言而喻的。当体制设计科学合理，既能反映基本制度的要求，又能较好地体现经济社会的发展规律时，就会促进生产力的发展、实现社会的繁荣稳定，是一种需要维护与保障的好体制。反之，当一种体制无法较好地反映经济社会发展的要求，而是在很大程度上成为掣肘时，其消极影响不可忽视，进行体制改革，或者称之为完善原有的体制就势在必行了。

医疗卫生体制是一个人人熟知的概念，近 30 年来为我国政府、学界所反复地提起与阐述。但是究竟如何解读这一概念，各种文献资料少有记载；它的内涵具体包括哪些方面，则是见仁见智。在大多数时候，医疗卫生体制与医疗体制并不作严格的区分，往往被视为同一个概念。早在 2005 年 9 月，当时的卫生部卫生经济研究所卫生政策研究室主任石光教授就医疗体制改革相关问题答疑解惑。他说：就医疗体制定义来说，还没有一个特别公认的定义，根据世界卫生组织的界定，用于改善健康的那些努力活动都叫健康行动，提供这些健康行动的这些机构、这些人员、这个体系都属于卫生体制。[①] 显然，在这里，医疗卫生体制与医疗体制是混为一谈的。在其他一些场合与文献资料中，这两个概念同样经常被混用，区分两者的不同则显得有些多余。

关于医疗卫生体制的内涵，石光教授认为医疗体制应该包括三个方面的内容：第一个方面就是医疗保障制度，具体来说就像医疗保险、医疗救助体系；第二个方面就是医疗服务提供体系，它包括像疾病预防、健康教育、医院或者是诊所这样的服务体系；第三个方面就是医疗服务的监管体系。这实际上也是社会的一种共识，从我国医疗卫生体制改革内容的确定上可以看出，医疗卫生体制改革包括：由城镇职工基本医疗保险、城镇居民基本医疗保险和新型农村合作医疗构成的基本医疗保险制度改革，城乡医疗救助为主体的医疗保障体系改革，医药卫生体制改革等。在具体实践中，凡是涉及医疗保障、医疗服务、卫生管理、医药供应等方面的制度性变化，都视为医疗卫生体制改革的内容。例如：1980 年，卫生部《关于允许个体开业行医问题的请示报告》为转变国有、集体医疗机构一统天下，形成多种所有制形式并存的医疗服务机构奠定了基础，可以看作是医疗卫生体制改革的先声。此后，卫生部下发了《医院经济管理暂行办法》《关于加强卫生机构经济管理的意见》《全国医院工作条例》，明确了对医

---

① 《什么是医疗体制？》http://news.sina.com.cn/o/2005 - 09 - 26/13407038833s.shtml。

院相关工作的要求。1992 年 9 月，国务院下发《关于深化卫生医疗体制改革的几点意见》，卫生部门工作会议中要求医院在"以工助医、以副补主"等方面取得了新成绩。1997 年 1 月，中共中央、国务院出台《关于卫生改革与发展的决定》，明确提出了卫生工作的奋斗目标和指导思想。提出了推进卫生改革的总要求，在医疗领域主要有改革城镇职工医疗保险制度、改革卫生管理体制、积极发展社区卫生服务、改革卫生机构运行机制等。2000 年 2 月，国务院办公厅转发国务院体改办、卫生部等八部委《关于城镇医药卫生体制改革的指导意见》，并陆续出台了《关于城镇医疗机构分类管理的实施意见》《关于卫生事业补助政策的意见》《医院药品收支两条线管理暂行办法》《关于医疗机构有关税收政策的通知》《关于改革药品价格管理的意见》《关于改革医疗服务价格管理的意见》《医疗机构药品集中招标采购试点工作若干规定》等 13 个政策性配套文件。2006 年年初，国务院又发布了《关于发展城市社区卫生服务的指导意见》。中共十七大报告首次完整地提出中国特色卫生医疗体制的制度框架，包括公共卫生服务体系、医疗服务体系、医疗保障体系、药品供应保障体系四个重要组成部分，这是在新时期对卫生医疗体系做出的全面概括，是最具权威性的理论阐述。在此基础上，2009 年初党中央、国务院发布的《关于深化医药卫生体制改革的意见》进一步进行完善与发展，提出"基本医疗卫生制度"的概念，并确立了其"四梁八柱"的基本框架主要由覆盖城乡居民的公共卫生服务体系、医疗服务体系、医疗保障体系和药品供应保障体系四大体系共同构成，同时建立和完善医药卫生的管理、运行、投入、价格、监管、科技与人才、信息、法制等八项体制机制及条件。

由上观之，医疗卫生体制是一个含混不清的概念，其基本内涵在思想理论上与具体实践中都未得到清楚的表达及界定。在改革开放初期，凡是涉及医疗卫生政策变化，都常常被称为医疗卫生体制的变革，即便是关于医疗机构内部管理制度改革的相关规定，也常被归为医疗卫生体制改革的内容，从而使得这一概念外延无比宽广、内容无比丰富。到了 2000 年以后，尤其是在 2007 年党的十七大上，医疗卫生体制才明确地被视为一种制度存在，被认为由公共卫生服务体系、医疗服务体系、医疗保障体系、药品供应保障体系四个部分组成。后来，政府部门又提出"基本医疗卫生制度"的概念，将建立覆盖城乡居民的基本医疗卫生制度视为深化医药卫生体制改革的重要内容。这表明，医疗卫生体制越来越被界定为与促进医疗卫生事业发展、提升医疗卫生的质量与水平、保障广大人民群众生命健康安全相关的各项制度。尤其是基本医疗卫生制度的提出，明确了医疗卫生体制改革的方向与目标，奠定了人人享有基本医疗服务的制度性基础。

二　建立科学、合理、完善的医疗卫生体制重要意义

建立科学、合理、完善的医疗卫生体制，对于实现一个国家医疗卫生事业的健康发展、保障人民群众的健康与福祉，具有十分重要的意义。这一点早已为中外医疗卫生事业的发展历史所证明。

（一）中华人民共和国成立后医疗卫生发展的成就与体制因素

1949 年前的中国，民生凋敝，国弱民穷，中国人被称为"东亚病夫"，人民群众健康状况堪忧。中华人民共和国成立初，传染病肆虐、寄生性疾病猖獗，多数人营养不良，人均寿命不足 35 岁，婴儿死亡率高达 200‰。中央与地方各级政府为确保人民生命健康利益，下大力气、花大本钱，结合我国国情大力发展医疗卫生事业，取得了举世瞩目的辉煌成就。很多在旧中国曾经严重威胁人民群众生命健康安全的流行性疾病（如天花、霍乱、性病等）得到较彻底的消除，而寄生虫病（如血吸虫病和疟疾等）得到了大幅度的削减。根据人口普查结果，我国人均寿命从 1949 年的 35 岁增加到了 80 年代早期的 70 岁，达到世界中等发达国家水平，出生婴儿死亡率也减少到 1981 年的低于 34.7‰。[①] 因此，世界银行的一份报告称之为"中国第一次卫生保健革命"。1978 年，世界卫生组织

---

① 国家卫生和计划生育委员会：《2015 中国卫生和计划生育统计年鉴》，中国协和医科大学出版社，2015，表 9 - 2 - 1。

在阿拉木图召开的会议上，认为中国是发展中国家发展初级医疗卫生保健的典范，当时的世界卫生组织总干事哈夫丹·马勒博士多次向各发展中国家推荐"中国模式"。联合国妇女儿童基金会在1980～1981年年报中称：中国的"赤脚医生制度"在落后的农村地区提供了初级护理，为不发达国家提高医疗卫生水平提供了样板。

中华人民共和国成立以来医疗卫生事业辉煌成就的取得，与符合我国国情的医疗卫生体制的建立存在密切关系。无论是公共卫生体系、医疗保障制度、医疗服务模式，还是医药供应方式，均体现出鲜明的中国特色，适应了当时我国经济社会发展的需要，具有较大的科学性、合理性。

一直以来，在国际上占主导地位而且似乎已经被证明为"具有普适性的真理"的是西方化的医疗卫生体制模式，其特点是：依赖于通过昂贵财力投入培养出来的熟练和高技术的专科医生；强调较高的医疗技术水平；治疗为主的导向；关注个人健康状况，而不是建设公共医疗事业。①在中华人民共和国成立初期的中国，国弱民穷而且人口众多，这种模式显然与我国国情不符。于是，我国政府走出了一条与之截然不同的道路。在医疗卫生事业发展的方针上，提出："医疗卫生体系为工农兵服务""预防为主""中西医相结合""卫生工作与群众运动相结合"四大指导方针。在制度上，国家直接举办三级医疗卫生服务体系，构建有中国特色的公共卫生服务网络，建立覆盖城乡的医疗保障体系，实行国家调配、中西医结合的药品制度。具体而言，传统医疗卫生体制的一系列要素特征，包括免费医疗、公有制、弱激励、财政补供方、行政等级化体系、管办合一、准入控制、压低医疗服务价格等。这种医疗卫生体制适应了高度集中的计划经济体制的要求，反映了"居民收入水平很低且高度平均，急慢性传染病、寄生虫病和地方病是威胁居民生命健康的最主要疾病，医疗卫生技术亟待普及"等时代背景特点，比较切合实际，成为取得重大辉煌成就的根本保障。

---

① 《关于新中国成立初期至改革开放前医疗卫生情况的整理》，http：//lin‐nuoxi. blog. sohu. com/61786685. html. /2017‐06‐30。

（二）发达国家医疗卫生事业发展的启示

现代社会，发达国家经济社会获得巨大发展毋庸置疑，由此相伴而来的医疗卫生事业所取得的成就也不可忽视，为包括我国在内的众多发展中国家提供了有益借鉴。根据国际权威机构的统计，瑞典、英国、德国、法国、日本、澳大利亚等国医疗卫生事业都发展到比较高的水平，老百姓可以享受到完善的医疗卫生服务，人均预期寿命居世界各国前列。以英国为例，在1948～2008年的60年间，英国男女性平均寿命更是延长了10年，同时各类疾病引发的死亡率也大幅下降，传染病不再是威胁国民生命的主要因素。根据世界卫生组织每年出版的《世界卫生报告》，英国医疗卫生系统总成就排名长期位列全球前十。① 又如，新加坡的医疗卫生发展成就为世界各国所称道。新加坡前总理李光耀曾自豪地说："在确保人人都享有必要的医疗照顾的同时，我们并没大量地耗费资源，也没有让病人等待过长时间"，从一个视角说明新加坡医疗卫生事业发展成绩斐然。根据2016年5月19日世界卫生组织发布的报告显示，新加坡人均预期寿命为83.1岁，在全球最长寿人口中，排名第三。同时，新加坡医疗体系被评为全球第一名，被视为最有能力应对重大医疗危机的亚洲国家。

发达国家的辉煌医疗成就的取得，与其科学、完善的医疗卫生体制具有不可分割的关系。例如，英国的卫生医疗体系也称为国民卫生服务体制（National Health Service，简称NHS），承担着保障英国全民公费医疗保健的重任。这一体制的基本特征是：卫生医疗资金主要通过税收筹集，筹资与服务均由政府负责，全民覆盖和人人公平享有卫生保健服务。NHS体系分两大层次：第一层次是以社区为主的基层医疗服务，由全科医生和护士负责；第二层次以医院为主，提供急症、专科门诊及检查、手术治疗和住院护理等服务。NHS集医疗卫生服务、医疗保障和服务监管功能于一体，体现出较高的公平性和福利性。又如，德国作为世界上最早实行社会

---

① 胡颖廉：《英国国民健康服务体系的成就和挑战》，《学习时报》2016年10月27日，第A2页。

保障制度的国家，建立起十分发达的医疗保障体系。德国医疗卫生服务体制分为两个部分：一是以传染病控制为主的公共卫生体系，二是一般医疗服务体系。前者由三级政府（联邦、州和县）的卫生行政主管部门直接完成，所需资金全部来自政府财政预算，各级政府根据各自的职能及需要分担投入；后者分为四个部分：一是开业医生，主要负责一般门诊检查、咨询等；二是医院，负责各种形式的住院治疗；三是康复机构，负责经医院治疗后的康复；四是护理机构，负责老年以及残疾者的护理。医院有三种组织形式：公立医院、非营利医院和私营医院，其中公立医院占主导地位，一般由政府直接投资举办。由此，保证了人民群众可以享受到全面的高水平的医疗卫生服务。同时，医疗费用资金筹集采取强制性的社会保险形式，由雇主和雇员共同分担保费，又提供了可靠的充足的医疗经费保障。德国的经验表明，建立科学与完善的医疗卫生体制是实现医疗卫生事业健康发展、确保人民群众较好地享受医疗服务、捍卫人民群众的生命与健康权利的根本保障。再如，以色列基本医疗卫生制度比较健全，管理运行高效有序，有效地保障和维护了公民健康福祉，政府、居民和医生都比较满意。这得益于它的医疗卫生体制具有以下特点：实行强制性医疗保险制度，医疗保障制度全覆盖；医疗卫生资源配置科学，政府对所有医疗资源严格控制，最大限度地节约资源；实施分级诊疗制度完善，通过支付制度改革引导病人到基层首诊；医务人才培养和薪酬制度健全；药品流通管理规范等。各个发达国家的医疗卫生事业取得了举世公认的巨大成就，人民群众的生命权、健康权等权利得到有效保障，比较完善的医疗卫生体制功不可没。

（三）我国医改过程的曲折，从反面说明科学、完善的体制的重要性

计划经济体制下，我国建立起与之相适应的比较科学的医疗卫生体制，医疗卫生事业发展创造了一系列辉煌的业绩。改革开放政策的实施，动摇了传统医疗卫生体制存在的基础，进行医改势在必行。我国的医改是一项前无古人的事业，加上对医疗卫生事业发展的规律缺乏深刻认识，从 20 世纪 80 年代开始的医改经历不少曲折。最主要的一点是，

为了彻底纠正计划体制存在的弊端，调动医疗机构及其员工的积极性，提高医疗工作水平与工作效率，我国医疗卫生体制改革坚持了市场化方向，不自觉地偏离了医疗服务行业应有的公益性特征，导致出现严重的"看病贵""看病难"问题，影响了社会公平与正义。在很长一段时间里——20世纪90年代到21世纪初的十多年里，医疗卫生领域出现了严重的不公平现象：一方面，医疗机构因为政府投入减少，基于生存与发展需要以及受到经济利益的诱惑，医疗费用价格节节攀升；另一方面，为数众多的企业下岗职工因为失去了单位的支持而落入医保的真空，广大农民也因为计划体制下农村合作医疗保障制度的解体失去了任何医疗保障。结果是，大量的患者因为经济困难得不到及时救治，全社会对于医院的看法日渐消极，医患关系逐渐紧张，医疗卫生事业的发展遭受阻碍。时至今日，"看病难""看病贵"仍然是影响患者权利实现、危及社会稳定与和谐的重要因素，医疗卫生体制存在的问题依然受到来自社会各个方面的诟病。

三　建立科学、完善的医疗卫生体制的探索与努力

（一）早期以市场化为导向的探索

改革开放以来的医疗体制改革，可以追溯到1985年4月国务院批转卫生部的《关于卫生工作改革若干政策问题的报告》（国发〔1985〕62号）。该报告指出，当前面临的主要问题是卫生事业发展缓慢与我国经济建设和人民群众的医疗需要不相适应，"为了加快卫生事业的发展，中央和地方应逐步增加卫生经费和投资；同时，必须进行改革，放宽政策，简政放权，多方集资，开阔发展卫生事业的路子，把卫生工作搞活"。这一标志性的政策使得1985年成为我国医改的启动年。1989年，国务院批转了卫生部、财政部等部门《关于扩大医疗卫生服务有关问题的意见》（国发〔1989〕10号），提出：积极推行各种形式的承包责任制；允许有条件的单位和医疗卫生人员从事有偿业余服务；进一步调整医疗卫生服务收费

标准；医疗卫生事业单位实行"以副补主"，组织多余人员举办直接为医疗卫生工作服务的第三产业或小型工副业，实行独立核算、自负盈亏。1992 年 9 月，《卫生部关于深化卫生改革的几点意见》（卫办发〔1992〕34 号）确立了"建设靠国家、吃饭靠自己"的体制。1998 年，国务院下发《关于建立城镇职工基本医疗保险制度的决定》（国发〔1998〕44 号），标志着城镇职工医疗保险改革正式在全国范围内启动，开始以"统账结合"基本医疗保险制度代替以往的公费医疗和劳保医疗。

总的来说，这一时期的医改被视为国家整体改革的一个组成部分，以增加医疗机构的自主权为主要目标，以引入市场因素、调动个人积极性、提高效率求发展为主要特征。它的出发点是克服传统计划体制下政府管得过多、统得过死、单位与职工缺乏积极性、工作效率低下、卫生资源浪费严重等弊端，给各个医疗机构以及整个医疗卫生事业发展带来生机与活力。这种做法的出发点是好的，也的确在很大程度上实现了调动医疗机构及职工积极性、提升效率的初衷，但是由于经验缺乏，又导致了新的问题出现——医疗机构的公益性减退、医疗卫生领域的社会公正价值削弱，具体表现就是：医疗费用普遍上涨，个人医疗负担较重，城乡居民普遍感到"看病难""看病贵"，不堪重负。1993 ~ 1998 年，县医院每诊次费用和每床日费用分别上涨了 232.48% 和 208.07%；乡镇卫生院每诊次费用和每床日费用分别上涨了 141.00% 和 156.72%。[①]

然而，政府似乎并没有意识到问题的严重性，在以后的几年里，医疗卫生体制改革的市场化导向没有丝毫的转变，政府对于医疗卫生领域的投入持续相对减少，医疗投入占国内生产总值（GDP）与国家财政收入的比例一度呈下降趋势。在很长一段时间里，我国医疗卫生支出占 GDP 的比重一直徘徊在 5% 以下，远低于世界上多数国家的水平。在部分医院，政府的投入甚至仅够支付水电费用，医院发展经费、职工的工资与福利等只能从患者身上获得，无疑这将进一步加重患者的经济负担。1998 年，

---

① 朱凤梅：《1985—2015 年我国医疗卫生体制改革逻辑评述》，《中国卫生经济》2016 年第 1 期。

广大人民群众自费就医比例高达 76.40%，其中城市和农村分别为 44.10% 和 87.30%。① 尽管此后几年，政府部门又出台了一系列新的医改政策，例如：2003 年，国务院颁布《关于建立新型农村合作医疗制度的意见》（国办发〔2003〕3 号），要求从这一年起开始进行新型农村合作医疗试点工作；之后，人力资源和社会保障部相继出台了《关于推进混合所有制企业和非公有制经济组织从业人员参加医疗保险的意见》和《关于开展农民工参加医疗保险专项扩面行动的通知》，要求大力推进混合所有制企业和非公有制经济组织职工参加基本医疗保险。尽管在改革医疗卫生体制，尤其是完善医疗保障制度方面进行了积极、有益的探索，也取得了一定的成绩，但是总的结果难以令人满意。医疗卫生领域原来存在的各种问题没有消失，新的矛盾不断涌现，特别是医患关系恶化的势头没有得到丝毫改变，医疗服务依然处在"政府不满意、医疗机构不满意、患者更加不满意"的状态。

（二）医疗卫生体制改革的深化及存在的问题

20 世纪 80 年代开始的医疗卫生体制改革，对于医疗机构而言，可以用一句话来概括：以市场化为导向，多给政策少给钱。之后，这种势头并未得到扭转，相反甚至进一步得到强化。2000 年 2 月，国务院办公厅转发国务院体改办、卫生部等 8 部委《关于城镇医药卫生体制改革的指导意见》，并陆续出台了 13 个配套政策性文件，推动了医改工作的新进展。全国各地公立医院开始进行产权化改革，大量的公办医院被公开拍卖，结果是随着公办医院数量的减少，医疗卫生服务的公益性更加减退，距离广大人民群众的要求似乎更加遥远。无论是政府、学界，还是民间，对此褒贬不一。尤其是 2003 年非典爆发以后，关于市场主导和政府主导的争论更加深入，促使人们反思医改过程中存在的问题，重新审视现行医疗政策。

医疗卫生体制改革以来产生的问题主要有以下几个方面。

---

① 朱铭来、丁继红：《我国医疗保障制度再构建的经济学分析》，《南开经济研究》2006 年第 4 期。

其一，医疗卫生资源投入较少。改革开放以来，伴随着国民经济的快速增长，我国政府对医疗卫生领域的投入是明显增加的，但是远远满足不了人民群众对医疗卫生的需求不断增长的需要。随着经济社会的发展，人民群众的生活质量不断提高，对于生命权、健康权的重视程度日益增强，对于医疗卫生服务的质量与水平要求更加高，必然带来医疗卫生费用的节节攀升，较低水平的投入显然不能满足医疗成本增加的需要。我国卫生事业费占财政支出的比例一直处于较低水平，例如 2005 年仅为 1.85%，不仅远低于世界发达国家，即便与一些发展中国家相比也是令人感到惭愧的。由是，医疗卫生资源紧缺成为不可避免的问题，医疗卫生质量大打折扣，医患关系趋于紧张也是合乎逻辑的。据中国最大的医学专业论坛丁香园网站一份调查，有 78% 的医生将医患关系紧张，归咎于财政投入不足，显然不无道理。[①]

其二，医疗卫生资源分配失衡。医疗卫生资源分配不均衡是医疗卫生改革以来存在的一个弊端。根据卫生部的调查，80% 左右的医疗卫生资源由城镇人口享受和支配，其中 30% 的优质资源又集中在大城市、大医院，而占全国总人口一半以上的广大农村却只能享有 20% 的医疗卫生资源。于是，为数众多的外地患者不惜千里迢迢地奔赴大城市、大医院求医问药，导致大医院人满为患，不得不超负荷运转。"看病难""看病贵"也成为大家共同的感受。另外，在农村地区的乡镇卫生院，或者在城市里的许多社区医院，却是门可罗雀，因为缺少患者而导致经济收入微薄，只能依靠政府财政支持而苦苦支撑。这种极不正常的现象在考问医疗卫生体制的合理性。

其三，医疗保障制度覆盖面偏窄。医疗卫生体制改革以来，传统计划体制下的医疗保障体系趋于瓦解，无论是城镇公费医疗、劳保医疗还是农村合作医疗，都逐渐失去了存在的基础，大量的社会成员落入医保的真空。1998 年，人民群众就医的自费比例高达 76.40%，其中城市和农村分

---

① 金幼文：《南方周末：医疗暴力根子在于中国对医疗的财政投入不足》，http://ndnews.oeeee.com/html/201311/07/469958_2.html，2017 - 07 - 16。

别为 44. 10% 和 87. 30%。^①这在一定程度上与 20 世纪 90 年代国有企业改革、经济结构战略性调整导致职工下岗、失业有关，这部分人群丧失社会医疗保障（如劳保医疗）自动加入了自费的行列。^②可见，这一时期超过 50% 的患者游离于医疗保障体系之外。当疾病来袭时，他们只能完全依靠个人财力支付医疗费用；当自身无力支付时，他们则陷入有病不能医的尴尬境地。有些普通民众即便经过四处筹集资金，得到及时治疗，最终却落个债务累累的结果，类似因病致贫的现象屡见不鲜。这也成为我国医疗卫生体制改革颇受诟病的原因之一。

其四，"以药养医"现象突出。"以药养医"是在 20 世纪 50 年代，在经济十分困难的情况下，为了维持公立医院生存发展，国家明确公立医院可以将药品加价 15% 后向群众提供。在当时的条件下，这种做法有其现实性与合理性，在商品短缺的计划经济时期对于促进医疗卫生事业发展发挥过积极作用。而且，那个年代人们对于"以药养医"处于无感状态，因为医药费价格非常低廉，人们丝毫感觉不到"以药养医"产生的影响。但是，自 20 世纪 80 年代以来，医生收入逐渐与科室收益、医院发展挂钩，尽管国家规定了药品加价的比例，但多数医院的加价率远远超过规定的 15%，有的高达 40% ~ 50%。在医疗卫生体制改革进行 20 多年之后的 2006 年，卫生部的数据显示，近 10 多年来，药品收入占医院总收入的份额均维持在 44% 的水平之上，一些中小型地方医院甚至高达 70%。因而，医疗费用逐年增加，最终大大超出患者的支付能力，"以药养医"扮演了重要角色。而且，"以药养医"现象也是导致一系列腐败现象产生的根源，药品销售公司等中间环节向医务人员行贿现象成为公开的秘密，多年来社会各界一直强烈呼吁破除"以药养医"机制，深化医药体制改革，尤其是要整顿药品流通秩序，建立科学、合理的药品流通体制。

其五，公立医院管理模式存在弊端。公立医院改革是医疗卫生体制改

---

① 朱铭来、丁继红：《我国医疗保障制度再构建的经济学分析》，《南开经济研究》2006 年第 4 期。

② 卫生部卫生统计信息中心：《卫生改革专题调查研究》，中国协和医科大学出版社，2004，第 29 页。

革的一个核心环节。经过多年的改革，公立医院的主动性、积极性大大调动起来，医疗服务质量与水平大大提升，现代化的医疗设备与医疗技术广泛应用。但是，公立医院的管理模式仍然存在严重的弊端：政府部门责任不明确、责任不到位，主要通过行政手段管理医院，但"所有者"职责基本缺位，对医院发展、资源配置和利润使用等重大决策以及资产监管等方面基本处于"放任"状态；政府部门多头管理，卫生、药监、物价、财政等部门在监管方面各有职责，卫生、教育、财政、组织、人事和劳动等部门在管理上多头负责，管理权、监督权分散在多个部门且权责不清；政府"政事"和"管办"职责划分不够清晰，公立医院用人权、分配权等归属政府有关部门，形成政府对部分经营决策权的直接干预，监管者监管责任不清，有效的监管机制难以建立；政府与公立医院之间的责权不够清晰，政府作为"所有者"该管什么、不该管什么，公立医院院长应该具有哪些权力、责任与义务等问题有待进一步明确。公立医院管理制度改革理所当然地成为医疗卫生体制改革的重中之重。

（三）新医改的启动

21 世纪初，历时将近 30 年的医疗卫生体制改革因为存在的种种弊端而被归结为"失败"。由此，肩负着革除弊端、建立科学医疗卫生体制的新医改揭开了序幕。2006 年 6 月 30 日，国务院第 141 次常务会议决定成立以国家发展改革委员会和卫生部牵头，财政部、人力资源和社会保障部等 16 个部门参加的深化医药卫生体制改革部际协调工作小组。这一协调机构的成立，标志着新医改的正式启动。但是，新医改具体改什么，怎么改，政府似乎并没有清晰的思路。协调工作小组听取了北京大学、复旦大学、北京师范大学、中国人民大学、国务院发展研究中心、世界银行、世界卫生组织和麦肯锡公司国内外八家机构，在医疗保障、公共财政与卫生筹资、医疗服务、医疗卫生的监管和药品生产与流通 5 个制度领域的改革建议，起草了《关于深化医药卫生体制改革的意见》。此后，又经过了历时三年的大讨论，2009 年 3 月 17 日《中共中央国务院关于深化医药卫生体制改革的意见》（中发〔2009〕6 号）正式通过，确立了新医改的方向与任务。这一历史性的重要文献提出"有效减轻居民就医费用负担，切实缓解'看病难、看病贵'"的近期目标，以及"建立健全覆盖城乡居民的基本医疗卫生制度，为群众提供安全、有效、方便、价廉的医疗卫生服务"的长远目标。该文件在内容上包括六个部分：充分认识深化医药卫生体制改革的重要性、紧迫性和艰巨性；深化医药卫生体制改革的指导思想、基本原则和总体目标；完善医药卫生四大体系，建立覆盖城乡居民的基本医疗卫生制度；完善体制机制，保障医药卫生体系有效规范运转；着力抓好五项重点改革，力争近期取得明显成效；积极稳妥推进医药卫生体制改革。

《关于深化医药卫生体制改革的意见》汇集了各方智慧，可谓切中了时弊，表明了党和政府纠正过于强调市场化的决心。它具有五个方面的创新：一是在改革的理念上，首次提出"把基本医疗卫生制度作为公共产品向全民提供"，表明改革的目的十分鲜明，就是要建立覆盖城乡居民的基本医疗卫生制度，解决群众反映较多的"看病难、看病贵"的问题，旗帜鲜明地表明了公共医疗卫生的公益性立场。二是在改革的基本原则上，明确强调政府主导与发挥市场机制作用相结合，强调坚持公平与效率的统一，表明要克服过度市场化的缺陷。三是多个"第一次"的提出：第一次提出了建立覆盖城乡居民的基本医疗保障体系，并坚持预防为主的方针，把公共卫生服务体系与医疗服务、医疗保障、药品供应保障体系并列；第一次提出基本公共卫生服务均等化的目标，缩小城乡居民基本公共卫生服务的差距；第一次提出初步建立国家基本药物制度，整顿治理药品生产供应保障体系，规范用药行为，降低药品价格和患者医药费用；强调了县级医院在农村防病治病中的龙头作用，提出了全面加强县级医院建设，提高医疗服务水平和质量，使农村大病不出县。四是在改革的基本思路上，远近结合，把解决群众看病就医突出问题与建立完善基本制度体系结合起来，第一次系统提出了建立有中国特色的基本医疗卫生制度的基本框架，明确了深化改革的总体方向和目标、主要任务及主要政策措施，即"一个目标、四大体系、八项支撑"。五是在改革的方法步骤上，强调试点先行，稳步推进。

四 关于进一步深化医疗卫生体制改革、建立完善新体制的探索

尽管新医改取得了明显的阶段性成就，但是距离建立成熟、完善的医疗卫生体制目标依然遥远，我国医疗卫生体制改革的道路依然漫长。政府在深化医疗卫生体制改革、建立完善新体制方面一直在进行探索与努力。

（一）"十三五"深化医药卫生体制改革规划的制定

2017年1月9日，国务院公开发布《"十三五"深化医药卫生体制改革规划》（国发〔2016〕78号），成为我国医疗卫生体制改革以及医疗卫生事业发展史上的又一个里程碑式文件。

规划的主要目标是：到2017年，基本形成较为系统的基本医疗卫生制度政策框架；分级诊疗政策体系逐步完善，现代医院管理制度和综合监管制度建设加快推进，全民医疗保障制度更加高效，药品生产流通使用政策进一步健全；到2020年，普遍建立比较完善的公共卫生服务体系和医疗服务体系、比较健全的医疗保障体系、比较规范的药品供应保障体系和综合监管体系、比较科学的医疗卫生机构管理体制和运行机制；经过持续努力，基本建立覆盖城乡居民的基本医疗卫生制度，实现人人享有基本医疗卫生服务，基本适应人民群众多层次的医疗卫生需求，我国居民人均预期寿命比2015年提高1岁，孕产妇死亡率下降到18/10万，婴儿死亡率下降到7.5‰，5岁以下儿童死亡率下降到9.5‰，主要健康指标居于中高收入国家前列，个人卫生支出占卫生总费用的比重下降到28%左右。

规划的重点任务包括：

1. 建立科学合理的分级诊疗制度。具体内容有：健全完善医疗卫生服务体系；提升基层医疗卫生服务能力；引导公立医院参与分级诊疗；推进形成诊疗－康复－长期护理连续服务模式；科学合理引导群众就医需求。

2. 建立科学有效的现代医院管理制度。具体内容有：完善公立医院管理体制；建立规范高效的运行机制；建立符合医疗卫生行业特点的编制人事和薪酬制度；建立以质量为核心、公益性为导向的医院考评机制；控制公立医院医疗费用不合理增长。

3. 建立高效运行的全民医疗保障制度。具体内容有：健全基本医保稳定可持续筹资和报销比例调整机制；深化医保支付方式改革；推动基本医疗保险制度整合；健全重特大疾病保障机制；推动商业健康保险发展。

4. 建立规范有序的药品供应保障制度。具体内容有：深化药品供应领域改革；深化药品流通体制改革；完善药品和高值医用耗材集中采购制度；巩固完善基本药物制度；完善国家药物政策体系。

5. 建立严格规范的综合监管制度。具体内容有：深化医药卫生领域"放管服"改革；构建多元化的监管体系；强化全行业综合监管；引导规范第三方评价和行业自律。

6. 统筹推进相关领域改革。具体内容有：健全完善人才培养使用和激励评价机制；加快形成多元办医格局；推进公共卫生服务体系建设。

附件 1

到 2017 年深化医药卫生体制改革主要目标

序号	指标内容
1	基本形成较为系统的基本医疗卫生制度政策框架
2	85% 以上的地市开展分级诊疗试点,政策体系逐步完善
3	家庭医生签约服务覆盖率达到 30% 以上,重点人群签约服务覆盖率达到 60% 以上
4	各级各类公立医院全面推进综合改革,初步建立决策、执行、监督相互协调、相互制衡、相互促进的管理体制和治理机制
5	试点城市公立医院药品占比(不含中药饮片)总体降到 30% 左右,百元医疗收入(不含药品收入)中消耗的卫生材料降到 20 元以下
6	公立医院医疗费用控制监测和考核机制逐步建立健全,全国公立医院医疗费用增长幅度力争降到 10% 以下
7	基本实现符合转诊规定的异地就医住院费用直接结算
8	国家选择部分地区开展按疾病诊断相关分组付费试点,鼓励各地积极完善按病种、按人头、按床日等多种付费方式

附件2

到2020年深化医药卫生体制改革主要目标

序号	指标内容
1	居民人均预期寿命比2015年提高1岁,孕产妇死亡率下降到18/10万,婴儿死亡率下降到7.5‰,5岁以下儿童死亡率下降到9.5‰
2	个人卫生支出占卫生总费用的比重下降到28%左右
3	分级诊疗模式逐步形成,基本建立符合国情的分级诊疗制度
4	力争所有社区卫生服务机构和乡镇卫生院以及70%的村卫生室具备中医药服务能力,同时具备相应的医疗康复能力
5	力争将签约服务扩大到全人群,基本实现家庭医生签约服务制度全覆盖
6	基本建立具有中国特色的权责清晰、管理科学、治理完善、运行高效、监督有力的现代医院管理制度,建立维护公益性、调动积极性、保障可持续的运行新机制和科学合理的补偿机制
7	公立医院医疗费用增长幅度稳定在合理水平
8	基本医保参保率稳定在95%以上
9	建立医保基金调剂平衡机制,逐步实现医保省级统筹,基本医保政策范围内报销比例稳定在75%左右
10	医保支付方式改革逐步覆盖所有医疗机构和医疗服务,全国范围内普遍实施适应不同疾病、不同服务特点的多元复合式医保支付方式,按项目付费占比明显下降
11	基本建立药品出厂价格信息可追溯机制
12	形成1家年销售额超过5000亿元的超大型药品流通企业,药品批发百强企业年销售额占批发市场总额的90%以上
13	对各级各类医疗卫生机构监督检查实现100%覆盖
14	完成本科临床医学专业首轮认证工作,建立起具有中国特色与国际医学教育实质等效的医学专业认证制度
15	所有新进医疗岗位的本科及以上学历临床医师均接受住院医师规范化培训,初步建立专科医师规范化培训制度
16	城乡每万名居民有2~3名合格的全科医生,全科医生总数达到30万人以上
17	医疗责任保险覆盖全国所有公立医院和80%以上的基层医疗卫生机构
18	基本公共卫生服务逐步均等化的机制基本完善
19	全面落实政府对符合区域卫生规划的公立医院投入政策,建立公立医院由服务收费和政府补助两个渠道补偿的新机制,细化落实政府对中医医院(民族医院)投入倾斜政策,逐步偿还和化解符合条件的公立医院长期债务

（二）近年来深化医疗卫生体制改革的实践

从医疗卫生工作实践看，近年来我国每年都把深化医疗卫生体制改革作为实现国家发展、社会进步、惠及民生的重要方面，提出具体的目标与任务。2015 年，国务院办公厅印发《深化医药卫生体制改革 2014 年工作总结和 2015 年重点工作任务》，提出医改 7 个方面的重点工作任务：一是全面深化公立医院改革；二是健全全民医保体系；三是大力发展社会办医；四是健全药品供应保障机制；五是完善分级诊疗体系；六是深化基层医疗卫生机构综合改革；七是统筹推进各项配套改革。2016 年，"十三五"的开局之年，国务院办公厅印发《深化医药卫生体制改革 2016 年重点工作任务》，提出"全面深化公立医院改革""加快推进分级诊疗制度建设""巩固完善全民医保体系""健全药品供应保障机制""建立健全综合监管体系""加强卫生人才队伍建设""稳固完善基本公共卫生服务均等化制度""推进卫生信息化建设""加快发展健康服务业""加强组织实施"等要求。2017 年 3 月 28 日召开的医改大会，确定了 2017 年医改重点任务，主要包括：全面启动多种形式的医联体试点；以需求为导向做实家庭医生签约服务；加快推行按病种付费为主的复合型支付方式；全面完成城乡居民医保"六统一"；全面取消公立医院药品加成；开展公立医院薪酬制度改革；大力推行药品购销两票制；全面启动高值医用耗材集中采购试点；加强医疗机构的绩效考核；推动医药卫生信息化建设。

在近年来深化医疗（药）卫生体制改革的探索与实践中，建立广覆盖（接近全覆盖）的医疗保障体系、以取消以药养医为特征的医药体制改革、以分级诊疗为主要内容的公立医院改革是重中之重。解决好这些领域的各种问题是实现医疗卫生体制改革目标的关键。

1. "广覆盖"的医疗保障体系建设

新医改以来，我国政府提出"三纵三横"的医疗保障体系架构：基本医疗保险体系、城乡医疗救助体系、补充医疗保障障体系。基本医疗保险体系包括城镇职工基本医疗保险、城镇居民基本医疗保险和新型农村合作医疗三项制度，是我国医疗保障体系的主体层次。

在继承旧的城镇职工医疗保险制度（1998 年我国开始建立城镇职工基本医疗保险制度）的基础上，2013 年 12 月 15 日实施的《中华人民共和国城镇职工基本医疗保险条例》第 3 条规定："建立城镇从业人员基本医疗保险基金，实行个人医疗账户与基本医疗统筹基金支付相结合的制度。个人账户的所有权属于个人。统筹基金的所有权属于参加基本医疗保险的全体人员"，第 7 条规定："基本医疗保险费由用人单位和从业人员共同缴纳。其中用人单位按本单位从业人员月工资总额的 5% ~7% 缴纳，从业人员缴纳基本医疗保险费费率不低于本人月工资总额的 2%。"由此，将全体城镇职工纳入医疗保障体系。

2007 年 7 月 10 日，国务院发布《关于开展城镇居民基本医疗保险试点的指导意见》（简称《意见》），提出："为实现基本建立覆盖城乡全体居民的医疗保障体系的目标，国务院决定，从今年起开展城镇居民基本医疗保险试点"。《意见》规定，参保范围包括"不属于城镇职工基本医疗保险制度覆盖范围的中小学阶段的学生（包括职业高中、中专、技校学生）、少年儿童和其他非从业城镇居民都可自愿参加城镇居民基本医疗保险。"在筹资水平上，"试点城市应根据当地的经济发展水平以及成年人和未成年人等不同人群的基本医疗消费需求，并考虑当地居民家庭和财政的负担能力，恰当确定筹资水平；探索建立筹资水平、缴费年限和待遇水平相挂钩的机制"。在缴费方面，城镇居民基本医疗保险以家庭缴费为主，政府给予适当补助。2008 年开始扩大试点，2009 年试点城市达到 80% 以上，2010 年在全国全面推开。由此，将没有工作单位的城镇居民纳入医疗保障体系，弥补了城镇职工基本医疗制度不能覆盖从业者之外人员的不足，堵塞了医保制度的漏洞。

改革开放以来，随着农村家庭联产承包经营责任制的实施，我国农村合作医疗因其存在的计划经济制度基础丧失而走向解体，占人口绝大多数的农民落入医保的真空。2002 年 10 月，《中共中央、国务院关于进一步加强农村卫生工作的决定》明确指出：要"逐步建立以大病统筹为主的新型农村合作医疗制度"，"到 2010 年，新型农村合作医疗制度（简称新农合）要基本覆盖农村居民"。新型农村合作医疗制度从 2003 年起在全国部分县（市）试点，至今已经实现了对全国农村居民的全覆盖。"新农合"的具体做法是，农民群众每人每年缴纳一定数额的医疗保险费用，政府再予以补助，例如：财政部、国家卫生计生委、人力资源和社会保障部2014年4月25日发布《关于提高2014年新型农村合作医疗和城镇居民基本医疗保险筹资标准的通知》，本年各级财政对新农合医保人均补助标准达到320元，农民个人缴费标准达到每人每年90元左右。通过这种"以大病统筹兼顾小病理赔为主的农民医疗互助共济制度"，广大农民再次被医疗保障体系所覆盖，生命权、健康权等基本权利得到应有的保障。

2016年1月，国务院发布《关于整合城乡居民基本医疗保险制度的意见》，要求整合城镇居民基本医疗保险和新型农村合作医疗两项制度，建立统一的城乡居民基本医疗保险制度，是我国医疗卫生体制改革的新举措，反映了城乡一体化的发展趋势，体现了公正、平等的社会价值理念，必将产生重大而深远的影响。

今天，我国以基本医疗保障为主体的多层次医疗保障体系逐步健全，保障能力和管理水平逐步提高。职工医保、城镇居民医保和新农合参保人数超过13亿，参保覆盖率稳固在95%以上。同时，全面实施城乡居民大病保险，推动建立疾病应急救助制度，不断完善医疗救助制度；大力推进支付制度改革，加快推进基本医保全国联网和异地就医结算工作；支持商业健康保险加快发展。总之，我国在较短的时间内织起了全世界最大的全民基本医保网，为实现人人病有所医提供了制度保障，这一成就得到全世界的公认。

2. 取消以药养医的医药体制改革

长期以来，以药养医现象的存在，一直成为导致医疗服务费用居高不下的重要原因，甚至出现了牟取暴利的作为医药企业与医生之间重要纽带角色的医药代表，取消以药养医逐渐成为政府与社会的共识。2009年，卫生部等五部委联合发布《关于公立医院改革试点的指导意见》，指出：试点要坚持公立医院的公益性质，把维护人民健康权益放在第一位，实行政事分开、管办分开、医药分开、营利性和非营利性分开。同年10月，国家发改委出台《国家基本药物零售指导价格表》控制基本药物价格。

2011 年 10 月 20 日，北京启动切断"以药养医"为目标的大医院改革，实行一系列具体政策，包括在各医院减少药品数量、适度提高市民医药费中诊疗价格所占比重、进行医院药房"托管"等举措。同年 11 月 21 日，国家发改委副主任兼国务院医改办主任孙志刚表示，国家基本药物制度正在酝酿完善，安徽模式的一些做法经完善后，可能向更大范围推广。2012 年 1 月，卫生部部长陈竺表示，"十二五"医改需要突破八个关键问题，取消以药补医是其中之一。

中央与地方政府部门开展的完善药品供应制度的措施主要有：不断完善基本药物遴选、生产、流通、使用、定价、报销、监测评价等环节的管理制度，加强国家基本药物制度与公共卫生、医疗服务、医疗保障体系的衔接；改革完善公立医院药品和高值医用耗材集中采购办法；对部分专利药品、独家生产药品，完善药品价格谈判策略；构建药品生产流通新秩序；大力推进药品价格改革，绝大多数药品实际交易价格主要由市场竞争形成。各省取消以药养医的政策逐渐落地。浙江省从 2011 年年底开始县级医院取消"以药养医"试点，4 月 1 日零时起全省所有公立医院全面实行药品零差率，医院不从中赚取一分钱，意味着该省所有公立医院将彻底告别"以药养医"。2016 年 6 月 1 日，山东省实行药品零差率销售，2017 年北京市、河南省等省市也加入了彻底取消以药养医政策。取消以药养医政策具有重大历史意义，尽管医疗机构通过提高服务费用来弥补自身的损失，但是无论如何在很大程度上改变了医疗费用结构极端不合理的局面，革除了医院依靠卖药而非依靠高超的医疗技术、高水平医疗服务获取经济收益的弊端，朝着实现医疗卫生体制改革的目标迈出了重要的一步。

3. 实施分级诊疗制度的探索

分级诊疗制度，就是要按照疾病的轻、重、缓、急以及治疗的难易程度进行分级，不同级别的医疗机构承担不同疾病的治疗任务，实现基层首诊和双向转诊，其内涵包括基层首诊、双向转诊、急慢分治、上下联动。实施分级诊疗制度，是从根本上改变"看病难""看病贵"现象，合理配置医疗资源、促进基本医疗卫生服务均等化的重要举措，是深化医药卫生体制改革、建立中国特色基本医疗卫生制度的重要内容。

2006 年，《国务院关于发展城市社区卫生服务的指导意见》中提出："实行社区卫生服务机构与大中型医院多种形式的联合与合作，建立分级医疗和双向转诊制度"，是分级医疗概念第一次在我国政府文件中出现。此后，这一概念开始引起政府、社会与学界的普遍关注。2014 年 10 月 19 日，国家卫计委发言人提出：国家将适时在公立医院改革试点城市启动分级诊疗试点，逐步建立符合我国国情的分级诊疗制度。卫计委领导也多次提及，要在公立医院改革试点推动分级诊疗制度建设。2015 年 9 月 15 日发布的《国务院办公厅关于推进分级诊疗制度建设的指导意见》明确提出："到 2017 年，分级诊疗政策体系逐步完善，医疗卫生机构分工协作机制基本形成，优质医疗资源有序有效下沉"，"到 2020 年，分级诊疗服务能力全面提升……基层首诊、双向转诊、急慢分治、上下联动的分级诊疗模式逐步形成，基本建立符合国情的分级诊疗制度"，为分级诊疗制度的实施明确了目标与方向。

截止到 2016 年年底，我国 4 个直辖市和 266 个城市都开展了分级诊疗试点，占全国城市总数的 88.1%，超额完成了 2016 年政府工作报告中提出的"在 70% 左右的地市开展分级诊疗试点"的目标。由此，为实现推进分级诊疗制度建设的目标打下良好的基础。但是，值得注意的是，政府与医疗机构关于分级诊疗试点工作的成功推进所取得的成就，并不意味着分级诊疗制度已经取得显著成效，更不能由此说明分级诊疗制度的目标已经顺利实现。关键之处在于，多少患者根据自己的病情选择合适的医院，从而实现各级各类医疗机构分级诊疗服务体系中的科学定位，即城市三级医院主要提供急危重症和疑难复杂疾病的诊疗服务，城市三级中医医院充分利用中医药技术方法和现代科学技术，提供急危重症和疑难复杂疾病的中医诊疗服务和中医优势病种的中医门诊诊疗服务；城市二级医院主要接收三级医院转诊的急性病恢复期患者、术后恢复期患者及危重症稳定期患者；县级医院主要提供县域内常见病、多发病诊疗，危急重症患者抢救和疑难复杂疾病向上转诊服务；基层医疗卫生机构为常见病、多发病患者提供诊疗服务，会同康复医院、护理院等慢性病医疗机构为诊断明确、病情稳定的慢性病患者、康复期患者、老年病患者、晚期肿瘤患者等提供

治疗、康复、护理服务。从近年来的医疗实践看，实现这一目标任重而道远。

例如，根据全国分级诊疗试点工作的目标要求，2017年基层医疗卫生机构建设达标率≥95%，基层医疗卫生机构诊疗量占总诊疗量比例≥65%。从国家卫计委官方发布的2014年9月到2015年9月数据来看，实现这一目标存在的困难不言而喻：2015年，基层医疗卫生机构诊疗量是35980.7万人次，仅占总诊疗量比例约57.27%；2015年9月，医院诊疗人次数为24736.3万，乡镇卫生院为8056.6万，乡镇卫生院在9月的诊疗人次中占比约为24.57%。

表 11 - 1　全国医疗卫生机构医疗服务量

	诊疗人次数（万人次）		诊疗人次增长（%）	出院人数（万人）		出院人数增长（%）
	2014年9月	2015年9月		2014年9月	2015年9月	
医疗卫生机构合计	61617.2	62821.9	2.0	1579.7	1632.0	3.3
一、医院	23852.5	24736.3	3.7	1208.7	1260.9	4.3
按经济类型分						
公立医院	21336.7	21976.0	3.0	1061.4	1091.9	2.9
民营医院	2515.8	2760.3	9.7	147.2	169.0	14.8
按医院等级分						
三级医院	11125.0	11935.1	7.3	501.2	543.4	8.4
二级医院	9354.7	9403.9	0.5	548.1	548.5	0.1
一级医院	1421.4	1450.1	2.0	60.2	64.8	7.6
未定级医院	1951.4	1947.2	-0.2	99.2	104.2	5.0
二、基层医疗卫生机构	35670.9	35980.7	0.9	294.8	301.9	2.4
#社区卫生服务中心(站)	5503.3	5602.9	1.8	23.1	23.3	0.9
#政府办	4696.3	4767.1	1.5	18.3	18.3	0.0
乡镇卫生院	7831.1	8056.6	2.9	268.4	275.3	2.6
#政府办	7777.3	7998.6	2.8	266.9	273.4	2.4
诊所（医务室）	4740.0	4880.0	3.0	—	—	
村卫生室	16800.0	16580.0	-1.3	—	—	
三、其他机构	2093.8	2104.9	0.5	76.2	60.2	-9.2

注：#系其中数。

表 11 - 2　2015 年 9 月各地区医院和乡镇卫生院医院服务量

地区	医院		乡镇卫生院	
	诊疗人次数（万人次）	出院人数（万人）	诊疗人次数（万人次）	出院人数（万人）
总　　计	24736.3	1260.9	8056.6	275.3
北　京	1183.9	22.1		
天　津	589.4	11.5	58.1	0.5
河　北	924.9	57.2	334.8	9.5
山　西	350.2	21.9	84.0	2.1
内蒙古	334.6	18.9	81.8	2.0
辽　宁	737.4	46.5	129.0	4.3
吉　林	398.3	26.0	76.7	1.1
黑龙江	480.9	35.3	55.2	4.2
上　海	1204.4	26.4		
江　苏	1960.2	80.6	643.5	12.2
浙　江	2004.8	59.3	702.0	1.7
安　徽	750.1	50.4	361.1	12.4
福　建	737.1	32.5	230.4	7.7
江　西	473.2	34.6	238.7	15.3
山　东	1502.4	91.6	575.4	18.3
河　南	1394.7	85.1	833.4	19.7
湖　北	915.8	59.0	432.1	17.1
湖　南	715.6	64.9	317.6	29.2
广　东	2858.0	90.6	496.2	13.8
广　西	703.8	40.3	395.1	18.9
海　南	123.6	6.5	90.4	0.7
重　庆	481.2	30.6	150.6	11.9
四　川	1289.0	83.2	670.0	33.6
贵　州	416.8	36.4	189.7	9.3
云　南	739.0	47.4	409.2	11.6
西　藏	3.1	0.2	4.2	0.0
陕　西	588.4	40.9	158.8	5.6
甘　肃	309.3	21.2	133.2	4.3
青　海	86.2	5.4	14.8	0.9
宁　夏	133.1	7.0	43.0	0.3
新　疆	347.0	27.4	147.8	7.1

注：西藏未报机构较多。

分级诊疗的一个主要羁绊在于长期以来形成的不良就医观。对于大多数患者而言，迷信大医院的观念根深蒂固，大城市大医院就医条件好、专家名医多，使其成为众多患者求医问药的首选，而不论其病情如何以及有无必要性。另外，基层医疗机构技术水平与服务质量的低下，也的确令不少患者望而却步，迫使他们转向大城市大医院，也由此进一步强化了人们不良的甚至错误的就医观念。因而，推进与落实分级诊疗制度，关键是要切实提高县级医院以下医疗部门的服务水平与服务质量，真正赢得广大人民群众的信任与好评。

为此，需要加大对基层医疗机构的投入，发展全科医疗，提高医务人员素质，强化医院管理。同时，要积极探索医院发展的新机制新模式。近几年，不少地区出现的大小医院牵手成立医疗联盟（医疗联合体）现象，就是一个积极、有益的探索与尝试。在这些医疗联盟中，三级医院将主要诊治疑难杂症和急危重症，其他成员单位（二级以下医疗机构）则主要诊治常见病和多发病，最终实现基层首诊、分级治疗、双向转诊，达到"资源共享、优势互补、互惠共赢、联动发展"的目标。继续探索与完善医疗联合体制度，优化各个环节的服务，不断提升医疗服务的质量与水平，真正满足广大人民群众的医疗卫生需求，是目前我国医疗卫生体制改革面临的一项重要任务。

唯有建立科学、完善的医疗卫生体制，患者权利才能得到根本保障，为患者权利的实现奠定基础。总的来看，我国的医疗卫生体制改革进入了深水区，深化改革的大幕也早已拉开。医疗卫生体制改革，尤其是新医改取得的成就是无可否认的。"广覆盖"医疗保障体系的建成、以"取消以药养医"为特征的医药体制改革成效显著、分级诊疗制度的不断推进等，其结果都指向一点——满足广大人民群众的医疗卫生需求，保障患者的生命权、健康权等各项权利。换言之，医疗卫生体制改革必然以保障与实现患者权利为结果，后者则以前者为基础与前提。同时，也必须清醒地认识到，我国医疗卫生体制改革依然在路上。诸如，全面医保体系建立而保障水平不高，门诊费用以及许多常见病的医疗费用不在报销之列，许多大病患者依然负担沉重，因病致贫现象大量发生；以药养医现象不再，但是在医药价格大幅度降低的同时，医疗服务价格节节攀升，患者并未享受到取消以药养医现象带来的实惠；分级诊疗制度在理论上似乎毫无瑕疵，但是在实践运作中却困难重重（基层医疗服务能力弱，难担首诊重任；上转容易下转难，双向转诊流于形式；分级诊疗的机制尚未形成，无法形成有效的分级诊疗管理的信息平台，以及医疗费用缴纳与分配有待规范等）。所以，深化医疗卫生体制改革与患者权利保障存在密不可分的关系，医改的目标归根结底可以说是解决患者权利的实现与保障问题，从这个意义上也说明医疗卫生体制改革的重要与迫切。

第十二章
我国患者权利的实现与保护

　　任何一个文明的国度无不以尊重与保护社会成员的个人权利作为重要特征，任何先进的医疗卫生体系莫不尊重与保障患者的权利。但是，长期以来我国传统社会一直坚持义务本位，个人权利被有意无意地忽视，在医患关系领域突出表现为患者的权利得不到应有的重视与保障。近代以来，随着西学东渐，欧风美雨进入我国，权利本位文化开始产生影响，对保障个人权利具有启蒙意义。中华人民共和国成立以来，特别是改革开放以来，患者权利意识也开始苏醒，尊重与保护患者权利逐渐成为社会的共识。

　　关于患者权利的保护，一般要通过道德与法律手段得以实现，或者说，道德维系与法律保护是促使患者权利得到尊重与实现的主要手段——也正是依据患者权利保障的手段不同，学界将其分为患者道德权利与患者法律权利。我国经过30多年的改革开放，经济社会发展取得巨大成就，社会转型不断深入，患者权利的道德维系与法律保护在取得重大成就的同时也存在一些亟待解决的问题。

一　患者道德权利的实现与保护

　　患者权利的道德维系，也就是对道德权利的实现与保护，即依靠道德力量（社会舆论、传统习俗、内心信念等）维护患者的各项权利，促进与保障患者权利的实现。自从医疗行业出现至今，在漫长的历史长河中，世界各国很少有关于患者权利的法律规定，患者权利主要作为一种道德权利而存在，尽管有些权利会得到官方的支持，却罕有明确的法律制度予以确认与保护。即便在法律文化高度发达的当今社会，法律依然不可能在任何一个领域成为规范所有行为的主宰，成为完全统治一切的绝对力量，道德权利存在巨大的生存空间。在医患关系领域尤其如此，患者的平等医疗、生命健康、人格尊严等权利离不开道德的呵护与维系，法律永远不可能取代道德在这一领域所扮演的角色。

（一）患者道德权利的存在形式

纯粹的患者道德权利，即狭义的患者道德权利，患者只是依据公认的道德原则、理念而应该享有，主要依靠道德力量得到保障，而道德与法律存在显著的区别，其中之一是法律不论是成文法还是判例法都以文字形式表现出来，道德的内容则主要存在于人们的善良或邪恶的道德意识之中，表现于人们各种各样的言行之上，由此决定了道德权利的自发性与弱确定性。"道德权利的调整标准或准则是模糊的，虽然也具有规范性，但这种规范性很弱，它甚至不是文本的而是存在于人们的意识和生活经验之中，它的调整机制尽管也含有强制性的因素，但却又无限依赖于人们的良心。"① 因而，患者道德权利在内容上往往模糊不清，权利边界也不甚清楚，同时由于作为保障力量的道德手段非强制性，道德权利缺乏较高的效力与权威。

患者道德权利的享有与实现常见于医务人员对待患者的言行举止中，包括获得平等医疗、享受优质服务、得到人格尊重以及对医务人员的监督、建议、批评等权利，以及享有选择医务人员及其治疗手段与措施等自由。在医疗实践中，当看到医务人员的微笑、医务人员的问候以及他们视患如亲地提供最大限度、最高质量的医疗服务时，当置身于干净、卫生、整洁、有序而又充满浓厚人文气息的医疗环境之中，当自己被不分贵贱贫富、一视同仁地得到尊重，不论亲疏地得到及时治疗；当每个人都有权选择自己满意的主治医生、选择自己认可的治疗方案时，患者的人格尊严权、获得优质服务权、自由选择权等道德权利即得到体现与保障。这些权利作为道德权利而存在，既没有明确的严格的制度性规定，也缺乏强有力的保障措施，主要依靠医务人员的道德意识与道德自觉、生活经验与个人

---

① 余广俊：《论道德权利与法律权利》，《山东社会科学》2009 年第 10 期。

自律得到实现，与法律权利的刚性特征存在显著不同。由于每个医务人员的个人职业道德素养、人文知识水平存在差异，很多时候这些权利处于具有一定弹性、缺乏较大权威的存在状态，使得患者道德权利容易被忽视和遭受侵犯，常常成为患者权利保障不力的主要表现，引发医患之间矛盾与纠纷的发生。

患者道德权利的实现还与医疗保障状况密切相关。邓小平指出，"制度好可以使坏人无法任意横行，制度不好可以使好人无法充分做好事，甚至走向反面"①，说明制度对于一个国家经济社会发展的重要性。法律通常是制度的具体体现，并成为实施某种制度最强有力的保障。但是，也不排除法律规范缺失、没有为制度保驾护航的现象，制度只是通过政策或指令等形式得到贯彻与体现。因而，在医疗卫生领域，患者道德权利除了没有得到法律的确认，还游离于医疗保障体系之外。当某一项患者权利既没有得到法律的确认，又没有通过政策、方针、指令形式做出规定时，即属于患者道德权利的范畴。

（二）我国患者道德权利保护的现状

当前我国患者道德权利的保护，表现出三个方面的主要特征：

一是对于患者道德权利的尊重与保护，主要通过医疗机构及医务人员自觉自为的行为得以实现，很少是患者争取的结果。

自从医疗职业产生以来，在医患关系这一对矛盾体中，患者总是处于被动的、弱势的地位，患者权利有赖于医务人员通过语言与行为（包括作为与不作为）得到保障，即如希波克拉底所说："医生有三宝——语言、药物、手术刀"，而非通过患者的权利主张得到保障与实现。患者道德权利的实现尤其如此——法律权利毕竟是法律明确规定的，患者可以据此提出主张与要求；而道德权利只能依靠医疗机构与医务人员的道德自觉得到维系，患者不可能向医疗机构及其医务人员主动提出要求。例如，医务人员和蔼可亲、周到细致地提供服务，与患者进行心与心的交流及沟

---

① 《邓小平文选》第二卷，人民出版社，1994，第333页。

通，对患者发自肺腑的真切的同情与慰藉，等等。又如，医务人员在治疗
过程中，根据自己的技术水平与业务能力，为患者选择最佳治疗方案，切
实做到"效果最好，伤害最小，疼痛最轻，花费最少"。决不能因为怕承
担责任而只是选择最保险的治疗方案，最终导致预后效果不理想，甚至错
过最佳救治机会，牺牲患者生命；或者像极少数医务人员所做的，为了攫
取经济利益，不惜使患者产生大量不应有的开支，增加不必要的医疗成
本，造成严重的过度医疗现象。可见，患者道德权利的实现与保护完全是
一个被动的过程，离开了医疗机构及医务人员的主动行为，奢谈保障患者
道德权利是无法想象的。

二是医疗机构开始注重科学管理，实行人性化服务，优秀的医务人员
视患如亲，较好地保障了患者的道德权利。

随着我国经济社会各个方面的发展进步，以及国外先进医疗工作理念
的引入，各家医疗机构注重"以人为本"，在管理与服务理念中突出人性
化色彩，不断提高工作质量与工作水平。走进医院，人们会发现医疗环境
越来越卫生，随处可见各种各样的道路指示牌，在显眼处张贴着医院规章
制度，在医院走廊张贴着关于患者注意事项以及基本医疗知识的宣传画。
这一幕幕令人暖心的画面，实际上是尊重与维护患者道德权利的体现。不
仅如此，许多医院还通过制度建设，确保患者权利得到充分尊重。例如，
早在 2004 年，上海中医药大学附属曙光医院就开始实行"医学伦理查
房"[1]，要求以患者为中心，充分尊重与保障患者的正当权益。医生、护
士在查房和治疗时，会为患者添置一个遮蔽的屏风；床头卡上不注明病情
诊断内容；改变直呼患者床号的做法，称患者为"老王""张老师"等。
今天，医学伦理查房制度已经在全国范围内的许多医院得到实施，并受到
社会的普遍认可。在海南现代妇婴医院，无论管理制度设计还是医疗服务
理念，都强调"尊重患者权利""以患者为中心"。医院一楼大厅放置着
一块"患者权利"展示牌，展示着 JCI（Joint Commission on Accreditation

---

[1] 医学伦理查房是由上海中医药大学附属曙光医院的伦理学专家樊民胜在 2003 年提出的，
主要是就医生在工作中是否"以患者为中心"、尊重患者的自主权，主动优化医疗服务、
改善医患关系等进行考察和评价。

of Healthcare Organizations，国际医疗卫生机构认证联合委员会）认证医院倡导的九大患者权利：平等享受医疗的权利、获得全部实情的权利、个人隐私及个人尊严得到尊重的权利、参与决定个人健康的权利、服务选择权、监督权、免除义务权、接受健康教育权、获得法律允许的医疗记录权，是对医务人员的谆谆告诫，提醒他们充分尊重与保护每一位患者的正当权益。此外，候诊区的电子叫号屏显示就诊号，而不是患者姓名；就诊检查时实行一医一患一诊室，做 B 超检查时还会拉上布帘；在诊疗中医护人员会详细告知患者病情以及治疗方案，让患者充分知晓自己的情况并参与到医疗当中，选择自己认可的治疗方案及医生，无不彰显出对患者权利的尊重与呵护。

部分优秀医务人员继承与发扬优良医德传统，对待患者真正做到视患如亲，一心赴救。中国现代妇产科学奠基人之一、被称作"万婴之母"的林巧稚大夫，一生接生了 5 万多名新生儿，没有发生过一起医患纠纷。这与她高度尊重与保障患者权利，对患者发自内心、无微不至的关心密切关联：她在为产妇测量体温前，总是先用手将体温计焐热，再放到患者身上；她看到患者身体虚弱，满头大汗时，总是用手轻轻为患者擦去；她一视同仁、面带微笑地接待每一名患者及家人……全国道德模范、"感动中国人物"华益慰大夫，提出"病人只有病情轻重之分，没有高低贵贱之别"、"一个医生，只有从内心里尊重病人，才能对病人有耐心"。他甘冒手术失败、引发纠纷的危险，多次对在医学意义上抢救价值不大的患者全力救治，挽回了一条条生命；他宁愿费时费力地用手一针一线地缝合伤口，却不用费用高昂的手术缝合器，努力为患者节约医疗开支；每次手术，他总是选择 1 号线甚至是 0 号线为患者缝合伤口，最大限度地减少对患者的伤害，尽可能留下最小的伤疤。全国道德模范、社区医生王争艳，在精心为患者提供优质服务的同时，竭力减轻患者经济负担，"可开可不开的药，从来不开；太贵的药，尽量找便宜但效果相当的替代品"，被称为"小处方医生"。当然，还有其他许许多多德医双馨的大医名医，悬壶济世，泽被苍生。人们在称道优秀医务人员伟大的同时，应该认识到：对于医生来说，展现的是优良医德医风；对于广大患者而言，则是对他们道德权利的尊重与维护。

三是多数医疗机构患者道德权利的实现与保护存在诸多问题，成为诱发医患纠纷、导致医患矛盾频发的重要原因。

目前，对于我国多数医疗机构及其医务人员来说，患者道德权利依然没有得到充分的重视与保护。从医疗机构管理的情况看，尽管各医院无一例外提出"以患者为中心"，而且在医疗服务的硬件与软件方面的确得到很大改进，但是仍然存在许多不尽如人意之处。例如，患者对于医院的规章制度，特别是收费标准、收费依据等问题不甚了解；医院对于患者本人的医疗支出明细常常不能及时告知；主治医生的资质如何、从业年限等信息，患者无从知道，从而直接影响其选择医生权利的实现；医院医疗观念陈旧，限制患者参与治疗过程；等等。从医务人员的职业素养看，尽管医疗工作队伍的整体素质与过去相比较有了很大提高，随意斥责、歧视慢待患者的现象从根本上得到改变，但是由于各种主客观原因，患者权利遭受侵犯的现象仍然屡见不鲜。在超负荷运转、患者人满为患的大医院，每位患者享受接诊服务时间一般只有几分钟，医生没有耐心、详细地询问病情，很少表达应有的同情与慰藉，也不能对患者的治疗与康复进行周到细致的嘱托。少数医务人员责任心缺失严重，对待患者漠不关心、敷衍塞责，引发患者不满，以至于诱发尖锐的医患冲突。例如：2012年3月，哈尔滨医科大学附属第一医院发生震惊全国的患者杀害医生事件，酿成医务人员一死三伤的惨剧。人们在强力谴责暴力伤医现象的同时，也在反思，"我们的医患关系怎么了"？根据媒体报道，17岁的杀人凶手李某某先后六次到医院就医，在第一次挂号就诊时，医生张某某连"瞅一眼都没瞅，说跟风湿没关系，该上哪儿上哪儿"。第二次就医时，早已忘记此事的张某某责怪患者不在风湿免疫科就诊，到骨科治病是"看错科"。在李某某病情不断加重的情况下，医院没有与其进行详细的沟通，也没有对其病情做出具体、合理的解释，更没有提出积极的建议、提供有益的帮助。患者的人格尊严权、获得救助权、享受优质服务权等道德权利遭受严重的侵害，可以说，惨剧的发生尽管任何人都不愿意看到，在一定意义上却是合乎逻辑的。由此可见，我国患者道德权利保护的形势依然严峻，如

何切实地做到尊重与实现患者道德权利，依然是每一家医疗机构面临的重要课题。

（三）加强患者道德权利的保护

患者道德权利是患者权利的重要内容，加强患者道德权利是我国医疗机构面临的重要任务。为此，需要从以下几个方面着手。

1. 进一步完善医疗保障体系

一个国家的医疗保障体系完善与否，与患者道德权利保障水平存在必然的深刻的联系。当医疗保障体系比较完善与健全时，意味着几乎所有的社会成员被医保体系所覆盖，人人享有基本医疗保障，避免大量的患病人群因为经济原因而得不到应有的治疗，彰显社会文明与公正。反之，则意味着为数众多的社会成员落入医保的真空，社会公正得不到保障，社会的文明进步程度令人质疑。经过多年来的医疗卫生体制改革，我国建立起世界上最大、覆盖面最广的全民基本医疗保障体系网，使广大人民群众的生命健康得到可靠保障，人们的生命健康权、医疗保障权、医疗平等权等权利得到维护。

我国医疗卫生体制改革正在深入进行，医疗保障体系仍然存在一些问题，最主要的表现为医疗保障水平总体不高，不同人群待遇差距较大。与发达国家相比较，目前我国医疗保障仍然维持在一个较低的水平：患者报销比例偏低，门诊费、许多检查治疗费用、特效医药费用不在报销之列，一些大病、重病也不属于医保范围，导致患者经济负担依然沉重，因病致贫、因病返贫现象较为普遍。在三种医保模式中，各自承保对象所享受的待遇存在明显差异，城镇职工基本医疗保险报销比例相对较高，而城镇居民基本医疗保险与新农合报销比例较低。即便在同一种医保模式下，不同单位、不同地区由于财政收入方面的原因，筹资能力存在差异，承保人享受的待遇也不尽相同。

进一步完善医疗保障体系，主要应该从三个方面着手。

一是建立完善统一的城乡医疗保障体系，尤其要整合城乡居民基本医疗保险制度。任何国家都不可能建立人人均等的医疗保障体系，不同人群、不同投保人享有的医疗保障待遇存在明显的差异。在我国，同样不应该刻意追求每一个人在医疗保障方面"一视同仁"。但是，因为城乡差异，导致不同人群享有不同的医保待遇，显然是不公平的，占我国人口多数的农村人口通过"新农合"所享有待遇低于城镇居民医疗保险的局面必须得到改变。为此，需要大力整合城乡居民医疗保险制度，覆盖所有低收入或者贫困阶层民众，包括各类非职工医疗保障制度覆盖的城乡居民，如城镇的灵活就业人员、无业人员及贫困、低保人员、农村居民，农民工则可灵活选择加入职工医疗保险或城乡居民医疗保险。2016 年 1 月 3 日，国务院颁布了《国务院关于整合城乡居民基本医疗保险制度的意见》（国发〔2016〕3 号），对建立完善统一的城乡医疗保障体系提供了总体要求与具体政策。切实落实这些政策要求，并随着经济社会发展进行完善与补充，是当前与今后我国医改面临的一项重要任务。

二是努力提升基本医疗保险水平，大幅度提高患者报销比例。政府应该通过增加财政投入、改进医疗保险制度等形式，加大筹资力度，在此基础上进一步提高患者报销比例。具体而言，我国政府财政对于医疗保障方面的投入在世界各国处于较低水平，相较于发达国家存在较大差距。另外，除了政府投入不足，我国医疗保险制度存在的缺陷不容忽视，许多关系尚未理顺。例如，社会收入较高阶层与群体的个人投保所占比例较低，医保资金浪费现象严重，医疗产品与医疗服务价格虚高等。[①] 政府在增加财政投入与解决此类问题的基础上，应该大幅度提高患者报销比例，将常见病、多发病的门诊费、部分检查治疗费用列入报销范畴，增加基本药物目录中药物的品种与类别，扩充所报销治疗项目的范围。由此，大大减轻患者的经济负担，努力避免部分患者因经济拮据而得不到及时、充分的救治，确保平等医疗权的实现。

三是加大对低收入人群、大病重病患者等特殊群体的救济力度。"小病拖，大病扛，重病等着见阎王"一度是不少经济困难家庭对"看病难、

---

① 建立科学的国家医疗保险制度至关重要，新加坡医疗费用只占 GDP 比例的 3%，远低于世界各国，但是却让国民享受到高水平的医疗服务。

看病贵"的形象描述。新医改的实施，包括低收入人群在内的绝大多数社会成员被纳入医保体系，大病重病患者也能够得到社会的救助，这体现了我国医改取得的新成就。但是，也应该看到，对于绝大多数低收入家庭以及大病、重病患者来说，当前的医保体系在他们患病时固然是雪中送炭，却不能够使其在根本上摆脱面对高昂医疗费用孤苦无助的困难境地，即便在报销部分医疗费用后，他们可能依然无力支付剩余的部分，因此无法享有应有的医疗服务。因此，必须加大对低收入人群、大病重病患者等特殊群体的救济力度。近年来，新疆实施"医疗兜底"工程，经济困难群体可获医疗保险之外的二次补助；2016 年 10 月 31 日，太原市政府发布《关于进一步完善医疗救助制度全面开展重特大疾病医疗救助工作的实施意见》，对低收入群体以及大病患者实行救急兜底医疗救助，都是积极有益的探索。我国医疗卫生体制改革应该把加大对低收入人群、大病重病患者的救济作为重要内容，保证他们的基本医疗权、生命健康权等基本权利得以实现。

2. 大力提升医务人员的人文素养

道德权利为"道德权利主体在社会生活中基于人而应当平等享有的，并应由道德来伸张和保障的地位、自由和要求"[1]。患者道德权利的实现与保护，离不开道德力量的作用，医务人员的道德水平、人文素养是最根本、最可靠的保证。近代以来，人文精神与医学渐行渐远，医务人员只是把患者看作疾病的载体，忽视了对患者的尊重与呵护，患者道德权利遭受侵犯。进入现代社会，患者权利的尊重与实现成为医疗工作的重要内容，呼唤医学人文精神的回归，对医务人员的人文素养提出较高的要求。

改革开放以来，我国医学界存在比较严重的医学人文精神缺失现象，医务人员的人文素养亟待提高，具体表现为：受生物医学模式影响，诊疗只见病不见人；追逐经济利益，职业道德滑坡；医患沟通缺失，双方信任解体；注重专业技术，人文素质低下等。以下事实有力地佐证了以上种种

---

[1] 许冬玲：《论公益伦理主张的权利——兼论道德权利的含义》，《伦理学研究》2008 年第 4 期。

现象的存在：许多大医院医生每天接待 100 多名患者，平均每位患者诊病时间只有短短几分钟，医生对患者缺乏详细的了解、耐心的沟通，以及表达真切的同情、进行心灵的慰藉；2014 年，国家卫计委要求医疗机构和患者签署《医患双方不收和不送"红包"协议书》，试图以此杜绝医务人员收受贿赂的行为，但是收效甚微；一项关于医患关系紧张原因的调查表明，48% 的医生认为医患关系紧张原因在于沟通太少，50% 的患者认为医患之间缺少沟通。①

提升医务人员的人文素养，应该着力做好以下几点。

一是加强医学人文教育。必须从根本上转变长期以来"重专业、轻人文"的错误倾向，在医务人员与医学生中大力开展医学人文教育。对于医务人员，要使他们明确：尊重与保护患者权利是胜任医疗工作的基本功，医学的崇高不仅在于先进诊疗设备和高超技术手段，更在于对患者的关心和同情，在于对生命的敬畏和关怀，要不断提升他们的职业道德素质，培养医患沟通的意识与能力。对于医学生，必须构建合理的医学人文课程体系，涵盖医学心理学、医学伦理学和卫生法学以及哲学、历史、文学、艺术等课程，同时革新教育、教学方式方法，构建理论教育与实践教学相结合的教育体系，切实保证人文教育的实效性。

二是完善医学人才标准。早在 1988 年，世界卫生教育会议发表了《爱丁堡宣言》，提出要"重新设计 21 世纪的医生"，医学教育不仅要传授生物医学内容，还要对专业技能、态度和行为准则给予同等对待。1995年，世界卫生组织提出"五星"级医生理念，指出未来医生应是：保健的提供者（Care provider），决策者（Decision maker），健康教育者（Health educator）或称为交际家（Communicator），社区领导者（Community - leader），服务管理者（Service manager）。目前，我国许多医院在招聘人才时，把考核医学人文知识、考察人文素养、进行心理测试等方面作为重要内容，把医学人文素养水准作为医学人才评价的重要指标，既与世界各国的医学人才标准接轨，也是我国医疗卫生事业发展的必

---

① 张锦帆：《医患沟通学》，人民卫生出版社，2013，第 38 页。

然要求，需要进一步完善与发展。

三是实施医学人文监督。在医疗工作中，医疗机构应当确立针对医疗服务的医学人文监督机制，具体形式包括：医学伦理查房、医学伦理审查、建立患者反馈制度等。医学伦理查房主要是检查日常医疗服务行为是否"以患者为中心"，是否存在侵犯患者正当权利的情形；医学伦理审查是指通过医学伦理委员会，依据医学伦理的基本原则、规范与精神对医疗工作中比较重大的敏感的问题（例如新药物、新技术用于临床）进行审查；患者反馈制度是指医疗机构积极征求患者对本单位医疗服务（包括医务人员的服务态度等）的意见与建议，力求改进服务质量，提升服务水平。医学人文监督既是医院科学管理的重要内容，也是提升医务人员人文素养的重要途径。

3. 促进患者道德权利法律化

患者道德权利法律化，即将患者道德权利转化为法律权利，以提升原来道德权利的权威性与效力，更好地保障患者利益。

道德权利与法律权利的区别主要有：其一，法律权利以法律形式专门予以确认，权利的内容与边界、权利的保护、侵权的防范与处罚、权利的救济及寻求救济的机构都明确而具体。相反，道德权利的调整标准或准则比较模糊，规范性很弱。具体到医疗实践中，没有也不可能对患者的各项道德权利做出详尽、细致的规定，内容、边界、保护方法等方面往往不够清晰，在很多时候存在争议，自然难以得到医务人员重视与认同。其二，法律权利以国家强制力作为后盾，而道德权利的实现主要依赖道德力量，具有非强制性，缺乏强大威慑力，侵害人一般不会受到任何实际意义上的惩罚。在医疗实践中，有的医务人员对患者态度冷淡，工作敷衍，服务质量不佳，却极少因此受到惩罚。其三，法律权利多为公民的基本权利，而道德权利很多时候显得"微不足道"，容易被"忽略不计"，例如享有优质服务权（获得医务人员热情、微笑、耐心、细致的服务等），关于医院及医务人员相关信息知情权，对医务人员监督、建议、批评权等权利，相对于平等医疗权、危急患者获得急救权等法律确认的权利而言，重要性似乎相形见绌，常常得不到应有的重视。以上三个主要区别，决定了道德权利的效力与权威远低于法律权利,决定了患者道德权利法律化的必要性。

我国患者道德权利的法律化应该着力做好以下几个方面。

首先,通过立法形式确立政府医疗卫生投入制度,为患者权利的实现提供可靠保证。患者各项权利(包括道德权利与法律权利)的实现,主要有赖于医疗机构及其医务人员提供及时、充分、优质、高效的医疗服务。国家应该通过立法形式,建立稳定的财政经费保障机制和增长机制,不仅要确定各级政府每年递增的卫生投入水平,而且要建立和完善卫生投入问责制,把卫生投入达标与否作为考核各级政府行为的一项重要指标。依靠法律确保政府医疗卫生投入不断增加,不断提高医疗服务水平,使患者权利获得可靠保障,实际上就是促使患者道德权利转变成为法律权利,大大提升患者权利的权威与效力,增加患者权利实现的可能性。

其次,制定统一的"患者权利保护法",确认患者应该享有的各项权利,提高法律文件的层次与权威。在深入开展调查研究的基础上,概括、总结患者在医疗过程中应该享有哪些具体权利,并结合以前相关法律法规的规定,明确确认患者的权利谱系,提出具体的保障制度与措施,形成一部体系完整、逻辑严密的"患者权利保护法"。由此,厘清患者权利的具体内涵,系统地、全面地对患者权利实施保护,意味着大量的患者道德权利获得法律的确认,实现向患者法律权利的转化,强化对患者权利的保护。

再次,通过立法,对严重危害患者利益、影响社会发展与和谐稳定的医疗行为严厉惩罚,使原先依靠道德力量维系的患者权利得到法律的保障。当一种权利仅仅依靠道德力量保护显得苍白无力,而且该权利所遭受的侵害可能对权利主体以及社会产生较大影响时,转化为法律权利就成为一种必要。例如,在追求经济利益作为重要目标的背景下,"大检查""大处方""小病大治"等过度医疗现象在很多医疗机构已经成为一种普遍现象。几年前,多家媒体报道"中国剖腹产率高达46%,世界第一"、"每个中国人一年里挂8个吊瓶",就是这一现象的生动写照。尽快制定相关法律,严厉打击过度医疗行为,使患者道德权利转化为法律权利,提

升保护强度与力度，具有十分重要的现实意义。

最后，通过法律对每一项患者权利保护做出详尽、周严的规定，避免法律规定过于抽象与模糊，防止权利保护的疏漏。我国现行医事法律对患者部分权利明确予以确认，要求医务人员予以尊重，但是同时实际上限定了该权利保护的具体范围，对于超出范围之外的此种权利如何对待，并未做出相应的规定，致使其只能作为道德权利而存在。对于这部分权利而言，其受保护的效果以及实现程度必然大打折扣。因而，应该尽快制定或完善相关法律，努力实现法律保护的周严性，依靠法律形式强化对患者知情同意权的保障，促进患者权利更好地得以实现。

二　患者法律权利的实现与保护

患者法律权利，即由一个国家的法律明确确认并予以保障的患者享有的各种权利。依靠法律保护患者权利，在世界各国已经成为一种趋势，是当代医疗卫生事业发展过程中呈现出的一个鲜明特点。与西方国家相比较，我国对于现代意义上的患者权利保护要晚得多，在很长的时间里关于许多患者权利的法律规定处于真空状态。直到 20 世纪八九十年代，随着改革开放的深入，依法治国的理念渐入人心，我国才开始了建构医事法律制度的历程。今天，我国已经初步建立起一套具有中国特色的社会主义卫生法律制度体系，极大地推动了医疗卫生事业的发展，促进了医患关系的和谐。

（一）患者法律权利的存在形式

患者法律权利无一例外由法律明确确认并予以保障，因而具有鲜明的自觉性与确定性。法律对患者权利的保护最早可以追溯到什么时候似乎无从查起，但是现代意义上患者权利得到法律的确认、成为法律权利的历史并不久远，是 18 世纪末期法国资产阶级大革命的产物，是近代人类社会强调以人文本、重视人权保障的结果。20 世纪六七十年代以来，伴随着国际人权运动的高涨，特别是女权运动与消费者权益保护运动的勃兴，世界各国纷纷制定保护患者权利的法律，使患者权利开始作为一种法律权利，具体、明确地确认并得到有力保障。在改革开放的大背景下，我国从20世纪90年代陆续制定医事法律制度，其中包含大量的保护患者权利的内容。

由于法律的规范性特征，使患者法律权利作为一种成文的权利，具有自觉性、较强的确定性特征。首先，当今世界，成文法是世界各国法律的主要形式，因而关于患者法律权利的规定都是成文的，见之于各种规范性法律文件之中。换言之，患者法律权利是一种写在纸面上的权利，不仅其内容具体、明确，而且权利的边界、实现方式、保障手段等方面的规定通常也是清晰而刚性的，与患者道德权利存在于人们内心的经验、体会存在显著不同。例如，我国《执业医师法》第二十六条规定："医师应当如实向患者或者其家属介绍病情，但应注意避免对患者产生不利后果。医师进行实验性临床医疗，应当经医院批准并征得患者本人或者其家属同意。"该条文对于患者知情同意权内容、实现方式、具体范围所做出的规定清晰而明确，明显不同于患者道德权利的存在形式。其次，患者法律权利是通过法律形式规定与认可的权利，而法律代表了国家的意志，由此决定了患者法律权利不可能像道德权利那样是一种自发性权利，而是具有明确的自觉性、强制性。也就是说，患者法律权利在存在形式上具有鲜明的自觉性，是国家意志的体现，因而具有较高的效力和权威。

深入了解患者法律权利的存在形式，是科学认识这一权利特征的基本前提。只有准确地反映患者法律权利存在形式的特点，深刻揭示其与患者道德权利存在形式之间的差异，才能真正把握这两个基本概念，并为切实保护两种权利、促进两种权利的实现奠定坚实基础。

（二）我国患者权利立法存在问题与不足

毋庸置疑，近年来我国医事立法取得显著成就，也已经建立起一套具有中国特色的保护患者权利的法律体系，为促进患者权利的实现、避免患者权利遭受不法侵害提供了强有力的支持与保障。但是，现有立法存在的问题也是不容忽视的，某些问题甚至比较严重，不利于实现与维护患者权

利，导致医患关系失和与矛盾的加深，阻碍了我国医疗卫生事业的健康发展。

1. 尚未制定统一的《患者权利法》，缺乏对于患者权利的专门性法律保护

从世界各国的患者权利立法情况看，患者权利保护被视为实现与保障公民基本人权的重要内容，越来越引起关注与重视。在这样的背景下，制定专门的《患者权利法》成了不少国家的必然选择，它们纷纷对患者权利进行了专门立法，以确认患者所享有的各项权利、权利实现方式以及救济途径。例如：1972 年美国医院协会制定了《患者权利法案》，规定了患者十二个方面的权利，建立起"患者权利保护人"制度，1974 年美国正式颁布了《患者权利法》；新西兰于 1978 年 7 月制定了《患者权利与义务守则》；芬兰 1983 年制定了《芬兰病人权利条例》，荷兰 1994 年制定《病人权利法》，丹麦 1998 年制定了《病人权利法》，法国 2002 年制定《关于病人权利和卫生体系质量的法律》。此外，1981 年 10 月召开的世界医学大会通过《里斯本病人权利宣言》，在维护患者正当权益和促进人权进步方面有重要的意义；1994 年，世界卫生组织（WHO）欧洲区域办公室制定的《欧洲患者权利宣言》被 36 个成员国批准，具体规定了欧洲患者权利原则，对欧洲患者权利的发展发挥了重要作用。

我国"目前尚没有专门保护患者权利的法律，而是在解决医疗争议、规范医疗机构工作规则、明确医师职责的规范中涉及患者权利保护。虽然从理论上来看，这些法律规范可以作为保护患者权利的法律依据，但这些分散的条文只是一种附带性的保护，其保护的力度和范围显然不够"①。我国关于患者权利保护的法律渊源包括三个方面：作为国家根本大法的宪法，明确规定："中华人民共和国公民在年老、疾病或者丧失劳动能力的情况下，有从国家和社会获得物质帮助的权利。国家发展为公民享受这些权利所需要的社会保险、社会救济和医疗卫生事业"；民法、行政法、刑

① 费煊：《中国欧洲患者权利保护法比较》，《江淮论坛》2009 年第 5 期。

法等法律对于每一个社会成员的生命权、健康权、平等权、人格尊严权等权利的保护；医事法律法规在规定解决医疗争议、规范医疗机构工作、明确医师职责的同时涉及患者权利保护的条款。由于不同法律之间缺乏呼应，相关条文规定缺乏严谨与高度一致性，致使患者权利保护处于无序状态，影响了法律的有效实施。这表明：患者权利问题已经引起我国社会的重视，依靠法律保护患者权利成为我国医疗卫生事业发展的重要特征，同时，患者权利的保护在我国还是一个新的法律领域，法律缺乏关于患者权利保护的整体的系统的设计，加强患者权利保护立法依然任重而道远。

2. 关于患者权利保护的规范性法律文件总体上层级较低，效力较弱

与西方国家保护患者权利的法律文件大都由国家权力机关（议会）制定、颁布相比较，我国关于患者权利保护的立法文件形式多种多样，包括最高国家权力机关、最高权力机关的执行机关（即最高国家行政机关国务院）及其下属部门、地方国家权力机关与行政机关颁布的规范性法律文件，总体上层级较低、效力较弱，既不符合建设法治社会的基本要求，也不利于对患者权利的有效保护。

具体地说，我国最高国家权力机关全国人民代表大会制定的直接保护患者权利的规范性法律文件主要有《中华人民共和国侵权责任法》《中华人民共和国执业医师法》《中华人民共和国药品管理法》《中华人民共和国传染病防治法》《中华人民共和国职业病防治法》《中华人民共和国母婴保健法》《中华人民共和国精神卫生法》，除去前两个法律文件，其他涉及患者权利保护的内容少之又少。关于患者权利问题大量的主要的法律规范，见之于国务院及其所属部委（尤其是国家卫生与计划生育委员会）颁布的行政法规与规章，包括《医疗事故处理条例》《医疗机构管理条例》《药品管理法实施条例》《乡村医生从业管理条例》《艾滋病防治条例》《人体器官移植条例》《医疗器械监督管理条例》《护士条例》等。此外，还有各个省区市以及设县的市一级的人大与政府根据宪法、法律与行政法规颁布的与患者权利问题相关的地方性法律文件。众所周知，在法律制度体系中不同的规范性法律文件所处的位阶及效力是明显不同的。其中，宪法是国家根本大法，地位至高无上，任何法律法规不得与其相抵触。其他法律文件根据位阶与效力高低，依次分别为：法律（全国人大及常委会制定的规范性法律文件）；行政法规；部门规章；地方法规与规章。我国关于患者权利保护的医事法律文件，大都属于行政法规与规章的范畴，层级较低，效力较弱，缺乏足够的权威，对患者权利的保护显然是不利的。

3. 现有医事法律文件在内容上不够完善，存在较大的漏洞与缺陷

首先，现有医事法律文件很少正面、直接地提出患者享有的各项权利，而是通过规定医务人员的职责或义务的方式体现出来。例如：《执业医师法》提出，执业医师应该关心、爱护、尊重患者，保护患者的隐私；对急危患者，医师应当采取紧急措施进行诊治，不得拒绝急救处置等。《侵权责任法》规定：医务人员在诊疗活动中应当向患者说明病情和医疗措施，需要实施手术、特殊检查、特殊治疗的，医务人员应当及时向患者说明医疗风险、替代医疗方案等情况，并取得其书面同意；不宜向患者说明的，应当向患者的近亲属说明，并取得其书面同意。这种以医务人员而非以患者为本位的叙事方法，本身就鲜明地表明了法律将谁视为医患关系的主体，带有轻视患者权益之嫌——既然主要是从医务人员角度考虑问题，对患者权利问题重视不够、考虑不周就在所难免，不利于对患者权利的保障显而易见。

其次，现有医事法律文件规定的患者权利种类较少，不利于建构患者权利保护体系。总结《执业医师法》《侵权责任法》《医疗事故处理条例》等规范性法律文件，我国医事法律制度确认与保护的患者权利主要有：平等医疗权、生命权、健康权、身体权、疾病认知权、免除一定社会责任的权利、知情同意权、隐私保护权、查阅与复制病历资料权、申请鉴定权、求偿权、诉讼权。在错综复杂的医患关系中，以上规定显然不能将所有的患者权利囊括其中。例如，发达国家大都在立法中规定了患者享有获得优质服务权——新西兰法律规定患者有"得到适当水准服务的权利"，1984年发表的日本《患者权利章程》提出患者拥有"接受最佳医疗权利"等，我国法律并未对此做出明确的规定。某些患者权利尽管已经得到确认，但是现有法律文件只是规定对其在一定范围内予以保护，例如：知情同意权被认为是患者最重要的权利之一，内涵丰富，但是我国现有相关立法规定该权利的适用范围过于狭窄，仅仅局限于"手术、特殊检查、特殊治疗及临床治疗实验"四个方面，患者在其他治疗中的知情同意权并没有受到明确的保护。医事法律制度规定的患者权利种类较少，不利于完整的患者权利保护体系的建构，必然会有损于患者权利的保护。

最后，现有医事法律文件对于患者权利的规定过于笼统，缺乏可操作性，权利救济制度缺失。我国现有的医事法律文件，在维护患者权利方面部分条款的规定比较抽象和笼统，可操作性不强，既不利于医务人员依法办事，也无法据此对医务人员的行为做出科学评价，依法实施监督。例如：《执业医师法》第二十二条第二款规定，医师应该"树立敬业精神，遵守职业道德，履行医师职责，尽职尽责为患者服务"，文中存在的含糊不清不言自明。又如，各个法律文件均提出了患者的知情同意权，医务人员具有告知患者病情的义务，但是并未规定医师说明义务的标准、内容、说明程序以及说明义务的免除情形，更没有说明患者为无民事行为能力人或限制民事行为能力人时应该如何处理。在人格尊严权、个人隐私权等权利的保护方面，相关法律也大都只是提出一般性规定，更近似于倡导性的口号，而缺乏明确、具体的界定。尤其是在患者权利遭受侵害后如何获得救济，现有医事法律文件的规定更是严重缺位。诸如《执业医师法》规定医师应该"关心、爱护、尊重患者，保护患者的隐私"；《侵权责任法》规定"患者要求查阅、复制前款规定的病历资料的，医疗机构应当提供"；《医疗事故处理条例》规定"严禁涂改、伪造、隐匿、销毁或者抢夺病历资料"，那么，医疗机构或医务人员违背法律的强制性规定又当如何？患者如何获得权利救济？现有法律并没有明确规定，患者权利在遭受侵害时只能援引民法、行政法等相关内容得到救济，甚至可能找不到合适的法律依据，从而对患者权利产生极端不利的影响。在权利救济途径上，"现行法律规定了协商、行政调解、诉讼等医疗纠纷解决方式，但是在医患双方关系紧张、情绪对立状况下通过协商显然不能妥善解决问题，行政调解的主持者是卫生行政主管部门，和医疗事故技术鉴定结论一样难以让

老百姓信服，而诉讼方式周期长、举证难、当事人为维护自己利益激烈对抗使医患关系更为恶化，并且公开的审理方式使隐私暴露，其负面影响往往令当事人难以接受"。① 结果，依靠"医闹"维权就成为其典型方式，"不闹不赔、小闹小赔、大闹大赔"成为医疗纠纷解决中的怪现象。

（三）我国患者权利立法的改进与完善

1. 制定统一的《患者权利法》

为彰显对作为基本人权之一的患者权利的尊重，建构全面、系统的患者权利保护体系，切实保障患者权利的实现，我国应该借鉴世界各国的成功经验，制定统一的《患者权利法》。

《患者权利法》应该首先明确患者权利的基本定义及适用范围、适用原则，"'患者权利'指患者在接受医疗服务过程中所享有的受法律保护的利益。本法适用于患者寻求医疗救助及进入诊疗的整个阶段。因为医患关系本质上是民事法律关系，所以平等原则和患者自主原则应是贯穿该法的基本原则"。②

在患者权利的内容框架上，应该全面规定患者享有的基本权利：既包括作为一般意义的人享有的权利，也包括基于"生病的人"患者身份享有的权利。基于"生病的人"享有的权利，既包括一般性权利，也包括特殊性权利。前者既包括基础性权利，例如医疗照顾权、医疗自主权、知情同意权、获得紧急抢救权，也包括延伸性权利，例如医疗文书资料查阅、复印权、转诊权、证据保全权、监督权。特殊性权利主要是指患有某些特殊疾病或者患病程度、所处阶段以及个人身份具有一定特殊性的患者享有的权利，包括精神病患者、职业病患者、传染病患者、艾滋病患者、临终患者、未成年患者应该享有的权利。

《患者权利法》还应该规定患者权利遭受侵害后的救济路径与方法，明确规定受理患者申诉的机构与部门，以及根据患者权利遭受侵害的情况

---

① 谢晓：《关于构建中国病人权利保护体系之思考》，《西北大学学报》（哲学社会科学版）2010 年第 2 期。
② 周瑶、梅达成：《构建我国〈患者权利法〉之探讨》，《医学与法学》2015 年第 2 期。

（伤害情节的恶劣程度、经济损失的大小等）确定侵权的医疗机构与个人应当承担的责任。

2. 扩大患者权利谱系范围，加大对患者权利的保护力度

从我国目前医疗实践出发，至少下列患者权利谱系的成员有待于得到法律确认：（1）获得优质服务权。具体来说，医疗机构优质服务的内涵包括：在技术与服务上，精益求精，努力达到现有条件下最高的水平；在服务态度上，视患如亲，使患者处处感到温暖与慰藉，而没有孤苦无助的感觉；在权益保障上，确保患者身体、精神与经济方面各项权利不受侵犯。（2）避免过度医疗权。避免过度医疗本是获得优质服务的应有之义，鉴于该权利的特殊性及实践中过度医疗现象的严重性，单独强调具有重要意义。（3）参与治疗权。在医疗过程中，在不妨碍治疗效果的前提下应积极发挥患者的作用，让患者参与治疗过程，促使医疗决策更加民主——多数情况下患者配合医生诊疗，提供个人相关疾病信息，表达个人观点，了解并决定采用某种治疗方案；少数时候（慢性病、预防性疾病等）患者居于主导地位，跟医务人员享有同等权利，共同确定具体的治疗方案。（4）在医院期间人身、财产安全权。患者有权要求医疗机构提供安全的医疗服务环境，其内容既包括保证建筑物与医疗设施的安全、防止患者因病菌扩散导致交叉感染等，也包括采取适当措施防止患者及家属在医院期间的人身、财产权利受到意外侵害。（5）监督、建议、批评权。我国宪法确认公民对于国家机关及工作人员的监督、建议、批评权，但并不意味着患者当然享有对医务人员治疗、服务、收费等方面监督检查的权利，确认患者拥有包括查账权在内的医疗监督权具有重要现实意义。此外，对于患者自主选择、拒绝治疗、选择临终关怀等权利，应该根据经济社会发展情况，考虑社会公众心理接受程度，适时写进法律，转化为法律权利。

3. 完善患者权利救济立法制度

西方国家有句谚语："无救济即无权利"，说明权利救济的重要性。完善我国的患者权利救济制度，一方面需要提高立法技术水平，实现立法语言的规范化、具体化，努力避免或减少抽象的、含糊其词的法律条文，使任何规范性要求具有可评价性与可操作性，以便于对守法者进行褒奖，对违法者予以惩处。尤其是我国立法中经常存在的政策性、倡导性的规定，因为其比较笼统、抽象，缺乏"制裁"要素，而不能引起人们的重视，实际效力大打折扣，甚至几乎没有多少实际意义与价值。另一方面，应该完善患者权利救济的渠道。一直以来，解决医患纠纷的主要有协商、调解、诉讼三种途径，这也是公认的"官方正规渠道"。但是，其中存在的缺陷是显而易见的：协商需要建立在双方存在较大信任度且沟通成功的基础之上，在当前我国医患信任关系趋于解体的背景下，患者权利遭受侵害后是很难通过协商一致的方式获得救济的；调解是指卫生行政机关进行说服与劝导，促使双方当事人互让互谅、平等协商、达成协议，但是由于医疗机构与卫生行政机关之间存在千丝万缕的联系，调解结果的公平性令人质疑；诉讼是解决医患纠纷、维护双方合法权益的最具权威与效力的方式，因为司法是维护社会公正的最后一道防线，但是诉讼方式费时费力、成本高昂，只是一种次优的选择，而非理想的解决方式。

近年来，我国各地纷纷成立独立于医患双方的第三方调解机构作为解决医患纠纷的平台。医疗纠纷第三方调解是指，医疗纠纷发生后，纠纷双方当事人在第三方的协调、帮助、促进下，进行谈判、商量，取得一致意见，消除争议，签署调解协议。该调解机制在解决医患纠纷、维护患者权益方面发挥着越来越重要的作用，形成了"宁波解法""天津模式""山西模式""济宁模式"等。但是，其中存在的问题也不容忽视，例如：经费短缺，监督力量缺位，机构成员素质不高、良莠不齐等。新制定的《患者权利法》应该确认第三方调解机制的重要地位与作用，同时进行规范与完善——规定第三方调解机构的成立条件、成员资质、经费来源、调解程序、权利与责任、监督与管理，等等。由此，制度化的医疗纠纷第三方调解机制应该成为处理医患矛盾冲突的重要方式，成为保障患者合法权益、实现权利救济的重要渠道。

三　"德"与"法"结合，促进患者权利的实现与保护

关于患者权利的实现与保护，是破解医患关系"囚徒式"困境的核心

问题，在当前我国医患关系紧张、矛盾与冲突频发的背景下显得更为重要。多年以来，学界一直在探讨促进患者权利的实现与保护的途径及方法，进行了许多积极的有益的探索。学界提出实现与保护患者权利的途径，除了加强道德建设以保障患者道德权利与完善法律制度以确保患者法律权利以外，还探讨了实行"德"与"法"结合，促进患者权利的实现与保护。

（一）"德"与"法"共同担当起保障患者权利的重任

早在中国古代，孔子就精辟地阐述了"德"与"法"在治理国家中的重要作用："道之以政，齐之以刑，民免而无耻；道之以德，齐之以礼，有耻且格。"这一论点同样适用于调整医患关系与保障患者权利。"现代医学发展的一个重要特点是离不开生命伦理的指引与法律的规制。如果说伦理是一种没有强制力的柔性约束，那么法律就是一种具有强制力的刚性约束，两者相辅相成，互相补充，共同发挥着保护并促进人类生命健康的作用。"[1] 在促进患者权利实现与保护方面，"德"与"法"共同发挥作用，各自扮演着重要角色。

在一般意义上，道德与法律具有许多共同的价值目标：维护公平与正义、维护社会秩序、保障人的权利与自由、促进社会稳定与发展；二者又存在显著的区别，其中最突出的表现是法律主要依靠国家强制力保障实施，违法行为将会受到严厉的制裁，道德则主要靠社会舆论监督、人们内心的道德信念和道德修养来维护，不道德行为只会受到自我谴责和舆论压力，是一种"软约束"。具体到医患关系中，无论道德还是法律都是尊重与保护患者权利的重要手段，二者既有联系又有区别，相辅相成地维护患者权利。一种理想的状态是：一切医学行为在医生的道德义务感支配下实施，尊重了患者所有的道德权利。医护人员的道德义务，是对患者权利的最好保障。[2] 所以，依靠道德保障患者权利，关键在于大力提升医务人员的职业道德素质，不断提高他们的医学人文素养，为促进患者权利的实现

---

[1]　苏玉菊：《患者权利冲突的法伦理思考》，《医学与哲学》2014年第4期。

[2]　李霁、张怀承：《患者权利运动的伦理审视》，《中国医学伦理学》2007年第6期。

与保护奠定深厚的道德基础。由于法律发挥作用的手段与道德存在显著差异，违法行为与不道德行为承担的责任大相径庭，从而使法律具有较高的效力与权威，依靠法律调整医患关系、保障患者权利成为当前世界各国的趋势与潮流。因而，应该大力加强促进患者权利实现与保护的法律制度建设，制定科学、完备的法律制度体系，加大对侵害权利权益的违法犯罪行为的惩处力度，同时不断提高广大医务人员的法律素养，才能真正规范医疗行为，为实现与保护患者权利保驾护航。

总之，道德与法律相同或相近的价值目标、功能与作用，决定了二者可以在维护患者权利方面一起发挥积极作用，一同撑起患者权益的天空。另外，道德与法律作为调整医患关系的两种不同的手段或方式，各有其鲜明特征，存在明显的差异，可以从不同维度调整医患关系、实施权利保障，互相促进、互为补充地担负起实现与保护患者权利的重任。两者各有所长，缺一不可，不可偏废，理应引起人们的重视。

（二）患者权利立法中的伦理因素

在现代社会所有的文明国度里，任何一部法律都坚持权利本位思想，以促进个人权利的实现与保护为重要目标。无论何种正当权利，都必然蕴含符合社会历史发展方向的一般趋势和价值诉求，是对社会成员主体身份的价值确证与人格尊严的体现。也就是说，一个社会的权利体系应当具有普遍的伦理本质，由此也决定了法律规范必然带有伦理的因素。从道德与法律的关系看，"没有法律可以有道德，但没有道德就不会有法律"，[①] 道德在逻辑上优越于法律，法律本身的合理性根据只有从道德中去寻找，离开伦理道德的支撑，法律就成了无源之水、无本之木。

患者权利立法以维护患者各项权利为目标，属于医事法律范畴，其中的权利主体主要是深受疾病折磨之苦、生命健康遭受威胁的处于弱者地位的患者，义务主体则是担负着治病救人神圣职责、讲究"仁心妙术"的

① 〔英〕米尔恩：《人的权利与人的多样性——人权哲学》，中国大百科全书出版社，1996，第148页。

医疗机构及其医务人员，因而相较于其他法律具有更加浓厚的伦理道德色彩。只不过，"在现实生活中，对道德建设之于卫生法治建设的基础作用亦即卫生法治建设的深刻的道德根源往往被人们忽略。人们似乎难以理解卫生法治建设的每一个进步，都是在以法的形式表现着社会道德的进步，实现和满足着社会的道德需求"。① 忽视医事法律制度的伦理属性，无视患者权利立法的道德基础，不仅在理论上是错误的，在实践中也是十分有害的。因为，法律只有建立在道德的基础上，法治建设只有以道德建设为依托，才会实现巨大的社会功能。

一个典型的事例是：2007 年 11 月的一天，在北京某医院，产妇李××需要做剖腹产手术，但是她的丈夫肖某某拒绝在手术同意书上签字，在医务人员多次劝说无果的情况下，手术一直未能进行，最终导致产妇母子双亡。之后，肖某某以没有履行治病救人义务为由，将医院诉至法院，法院根据《医疗机构管理条例》的规定："医疗机构施行手术、特殊检查或者特殊治疗时，必须征得患者同意，并应当取得其家属或者关系人同意并签字"，认为医院履行了职责，判定其不承担责任。这一事件在社会上引起了轩然大波，原因不在于法院判决存在瑕疵，因为事实清楚、证据充分，医院的行为在法律上的确无须承担责任。问题的关键在于，相关法律规定是否符合伦理道德原则与理念——是否只有"取得其家属或者关系人同意并签字"，医院才可以对患者进行抢救与治疗？在患者迫切需要施救以保全生命健康时，难道患者家属没有签字同意就可以阻断这一权利诉求？后来实施的《侵权责任法》规定："因抢救生命垂危的患者等紧急情况，不能取得患者或者其近亲属意见的，经医疗机构负责人或者授权的负责人批准，可以立即实施相应的医疗措施"，体现了伦理道德的理念与要求，弥补了以往立法的不足。

当前，我国正在建构系统完善的医事法律制度体系，包括制定更加科学、完备的患者权利保护法，在立法过程中必须坚持以公认的先进伦理道德为指向，对现有立法进行伦理审视与检查，才能确保立法的科学性。因

① 张金钟：《德与法有机结合——论和谐医患关系之建设》，《医学与哲学》2004 年第 9 期。

而，以先进的伦理思想、原则为导向，必须引起所有立法者的充分重视，成为立法工作坚持的一个重要的基本的原则。

（三）医学伦理文献对于保障患者权利的效力

自古以来，医生的职业道德问题一直受到高度重视，医德医风建设可以说贯穿整个人类发展的历史。在古代西方，最著名的医学伦理文献莫过于《希波克拉底誓言》，后来还有《迈蒙尼提斯祷文》、胡弗兰德《医学十二篇》等；在我国古代，唐代孙思邈的《大医精诚》、明代陈实功提出的"五戒十要"也毫不逊色。这些关于医疗行为的早期伦理道德文献，在提升医生的职业道德水平、规范医疗行为、践行医疗宗旨、保障患者权利方面发挥了重要作用。

随着人类社会的发展与进步，现代社会更加重视医德医风建设，新的医学伦理文献不断涌现出来。二战以后，比较著名的国际医学伦理文献有关于人体实验伦理的1946年《纽伦堡法典》与1964年《赫尔辛基宣言》，宣告与确认患者基本权利的1981年《里斯本宣言》，以及1949年世界医学会采纳的《医学伦理学日内瓦协议法》、关于精神病人权利的1977年《夏威夷宣言》、关于护理人员行为规范的《南丁格尔誓约》等。与此同时，世界各国也纷纷从本国实际出发，制定指导与规范本国医疗行为的医学伦理文件，例如1973年美国医院联合会制定的《患者权利法案》、20世纪80年代以来日本医院协同组织颁布的《患者权利章程》。改革开放以来，我国国家医疗行政部门与中国医学会等机构也制定了关于医德医风建设的一系列文件，以提高医疗服务质量与服务水平，更好地维护患者权益，促进医疗卫生事业的发展。

那么，这些医学伦理文件，尤其是我国国内有关部门与组织制定的规范医疗行为的文件效力如何？它们怎样以及在多大程度上促进患者权利的实现与保护？

总的来说，我国国内的医学伦理文件主要分为两种：一种是国家行政机关颁布的，例如卫生部1988年12月15日颁布的《医务人员医德规范及实施办法》（已于2010年废止）、国家卫生和计划生育委员会2014年1

月 29 日颁布的《关于开展医患双方签署不收和不送"红包"协议书工作的通知》（国卫办医函〔2014〕107 号），实际上是一种部门规章，属于广义的法律范畴，具有较强的效力与权威。全国各级各类医疗机构，所有的医疗工作人员，都应该不折不扣地遵守这些看似道德文献实则为法律规章的规范性文件，否则即构成违法行为而受到法律的制裁。事实上，这一类规范性文件的实际效力如何，需要打个问号；它们存在的合理性也令人怀疑。无论在内容还是在形式上，它们更像是道德性规定，符合道德规范的特征——对行为人的思想与行为均提出较高的道德要求，而且具体规定抽象而笼统，缺乏法律规范的构成要件。例如：要求医务人员"救死扶伤，实行社会主义的人道主义，时刻为患者着想，千方百计为患者解除病痛"，对待患者要"文明礼貌服务，举止端庄，语言文明，态度和蔼，同情"。但是，这些文件由最高国家行政机关制定并发布，由此决定了它们具有法律效力是不容置疑的。这些文件的实质是运用法律手段解决医疗工作中的伦理道德问题，是患者道德权利法律化的体现，但是具体性规定的科学性、严谨性有待于加强，或者说道德权利法律化必须严格遵守立法的科学性原则，才能真正实现调整医患关系、保障患者权利的目标。

另一种医学伦理文件是医学会、医师学会等组织与社会团体颁布的，例如中国医师协会 2014 年颁布《中国医师道德准则》，是行业部门或学术机构制定的关于规范医疗行为的指导性文件，其作用主要是具有指导性、倡导性意义，而非作为一种强制性要求。它们可以作为医疗卫生机构进行医德医风建设的依据与参考，可以成为所有医务人员努力的方向。但是，地方行政管理部门或者是医疗机构自身可以将这些倡导性规定作为制度性规范，使其成为行业或单位内部的管理性规定，要求医疗工作人员遵守与执行，从而提高医疗服务质量，维护患者权益。此时，这些文件也摆脱了纯粹指导性文件的身份，而带有一定的法律属性，具备了强制性特征。

概而言之，在一般意义上，医学伦理文献主要作为学术性资料而存在，或者主要为医务人员提高服务质量与水平、促进患者权利的实现与保护提供指导，具有较大的参考价值而无强制性特征。同时，国家行政机关制定的医学伦理文件实际上属于部门规章，任何医疗机构及个人必须遵守与执行。即便是仅仅作为学术性资料的伦理文献，也可以经行政部门或医疗机构采纳，变为制度性要求，在提高服务质量与水平、维护患者权利方面扮演重要角色，发挥重要作用。

主要参考文献

《马克思恩格斯全集》第 1 卷、第 3 卷，人民出版社，1995。

《邓小平文选》第三卷，人民出版社，1993。

〔美〕E. 博登海默：《法理学：法律哲学与法律方法》，邓正来译，中国政法大学出版社，1999。

〔美〕罗纳德·蒙森：《干预与反思：医学伦理学基本问题》，首都师范大学出版社，2008。

〔美〕格雷戈里·E. 彭斯：《医学伦理学经典案例》，聂精保、胡林英译，湖南科学技术出版社，2009。

〔美〕彼彻姆：《哲学的伦理学》，雷克勤译，中国社会科学出版社，1990。

〔加〕许志伟：《生命伦理对当代生命科技的道德评估》，中国社会科学出版社，2006。

〔英〕约翰·穆勒：《功用主义》，唐钺译，商务印书馆，1957。

〔英〕罗素：《伦理学和政治学中的人类社会》，肖巍译，中国社会科学出版社，1990。

〔英〕霍布斯：《论公民》，应星等译，贵州人民出版社，2003。

杜钢建：《外国人权思想论》，法律出版社，2008。

王海明：《新伦理学》，商务印书馆，2001。

王一方、赵明杰主编《医学的人文呼唤》，中国协和医科大学出版社，2009。

王一方：《医学是科学吗——医学人文对话录》，广西师范大学出版社，2008。

郭航远等主编《医学的哲学思考》，人民卫生出版社，2011。

张文显：《二十世纪西方法哲学思潮研究》，法律出版社，1996。

魏英敏主编《新伦理学教程》，北京大学出版社，1993。

李建民：《生命史学——从医疗看中国历史》，复旦大学出版社，2004。

林志强：《健康权研究》，中国法制出版社，2010。

杨淑娟等主编《卫生法学》，吉林人民出版社，2008。

邱仁宗：《生命伦理学》，中国人民大学出版社，2010。

孙慕义主编《医学伦理学》，高等教育出版社，2004。

王锦帆主编《医患沟通学》，人民卫生出版社，2013。

郑文清、胡慧远主编《现代医学伦理学概论》，武汉大学出版社，2011。

刘惠军主编《医学人文素质与医患沟通技能教程》，北京大学医学出版社，2011。

王明旭主编《医患关系学》，科学出版社，2008。

张登本：《内经的思考》，中国中医药出版社，2006。

王庆宪：《医学圣典（黄帝内经与中国文化）》，河南大学出版社，2003。

曹志平：《中国医学伦理思想史》，人民卫生出版社，2012。

乐虹：《当代医患关系及纠纷防控新思维》，科学出版社，2011。

庄一强：《医患关系思考与对策》，中国协和医科大学出版社，2007。

李本富、李曦：《医学伦理学十五讲》，北京大学出版社，2007。

符壮才：《医院管理与经营》，中国医药科技出版社，2007。

王国斌：《浅谈现代医学模式下的医患关系与医院管理》，中国医药科技出版社，2005。

皮湘林、王伟：《医患关系物化困境的伦理思考》，《湖北社会科学》2002年第7期。

张洪彬、康永军：《新形势下医患关系的发展趋势及应对策略》，山东医药出版社，2004。

冷明祥：《市场经济条件下医患矛盾的利益视角》，中国协和医科大学出版社，2005。

徐萍、王云岭、曹永福：《中国当代医患关系研究》，山东大学出版社，2006。

李燕：《医疗权利研究》，中国人民公安大学出版社，2009。

侯雪梅：《患者的权利理论探微与实务指南》，知识产权出版社，2005。

黄丁全：《医事法》，中国政法大学出版社，2003。

柳经纬、李茂年：《医患关系法论》，中信出版社，2002。

杨春福：《权利法哲学研究导论》，南京大学出版社，2000。

赵同刚主编《卫生法》，人民卫生出版社，2005。

马文元：《医患双方的权益》，科学出版社，2005。

余涌：《道德权利研究》，中央编译出版社，2001。

周治华：《伦理学视域中的尊重》，上海人民出版社，2009。

夏勇：《走向权利的时代》，中国政法大学出版社，2000。

梁漱溟：《中国文化要义》，学林出版社，1987。

王岳主编《医事法》，人民卫生出版社，2009。

袁俊平、景汇泉：《医学伦理学》，科学出版社，2011。

朱贻庭编《伦理学大辞典》，上海辞书出版社，2002。

唐超编《世界各国患者权利立法汇编》，中国政法大学出版社，2016。

朱绍侯、张海鹏、齐涛：《中国古代史》，福建人民出版社，2008。

姚建宗等：《新兴权利研究》，中国人民大学出版社，2011。

郑贤君：《基本权利研究》，中国民主法制出版社，2007。

刘东军：《患者权利疑难对策》，中国法制出版社，2010。

后　记

20世纪末期以来，在我国，医患关系问题成为全体医疗机构乃至政府与社会关注的热点问题。医患之间信任关系解体，医疗纠纷频繁发生，医患冲突愈演愈烈，患者伤医、杀医事件经常被舆论媒体披露出来。中国的医患关系到底怎么了？作为一种责任与担当，医学界、伦理学界、法学界、社会学界的学者们从不同角度展开研究，为病态的医患关系把脉，开出一剂剂药方，但是时至今日，效果似乎并不明显。

在这样的大背景下，本书作者开始致力于对患者权利问题的研究。选择患者权利问题作为研究对象，主要源自两个方面的原因：一是当代人类社会进入权利本位的时代，我国人民的个人权利意识开始觉醒，患者权利作为个人权利的重要内容，理应引起关注。在漫长的历史长河中，我国传统文化素以讲求"义务本位"而著称，正如梁漱溟在《东西文化及其哲学》中所说："权利、自由这类观念，不但是中国人心目中从来所没有的，而且是至今看了不得其解的。"今天的中国则已经处于"走向权利的时代"，这是人类历史发展的必然趋势，是现代人类文明与进步的体现，关注患者权利的实现与保护契合这一趋势与潮流。二是在医患关系中，患者天然处于弱者地位，患者权利保障不力成为医患关系失和的主要原因。导致医患关系紧张的原因多种多样，医疗机构与医务人员存在这样或那样的苦衷，在诸多方面需要谅解与同情，但是无论如何患者权利得不到充分保障是不争的事实——"看病难""看病贵"困扰着每一个人，众多患者的人格得不到应有尊重，疾病得不到及时而有效的治疗，享受不到优质而高效的服务，过度医疗现象普遍存在。因而，患者权利的实现与保护是医患关系问题的核心，探究这一问题是破解医患关系困局的一把钥匙。

目前，我国学界探讨患者权利问题的著述颇丰。早期的论著主要探讨患者权利的概念、内容以及权利保护的现状、应对的措施，之后主要研究与患者关系密切的权利谱系成员，诸如知情同意权、个人隐私权、获得救助权等，以及从法律或伦理等不同的维度探讨患者权利问题。但是，却很少有系统、全面、详尽地研究患者权利问题的著作问世，不利于对这一问题形成科学的认知。笔者多年来研究医患关系与患者权利问题，试图为此做一些力所能及的工作，弥补相关研究的缺憾。笔者查阅了大量的文献资料（包括纸质的与电子的）；多次到医院开展调研，与广大患者与医务人员进行深入的沟通、交流，对患者权利问题形成了比较全面、深刻的认识，为本书的创作奠定了坚实的基础。在调研过程中，笔者深深感受到医务人员工作的艰辛、患者权利遭受侵害时的无助与无奈，由此愈发产生了一种使命感与责任感，促使笔者继续努力，奋然前行。

本书在撰写过程中，既继承、吸收了前人研究的大量成果，也在许多方面提出了一些独到看法。前人的敏锐思考与执着探索使笔者受益匪浅，每当思维十分贫瘠时，他们精辟的论述与深刻的理性思考给笔者提供启示，并给予新的力量支持。由于所占有资料的限制，以及笔者个人的能力所限，本书对于某些问题的论述不够深刻、全面，甚至可能存在欠科学、不正确的地方。如果本书的出版对于相关问题的研究能够起到抛砖引玉的作用，即已达到本书创作的预期目标。

最后，对本书创作过程中提供帮助的领导、同仁以及社会科学文献出版社，在此表示衷心的感谢！

王晓波

2017 年 8 月 20 日　　烟台

图书在版编目（CIP）数据

患者权利论／王晓波著．－－北京：社会科学文献
出版社，2017.11
ISBN 978 - 7 - 5201 - 1725 - 8

Ⅰ.①患…　Ⅱ.①王…　Ⅲ.①医药卫生管理 - 法规 -
研究 - 中国　Ⅳ.①D922.164

中国版本图书馆 CIP 数据核字（2017）第 268251 号

患者权利论

著　　者／王晓波

出 版 人／谢寿光
项目统筹／宋月华　杨春花
责任编辑／孙以年

出　　版／社会科学文献出版社·人文分社（010）59367215
　　　　　地址：北京市北三环中路甲 29 号院华龙大厦　邮编：100029
　　　　　网址：www. ssap. com. cn
发　　行／市场营销中心（010）59367081　59367018
印　　装／三河市尚艺印装有限公司

规　　格／开　本：787mm×1092mm　1/16
　　　　　印　张：21.25　字　数：350 千字
版　　次／2017 年 11 月第 1 版　2017 年 11 月第 1 次印刷
书　　号／ISBN 978 - 7 - 5201 - 1725 - 8
定　　价／98.00 元

本书如有印装质量问题，请与读者服务中心（010 - 59367028）联系

▲ 版权所有 翻印必究